Die Schwarzen Führer

Hessen – Südlicher Teil

Die Schwarzen Führer

Hessen – Südlicher Teil

171 geheimnisvolle Stätten
in 116 Orten und Ortsteilen
mit 92 Abbildungen und
einer Übersichtskarte

von
Johanna Maria Ziemann

Eulen Verlag

Johanna Maria Ziemann M. A. wurde 1967 in Frankfurt/Main-Höchst geboren. Sie studierte in Freiburg und Edinburgh/Schottland u. a. Volkskunde und Kunstgeschichte. Sie ist in Freiburg als freie Autorin und wissenschaftliche Mitarbeiterin am Augustinermuseum tätig.

Redaktion: Hildegard Gerlach

Hebelstraße 11
Gesamtherstellung: Franz X. Stückle, Ettenheim
ISBN: 3-89102-428-2

Vorwort

Hessen – Südlicher Teil: in diesem Band der „Schwarzen Führer" wird das Gebiet der Regierungsbezirke Gießen und Darmstadt zusammen mit den kreisfreien Städten Darmstadt, Frankfurt und Wiesbaden behandelt. Es handelt sich dabei um ein heterogenes Gebiet, das künstlich nach dem Zweiten Weltkrieg geschaffen wurde. Im Laufe der Arbeiten an diesem Manuskript wurde mit Rücksicht auf das Empfinden seiner Bewohner der Lkr. Marburg-Biedenkopf aus diesem Buch herausgenommen. Er wird im Band *Hessen – Nördlicher Teil* enthalten sein, welcher den dritten hessischen Regierungsbezirk mit der Hauptstadt Kassel umfassen wird.

Geographisch handelt es sich im südlichen Teil Hessens um verschiedene Mittelgebirgslandschaften, das Lahn-Dill-Bergland, welches im Westen an den Westerwald grenzt, Vogelsberg und Taunus, den Hessischen Spessart im Gebiet der Kinzig sowie die Teile von Bergstraße und Odenwald, die im heutigen Bundesland Hessen liegen. Dazu gesellen sich die Tieflandschaften der äußerst fruchtbaren Wetterau, das Rhein-Main-Tiefland mit dem Ballungsgebiet um Frankfurt und das nördliche Oberrhein-Tiefland im Süden Darmstadts.

Auch aus historisch-politischer Sicht ist das behandelte Gebiet ein bunter Flickenteppich. Das Jahr 1248 gilt als Gründungsjahr Hessens: In Marburg wurde die selbständige Landgrafschaft Hessen ausgerufen; Sophie, Tochter der Heiligen Elisabeth von Thüringen, sicherte ihrem vierjährigen Sohn, dem „Kind von Hessen", die Herrschaft. 1292 wurde die Landgrafschaft Hessen durch den Kaiser anerkannt. 1497 wurde das hessische Gebiet durch den Erbfall der mächtigen Grafschaft Katzenelnbogen erheblich erweitert und die Grenze der Landgrafschaft rückte unmittelbar an das Gebiet von Kurmainz, welches mit dem dortigen Erzbischof den Erzfeind Hessens darstellte, heran; erst mit dem Reichsdeputationshauptschluß, der zur Auflösung der geistlichen Territorien führte, gelangte das ehemalige Hochstift Mainz 1803 an Hessen. Landgraf Philipp der Großmütige (1504–1567) hatte in seinem Testament für den Streitfall zwischen seinen Söhnen verfügt, daß Georg I. die Obergrafschaft Katzenelnbogen, das spätere Hessen-Darmstadt, und Philipp der Jüngere die Niedergrafschaft Katzenelnbogen, rheinabwärts bei Rheinfels, erhalten sollte. So wurde die Landgrafschaft Hessen in Hessen-Darmstadt und Hessen-Kassel (Kurhessen) geteilt. 1806 machte Napoleon die Landgrafschaft Hessen-Darmstadt zum Großherzogtum Hessen und teilte dem Fürstprimas des Rheinbundes einen eigenen Staat um Frankfurt und Aschaffenburg zu, aus dem später das Großherzogtum Frankfurt wurde. Nach dem Wiener Kongreß im Jahr 1815 wurde im Rahmen der Neuordnung der deutschen Kleinstaaten das linksrheinische Gebiet um Mainz als Provinz Rheinhessen an das Großherzogtum Hessen angeschlossen, 1816 entstand aus dem Herzogtum Nassau-Usingen und dem Fürstentum Nassau-Weilburg das Herzogtum Nassau mit Wiesbaden als Regierungssitz. Zur Zeit der Revolution von 1848/49 war das Gebiet des Großherzogtums Hessen durch das Herzogtum Nassau im Westen, Gebiete des Kurfürstentums Hessen im Osten und Norden, die Freie Stadt Frankfurt, die Landgrafschaft Hessen-Homburg und ein Gebiet an der mittleren Lahn um Wetzlar in vier Teile geteilt.

Das Bundesland Hessen schließlich vereint seit 1945 das ehemalige Großherzogtum Hessen mit dem Regierungssitz Darmstadt sowie die 1866 von Preußen annektierten Gebiete: Kurhessen mit der Hauptstadt Kassel, das Herzogtum Nassau mit Wiesbaden als Regierungssitz sowie Frankfurt. Bei der Festlegung der Grenzen zwischen Hessen und Rheinland-Pfalz dachten die Alliierten auch an eine spätere Zusammenlegung beider Länder: Die Grenzen des neuen Landes Hessen zerschnitten im Westen das Herzogtum Nassau, aus welchem die Gebiete am Rhein bei Kaub, Oberlahnstein und um Diez an der Lahn, heute in Rheinland-Pfalz, herausgenommen wurden, sowie den Rheingau, auf dessen hessische Ortschaften in diesem Buch zugunsten eines geplanten Bandes über den Rhein in der Reihe der „Schwarzen Führer" weitgehend verzichtet wurde; das „Rheinhessische Hügelland" im Rheinknie südlich von Mainz, ehemals dem Großherzogtum Hessen zugehörig, liegt auf Rheinland-Pfälzischem Gebiet. So erklärt sich auch die Nähe der beiden Landshauptstädte: Mainz und Wiesbaden sind nur durch den Rhein getrennt, ihre Vorstädte gehen ineinander über; Wiesbaden war seit Bildung des Herzogtums Nassau 1816 dessen Regierungssitz.

Kurz sei auch an wichtige historische Ereignisse der deutschen Geschichte erinnert, welche in und um *Frankfurt* stattfanden: 1152 wurde der Friedrich Barbarossa (1152–1190) im Frankfurter Dom zum König geweiht, 1356 bestätigte die „Goldene Bulle" die Königswahlen im Frankfurter Dom, 1562 fand hier die erste

Krönung eines deutschen Königs statt, 1749 erblickte Goethe in Frankfurt das Licht der Welt, in den Jahren 1816–1866 war Frankfurt Sitz des Deutschen Bundestages, von 1848–1849 tagte die Nationalversammlung in der Paulskirche, 1994 wurde Frankfurt Sitz der europäischen Zentralbank. Auch der nahegelegene Große Feldberg war im 19. Jh. Schauplatz politischer Zusammenkünfte mit deutschnationaler Prägung.
Eine Reihe von touristischen Straßen durchzieht das südhessische Gebiet. Neben der regional gegliederten *Deutschen Fachwerkstraße* und der landschaftlich reizvollen *Hochtaunus-Straße* und der *Lahnferienstraße* ist die *Märchenstraße* zu nennen, welche in *Hanau* ihren Anfang nimmt und über Kassel bis nach Norddeutschland hinauf führt. Von Worms nach Würzburg, mitten durch Bergstraße und Odenwald, das bevorzugte Jagdgebiet der Nibelungen, führen *Nibelungen-* und *Siegfriedstraße (Beerfelden, Grasellenbach, Lorsch, Mossautal).*

Die historische Wahrnehmung Hessens beginnt mit der Herrschaft der Römer, welche um 41–56 unserer Zeitrechnung im Wiesbadener Gebiet ein Kastell bauten. Sie gaben dem südöstlichen Teil des Rheinischen Schiefergebietes, vom Mittelalter bis ins 19. Jh. hinein schlicht „die Höhe" genannt, den Namen „Taunus". Der Frankfurter Poet und Diplomat Johann Isaac von Gerning, ein Zeitgenosse Goethes, grub das alte römische Wort wieder hervor; vielleicht geht es auf das keltische „dun" zurück, was ebenfalls soviel wie Höhe bedeutet. Unter Kaiser Domitian (51–96 n. Chr.) eroberten die Römer den Taunus und drangen in die Wetterau vor, die ihnen als Kornkammer ihrer Provinz Germania Superior diente. Sie begannen mit der Anlage zahlreicher Kastelle, u. a. der unter Wilhelm II. um 1900 wiederaufgebauten Saalburg bei *Bad Homburg im Taunus*, welche allerdings aus dem frühen 2. Jh. n. Chr. stammt. Um das Jahr 90 begannen die Römer mit dem Bau eines befestigten, durch Wehrbauten gesicherten Grenzwalles, dem Limes, welcher bis heute an vielen Orten sichtbare Spuren hinterlassen hat. Um 250/260 wurde dieser nach dem Ansturm der Chatten aus der Wetterau aufgegeben. Die Chatten, welche bereits 83–85 einen Krieg gegen die Römer geführt hatten, galten in der Zeit der Romantik, in der viele der umfangreichen Sagensammlungen entstanden, als die „Ur-Hessen"; bis heute ist allerdings nicht wissenschaftlich geklärt, welche Stämme die Römer unter diesem Namen zusammenfaßten. Die

Zeit der Franken begann mit ihrem Vordringen auf hessisches Gebiet im Jahr 475. Mit ihnen kam auch der christliche Glaube ins Land: um 550 wurde das Bistum Mainz gegründet, 721 missionierte Bonifatius (675–754) in Hessen, dessen Grab sich in seinem Lieblingskloster Fulda befindet. Die Erinnerung an den Missionar Hessens und Thüringens ist auch im südlichen Hessen lebendig, so etwa in der Sage vom Bilstein bei *Schotten-Breungeshain*. Weitere wichtige Ereignisse von religiöser wie auch politischer Bedeutung sind die Gründung des Klosters *Lorsch* um 760 und die Überführung der Gebeine der Märtyrer Marcellinus und Petrus nach *Steinbach* bei *Michelstadt im Odenwald* und 828 nach *Seligenstadt*. Ein durchdachtes Netz von bedeutenden Klostergründungen sollte das Frankenreich stabilisieren. Im Falle Seligenstadts war dies wenig erfolgreich, jedoch bekam das Land eine bedeutende Wallfahrtsstätte, die noch heute gerne besucht wird. Andere in unserem Gebiet tätige Missionare waren der hl. Lubentius, der „Apostel der Nassauer", welcher bereits um 350 auf dem steilen Lahnfelsen in *Dietkirchen* bei *Limburg* gepredigt haben soll, auf dem die ihm geweihte romanische Stiftskirche steht, ferner der hl. Kilian (gest. 689), der erste Missionar des Odenwaldes, an den die gleinamige Quelle und die Stadtkirche in *Michelstadt i. O.* erinnern, und Walburga, welche um 730 im Frankenreich missionierte und der bei *Weschnitz* in der Nähe von *Fürth i.O.* ein Bergheiligtum geweiht wurde. 1526 führte Landgraf Philipp I. von Hessen die Reformation ein und gründete in Marburg die erste protestantische Universität. Diese bedeutende Entscheidung hat sicher dazu beigetragen, die Zahl der Wallfahrtsorte im südlichen Hessen trotz des langen Einflusses von Mainz im Vergleich zu erzkatholischen Gebieten wie etwa Oberbayern gering zu halten.

Typisch für dieses Gebiet sind vielmehr die Sagen um das *Wilde Heer*, auch *Wilde Jagd* genannt. Dieses Geisterheer von vermutlich kultischer Bedeutung zieht „zwischen den Jahren", in der Zeit zwischen dem ersten Weihnachtstag und Dreikönig, von zahlreichen Bergen Südhessens herab und erschreckt mit schrecklichem Lärm die Lebenden. Diese Erscheinung, deren andere Wurzel in den wilden Winterstürmen dieser rauhen Zeit angenommen wird, ist gelegentlich von einer historischen Person angeführt; am bekanntesten wurde der *Rodensteiner*, welcher von seiner Burg bei *Fränkisch-Crumbach* durch den Odenwald zieht und mit seinem Tross nahende Kriege ankündigt. Gut vertreten sind auch die Sagen um die *Wilden Weiber* (vor allem im Lahn-Dill-Gebiet, etwa bei *Breitscheid-Erdbach* oder *Haiger-Langenaubach*), in denen sich Vorstellungen von verschiedenen mythischen Frauenfiguren wie etwa der *Else* oder der *Holle* (z. B. Bilstein bei *Schotten-Busenborn, Niedernhausen-Engenhahn*) mit denen kleinwüchsiger, haariger Erddämonen vermischen. Mit dem Wirken solcher übernatürlicher Wesen, wie auch der zahlreich vertetenen Riesen, werden auffällige Naturerscheinungen wie Höhlen oder Felsen erklärt (z. B. *Lautertal-Reichenbach, Zwingenberg*). In christlicher Zeit ist diese Motiv der kulturhistorisch älteren Riesensagen auf den Tuefel übertragen worden (*Vogelsberg*). Die verheerenden Folgen dieses Glaubens an eine Personifizierung des absolut Bösen werden deutlich im oft entsetzlichen Schicksal der als Hexen verfolgten Frauen und Männer (*Altenstadt-Lindheim, Büdingen, Idstein*). Ferner wird der Leser zahlreiche Sagen um *versteckte Schätze* finden, die nur unter Beachtung eines Tabus gehoben werden können (z. B. *Herborn*) und mitunter von *Weißen Frauen* gehütet werden (z. B. *Darmstadt, Mücke-Merlau*), *Sühnekreuze* erinnern an eine Mordtat (*Rothenberg*) und es begegnen *Wiedergänger*, welche im Fegefeuer für eine zu Lebzeiten begangene Schuld bestraft werden (z. B. *Breitscheid-Rabenscheid*). Diese Sagen sind zugleich Rechtssagen, aus denen sich ethisch-rechtliche Anschauungen der Vergangenheit rekonstruieren lassen; häufig können sie auch an ehemaligen Richtstätten festgemacht werden (z. B. *Beerfelden*). Natürlich haben auch bedeutende historische Personen wie die Frankenkönige Chlodwig I. (um 466–511, *Königstein*) und *Karl der Große* (768–814, *Frankfurt*) sowie der Stauferkaiser *Barbarossa* (um 1122–1190, *Büdingen*), aber auch einfache Menschen aus dem Volk, darunter Johannes Bückler, genannt *Schinderhannes*, einer der berühmtesten Räuber des frühen 19. Jh. (*Limburg*), ihre Spuren in der bunten Sagenwelt des Landes hinterlassen.

Danken möchte ich zu allererst meiner Tochter Catrina, ohne deren Liebe und Geduld dieses Buch nicht hätte entstehen können.
Dann schulde ich den unzähligen passionierten Heimatforschern, ArchivarInnen und Privatpersonen meinen großen Dank, die sich nicht gescheut haben, mir ihr Material zur Verfügung zu stellen. Ich hoffe, daß sich zumindest die allermeisten hier würdig vertreten finden.

Den / die LeserIn möchte ich bitten, nicht zu zögern, dem Verlag Korrekturen und Ergänzungen mitzuteilen.
Die Fülle des Materials aus den an Sagen überaus reichen süd- und mittelhessischen Landschaften wie auch der vorgegebene Umfang des Buches geboten eine fast schon rabiate Auswahl.
„Die geplante Erweiterung der Sammlung mußte wegen der Ungunst der Zeitverhältnisse zurückgestellt werden“, wie es Adolf Becker im Vorwort der zweiten Auflage seiner Sagensammlung „Aus Nassaus Sagenschatz“ von 1922 formuliert – und ich füge hinzu: leider.

Johanna Maria Ziemann

Symbole

Burgen und Schlösser

Quellen und Brunnen

Wachtürme, Burgruinen

Flüsse, Seen und Wasserfälle, Moore, Brücken

Kirchen und Klöster

Höhlen und Grotten

Kapellen

Vorgesch. Denkmäler, Hünen- und Hügelgräber

Kreuze, Bildstöcke, Gedenksteine, Friedhöfe

Häuser, Gasthäuser, Mühlen, Baudenkmäler

Naturdenkmäler: Steine, Felsen und Berge

Standbilder, Reliefs, Skulpturen, Gemälde, Wahrzeichen

Hervorragende Bäume, Wälder

Wappen

Altenstadt (Wetteraukreis)

Altenstadt, über die BAB 45 Gießen-Hanau zu erreichen, liegt im breiten Niddertal in der fruchtbaren und nahezu flachen Wetterau-Ebene, inmitten einer landschaftlich reizvollen und waldreichen Umgebung. Schon zu Römerzeiten wurde in Altenstadt der alte Handelsweg in den Vogelsberg überwacht; von 85 bis 270 n. Chr. stand hier ein römisches Kastell. 767 wird Altenstadt in einer Lorscher Urkunde erstmals erwähnt; der Ort blieb bis 1835 Mittelpunkt der Mark Altenstadt. Die Orte *Höchst* und *Lindheim*, welche seit den 1970er Jahren eingemeindet sind, hatten im Gegensatz zu den anderen, agrarischen Ortsteilen eine mehr feudale Vergangenheit; in Höchst etwa liegt der Stammsitz der Familie von Günderrode, der die romantische Dichterin Karoline von Günderrode (1780–1806) entstammt.

Der Lindheimer Hexenturm und Teufelsgraben
Als Rest der einstigen Befestigung steht auf einem Privatgrundstück des Ortes Lindheim der Hexenturm. Von der Kirche aus führt ein Weg zwischen Kirche und Turm durch ein Törchen zum Bach, eine zweite Pforte führt zum Molleschen Landhaus, in dessen Garten der Hexenturm steht. Hier wurden im 17. Jh. zahlreiche Personen eingesperrt, die man der Hexerei bezichtigt hatte. Eine Gedenktafel erinnert an sie. Die letzte Hexenverfolgung unter dem von Oeynhausenschen Oberschultheißen und Justizbeamten Georg Ludwig Geiß war besonders grausam. 1662 erhielt Geiß, der vor seiner Stelle als Oberschultheiß im 30jährigen Krieg als Soldat tätig war, auf seine Anfrage von der adeligen Herrschaft die Vollmacht, „nach Kaiser Caroli V. Halsordnung zu verfahren und das Hexengeschmeiß auszutilgen“. Eines der Opfer war die Hebamme von Lindheim, die man beschuldigt hatte, ein Kind umgebracht zu haben. Obwohl die Mutter des tot geborenen Kindes ihr keine Schuld gab, wurde die Hebamme so lange gefoltert, bis sie, wahnsinnig vor Schmerz, gestand. Daraufhin wurden weitere sechs Frauen in den Hexenturm gesperrt, denen man vorwarf, das Kind ausgegraben, in einem Topf gekocht und daraus Hexensalbe zubereitet zu haben. Im Beisein mehrerer Zeugen grub man den Leichnam des Kindes aus, fand den Körper jedoch unversehrt. Bei schwerer Strafe wurde den Anwesenden verboten, etwas von diesem Ereignis verlauten zu lassen: Geiß wollte die sechs Frauen dennoch als Hexen verbren-

Hexen machen ihre Salben aus Kinderleichen

nen lassen, da sie ihre Tat in der Folter gestanden hätten. Nachdem er an die 30 Menschen gequält hatte, wurde der Oberschultheiß 1666 des Amtes enthoben. Die Sage berichtet, daß Geiß sich bei einem Ritt über einen Graben den Hals gebrochen habe. Dieser Graben ist noch heute zwischen Lindheim und *Düdelsheim* mit bloßem Auge sichtbar. Folgt man der Autostraße, so führt er nach links durch Obstbäume und Äcker eine recht einsame Anhöhe empor. Noch heute ist der Graben unter dem Namen „Teufelsgraben" bekannt. So hat der Volksmund den Spieß umgedreht und dem grausamen Hexenverfolger ein stilles Denkmal gesetzt.
Die Hexenverfolgungen von Lindheim hat ein ortsansässiger Pfarrer unter dem Pseudonym Otto Glaubrecht in einem 1846 erschienenen und zu seiner Zeit äußerst populären Heimatroman „Die Schreckensjahre von Lindheim" verarbeitet.
→ Büdingen, → Gelnhausen, → Greifenstein, → Idstein

ANTRIFTTAL (Vogelsbergkreis)

Im Antrifttal und seinen Randgebieten liegt die Gemeinde gleichen Namens. Verwaltungssitz ist *Ruhlkirchen*, der älteste Ortsteil, der 1231 zuerst erwähnt wird. Hier war der kirchliche Mittelpunkt des mainzischen Katzenberggerichts.

Ruinen der Wüsburg

An der B 62 liegt unweit von *Alsfeld* der kleine Ort *Ohmes*. Der heutige Ortsteil von Antrifttal gehörte ab

1294 mit *Ziegenhain* zum Erzstift Mainz. Hier war im 30jährigen Krieg der Schauplatz des Ohmeser Gefechts nach der Plünderung von Zell.
Auf einer waldigen Höhe nahe des Dorfes sind versteckte Reste einer Burg zu sehen, damals die Wüsburg genannt. Als dort noch Mauern und Zinnen standen, begab es sich der Sage nach, daß die Bauern von Ohmes im Wirtshaus zusammen saßen und den Einfall hatten, statt Schnaps und Bier einmal Wein zu trinken. Weil aber niemand Schlüssel zu einem Weinkeller hatte, bot sich die Tochter des Wirts an, Wein zu beschaffen. Sie stieg hinauf zur Wüsburg, wo von Zeit zu Zeit um Mitternacht eine heller Lichterschein gesehen werden konnte, obwohl dort niemand wohnte. Auch das Mädchen sah, daß die Burg im Innern erleuchtet war und trat mutig ein. Alle Türen standen offen, und eine ganz in Weiß gekleidete Frau fragte sie nach ihrem Anliegen. Die mutige Wirtstochter bat eindringlich um Wein, worauf die gespenstische weiße Frau fortging und kurz darauf mit einem Korb voll von Weinflaschen zurückkam. Das Mädchen bedankte sich und brachte den Wein ins Wirtshaus zurück. Dort genoß man den Trank und hatte bald alle Flaschen geleert. Wieder ging die Wirtstochter zur Wüsburg hinauf und sah, daß noch immer Licht hinter den Fenstern brannte. Als sie aber oben angekommen war, erlosch das Licht plötzlich und es wurde stockfinster, alle Türen blieben verschlossen und das Mädchen mußte mit leerem Korb wieder zurückkehren.
→ Bad Homburg, → Grünberg, → Mücke-Merlau, → Nidda-Schwickartshausen

Bad Homburg vor der Höhe (Hochtaunuskreis)

B

Die über 1200 Jahre alte Residenzstadt der Landgrafen von Hessen-Homburg und heutige Kreisstadt ist Ausgangspunkt der Hochtaunusstraße, die bis *Bad Camberg* führt. Überragt wird die malerische Stadt vom „Weißen Turm" des Landgrafenschlosses. Er ist der einzige erhaltene mittelalterlicher Bauteil des Schlosses aus dem 14. Jh. Im hohen Mittelalter gehörte die Burg „Homburg" den Grafen von *Eppstein*, unter deren Regentschaft Bad Homburg 1444 Stadtrechte erhielt. 1866 fielen Homburg und der Taunus an Preußen, und das Landgrafenschloß wurde Sommersitz der Hohenzollern.
Bad Homburg besitzt seit 1843 eine Heilquelle, welche bereits im 17. Jh. bekannt, dann durch den Medizi-

nalrat Dr. Trapp wiederentdeckt wurde; sie ist nach der Landgräfin Elisabeth von England „Elisabethenbrunnen" benannt. 1841 wurde ein Spielcasino für die reichen Kurgäste eröffnet, das für die internationale Bekanntheit des Taunusbades sorgte. Auch Wilhelm II., der letzte deutsche Kaiser (1888–1918), hat sich oft in der Stadt erholt.

Schloß

Erbaut wurde das heutige Schloß im 17. Jh. von Landgraf Friedrich II., dem Kleistschen „Prinzen von Homburg", dem am inneren Portal des Schlosses ein Reiter-Denkmal gesetzt ist. Dieser Landgraf erhielt nach der Belagerung von Kopenhagen 1658 den Beinamen „mit dem silbernen Bein", weil er im Kampf das linke Bein verloren hatte und seitdem eine versilberte Gelenkprothese trug. Diese älteste erhaltene europäische Beinprothese, die über einen Mechanismus verfügt, der Muskelkraft ersetzen kann und für das Abrollen des Fußes sorgt, ist heute im Homburger Schloßmuseum zu sehen.

Büste Landgraf Friedrichs II. (Prinz von Homburg) von Andreas Schlüter

Im Schloß soll lange eine Ahnfrau umgegangen sein, deren Erscheinen immer den nahen Tod eines Menschen ankündigte. Sie ist einmal einem hessisch-homburgischen Soldat erschienen. Während der vor sich hin träumend Wache hielt, hörte er plötzlich ein Rauschen im dunklen Gang. Der Soldat legte sein Gewehr an und rief: „Halt, wer da?“ Statt einer Antwort erklang ein höhnisches Gelächter und es näherte sich ihm eine Frauengestalt, deren Gesicht unter einem undurchsichtigen Schleier verborgen war. Die Erscheinung schlich wortlos an dem zitternden Soldaten vorbei und entschwand in die Dunkelheit. Seine Kameraden wollten dem verängstigten Soldaten nicht glauben, aber tatsächlich starb wenige Tage darauf ein Mitglied der landgräflichen Familie. Erst mit dem Erlöschen des Geschlechts der Hessen-Homburger soll auch der Spuk auf dem Schloß ein Ende gefunden haben.

→ Antrifttal, → Grünberg, → Mücke-Merlau

Gastwirtschaft „Zum Wasserweibchen“

Nahe des Schlosses, Am Mühlberg 57, steht ein grüngestrichenes Haus: das „Wasserweibchen“, seit 22 Jahren eine gemütliche Gastwirtschaft. Eingerichtet wurde sie bereits 1866. Ursprünglich war das Haus eine Drechslerei. Deren Zunftzeichen, eine kleine hölzerne Fabelfigur – halb Fisch, halb Frau – schmückt auch die heutige Fassade.

Dieses Zunftzeichen, das „Wasserweibchen“, gab den Anstoß zur Sagenbildung: Im Wassergraben um das Schloß soll vor langer Zeit eine Nixe gelebt haben. Sie besaß die Gabe ewiger Jugend und war wunderschön. Der Sohn des Schloßherren verliebte sich in sie; beide heirateten und hatten ein langes und glückliches Eheleben, dazu viele Nachkommen, die heute noch im Taunus leben. Als der Schloßgraben zugeschüttet wurde, wählte das Wasserweibchen die Regenwolken um den Weißen Turm als Aufenthaltsort, denn ein Wasserweibchen kann ohne Liebe nur im feuchten Element überdauern. An wolkenlosen Tagen aber besucht die Nixe das nach ihr benannte Gasthäuschen an der Ecke.

BAD SCHWALBACH (Rheingau-Taunus-Kreis)

Die Kreis- und Kurstadt Bad Schwalbach liegt an der B 54, die von Wiesbaden nach Nord-Westen in Richtung Diez a. d. Lahn dem Tal der Aar folgt. Im Jahr 1352 erstmals urkundlich als Langinswalbach erwähnt, war der Ort um 1370 im Besitz der Grafen von Katzenelnbogen, gelangte nach deren Aussterben 1497 an die Landgrafen von Hessen-Kassel, 1626 an Hessen-Darmstadt und 1648 an Hessen-Rotenburg. Als die Mineralquellen des Dorfes Langenschwalbach im 16. Jh. bekannt wurden, entwickelte sich das Dorf, dessen Einwohner bislang vor allem vom Wollweberhandwerk gelebt hatten, zum Kur- und Badeort Bad Schwalbach. Durch die kohlensäurereichen Mineralquellen, die an insgesamt zehn Brunnen zugänglich sind, wurde Bad Schwalbach im 17. und 18. Jh. zu einem der bedeutendsten Kurorte Europas. Das Staatsbad genießt auch heute als eines der bekanntesten hessischen Bäder international einen guten Ruf.

Schwalbach. Kupferstich, um 1620

Stahlbrunnen und Weinbrunnen

Die zehn Brunnen, aus denen das Bad Schwalbacher Mineralwasser hervorquillt, sind im ganzen Stadtgebiet verteilt. Sie tragen schon seit dem 17. Jh. besondere Namen. Unweit des Kurhauses, direkt vor dem Parkplatz am Röthelbach, liegt der Stahlbrunnen. Am Ende der Brunnenstraße, hinter der Martin-Luther-Kirche und dem Kohlensäure-Stahlbad, steht der Weinbrunnen. Eine Sage weiß den Namen der beiden Heilbrunnen wie auch den der Stadt folgendermaßen zu erklären: Von höllischen Geistern verfolgt, hatte sich die böse Fee Swalba hier niedergelassen. Voller Zorn vernichtete sie die schöne Landschaft, riß Blumen und Reben aus, entwurzelte die Fruchtbäume und vergiftete mit ihrem eiskalten, giftigen Atem den Erdboden, so daß auf Jahre nichts mehr wachsen konnte. Statt lauer Brisen und warmem Sonnenschein tobten nun rauhe Stürme und heftige Fröste. Alles Wehklagen der Bewohner des Tales konnte das harte Herz Swalbas nicht erweichen. Ein frommer Einsiedler vom Rhein schließlich zwang die Zauberin durch die Kraft seines Gebetes, vor ihm zu erscheinen, und verbannte sie für zwanzig Jahre in die Einsamkeit. Nach dieser langen Zeit kehrte Swalba als alte, gramgebrochene Frau zurück. Reuevoll sprach sie ihren letzten Zauber aus, nach dem ihre nie versiegenden Tränen sich in Wasser verwandeln, auf ewig aus der Erde quellen und den Menschen Gesundheit verleihen sollten. Danach sank sie betend auf die Knie und verstarb. Tatsächlich quellen die Tränen Swalbas noch heute aus der Erde hervor und lindern die Leiden zahlreicher Kurgäste. Der Stahlbrunnen erinnert an das harte Herz Swalbas, der Weinbrunnen symbolisiert ihren Herzenswandel, welcher der Verwandlung von trübem Most in edlen Wein vergleichbar ist.

BEERFELDEN (Odenwaldkreis)

Die kleine Stadt an der B 45 wird 1032 im Lorscher Kodex erstmals erwähnt. Als pfälzisches Lehen gelangte der Ort unter die Herrschaft der Schenken von Erbach; 1328 wurden ihnen von Kaiser Ludwig dem Bayern die Stadtrechte für Beerfelden verliehen. Eng mit der Geschichte der Stadt verbunden ist die Burg Freienstein, deren Ruine auf den heutigen Stadtteil *Gammelsbach* herabsieht. Die bewährte Schutzburg diente lange Zeit zur Verteidigung der alten Nord-Süd-Straße vom Mümlingtal zum Tal der Gammelsbach. Ein verheerender Stadtbrand im Jahr 1810, der nahezu die ganze Stadt verwüstete, vernichtete auch die blühende Tuchmacherei. Innerhalb von zwei Jahren wurde Beerfelden wieder aufgebaut. Aus dieser Zeit stammt auch der Zwölf-Röhren-Brunnen, eine Laufbrunnenanlage, die eines der Wahrzeichen Beerfeldens ist.

Stadtwappen
Das Stadtwappen Beerfeldens zeigt auf silbernem Grund einen aufrecht stehenden schwarzen Bären, begleitet von drei roten sechszackigen Sternen. Das Wappen, das 1928 anläßlich der 600-Jahrfeier der Verleihung der Stadtrechte von der hessischen Landesregierung neu verliehen wurde, ist die leicht geänderte Form des ersten Beerfelder Wappens. Zur Fertigstellung des neuen Rathauses hatte Eberhard zu Erbach als damaliger Landesherr im Jahr 1560 der Stadt Beerfelden als Gerichtsort der Oberzent (höchstes Gericht und zugehöriger Bezirk) Wappen und Siegel mit dem

Bären verliehen. Wie auch im Falle Berlins, das ebenfalls einen Bären im „redenden Wappen" trägt, gehört der Bär hier nicht hin; er ist das Ergebnis einer falschen Deutung des Siedlungsnamens. In der Ersterwähnung 1032 heißt die Stadt „Burrifelden", spätere Schreibweisen sind „Bawrfelden", „Burfelden" oder „Buwerfelden", erst seit 1652 wurde die heutige Schreibweise beibehalten. Die Paläolinguistik führt den Namen Beerfelden auf das Grundwort BER bzw. BAR zurück, womit eine karge, nur von sparsamem Bewuchs durchsetzte Fläche gemeint ist.

Galgen
Verläßt man Beerfelden auf der L 1320 in Richtung *Airlenbach*, sieht man am Ortsrand rechter Hand den alten Beerfelder Galgen. Zu Fuß ist der Aussichtspunkt auf dem Galgenberg von der Stadt in wenigen Minuten auf der sanft ansteigenden Landstraße zu erreichen.
Der Galgen mit den im Dreieck angeordneten schlanken Rotsandsteinsäulen, die oben durch eiserne Balken miteinander verbunden sind, stammt von 1597

und gilt als der besterhaltene „dreischläfrige“ Galgen Deutschlands. Der Platz war bewußt gewählt worden: Von dem Aussichtspunkt hatten die Delinquenten vor ihrem Scheiden aus dieser Welt noch einmal einen Panoramablick auf deren Schönheiten, was letzten Anlaß zur Reue geben sollte; zudem unterstrich der weithin sichtbare Galgen mit den daran baumelnden Körpern der Gehenkten die abschreckende Wirkung, die eine solche Strafform haben sollte. Die Todesstrafe des Hängens galt als ehrlos und schändlich; sie war vor allem für Diebe gebräuchlich. Zum letzten Mal erfüllte der Beerfeldener Galgen im Jahr 1804 seinen Zweck, als an ihm eine Zigeunerin hingerichtet wurde, die ein Huhn und zwei Laib Brot für ihr krankes Kind gestohlen hatte. 1806 wurde durch die Mediatisierung seitens Napoleons I. das Hochgericht der Oberzent aufgelöst und den Grafen von Erbach, die bislang den Zentgrafen stellten, die Gewalt über Leben und Tod ihrer Untertanen entzogen; die Länder übernahmen die Gerichtshoheit und der Galgen verlor seine Bedeutung.

Im Jahr 1797 sollte der Wilderer Kaspar Sachs aus *Kirch-Brombach* für das Schießen eines Hirschen im gräflichen Revier gerichtet werden. Durch eine List entging er dem sicheren Tod: Er ließ sich den Hanfstrick wegen seines vermeintlichen Kropfes so um den Hals legen, daß er ihm beim Hängen übers Gesicht rutschte, seine Nase etwas platt drückte und es ihm schließlich möglich machte, seinen Kopf ganz aus der Schlinge zu ziehen. Der Zentrichter ließ ihn laufen: Da man den Wilddieb ja wie vorgesehen gehängt habe, sei damit dem Gesetz Genüge getan.

Galgenanlage bei Beerfelden

Richtstätten gelten traditionell als Spukorte, von denen allerlei unheimliche Geschichten erzählt werden. Das Rauschen der den Beerfeldener Galgen umstehenden Bäume wird als schauerliches Stöhnen gedeutet – die Geister derjenigen, die hier unschuldig hingerichtet wurden. Über den Galgenplatz ist auch der Wilde Jäger hinweggebraust. Mit seinem Geisterheer zog er vom Galgen über Beerfelden nach der Sensbacher Höhe zu. Zuletzt wurde der Geisterzug hier 1888 gehört. Mit lautem Klirren, Pfeifen, Schreien und Hundegebell hat der Wilde Jäger bei Beerfelden eine Gruppe Bauersknechte derartig erschreckt, daß sie sich schutzsuchend auf den Boden warfen.
Ein solches lärmendes Geisterheer, das nicht nur in Deutschland häufig anzutreffen ist, hat im Laufe der Jh. die verschiedensten wissenschaftlichen Deutungen erfahren. Andernorts wird es „Wuotes Heer" genannt, was die ältere mythologisierende Forschung nicht als „wütendes Heer" verstand, sondern von dem germanischen Wettergott Wotan ableitete. Sicher spielen im Glauben an ein solches Heer stürmische Wetterphänomene eine entscheidende Rolle; nicht von ungefähr ist das Wilde Heer mit seinem Gefolge in anderen Gegenden ausdrücklich in der winterlich stürmischen Zeit zwischen den Jahren unterwegs. Ebenfalls von Bedeutung ist der Glaube an ruhelose Tote; in diesem Zusammenhang wird oft auf männerbündische Brauch- und Kultformen verwiesen, die in manchen

Gegenden üblich waren. Die älteste diesbezügliche Quelle stammt aus dem griechisch-antiken Kulturkreis: Schon der griechische Geschichtsschreiber Herodot († 425 v. Chr.) berichtet von umherziehenden Geisterheeren, die mit lautem Getöse die Lebenden erschrecken. Der Zug des Wilden Heeres über die Galgenstätte hat hier einen klaren Bezug; in dem sog. Münchener Bannspruch aus dem 14. Jh. werden die Gehenkten und Geräderten als „Wûtanes her und alle sine man" bezeichnet.

→ Brensbach, → Driedorf, → Fränkisch-Crumbach

Steinernes Kreuz

Verläßt man Beerfelden in südöstlicher Richtung auf der Höhenstraße, die am Gasthof „Dreispitz" vorbei zum *Sensbacher* Friedhof führt, steht kurz hinter der Ortsabfahrt von der B 45 etwa 200 m südlich der Straße ein tief im Boden versunkenes Kreuz aus Stein. Es hat an den Armen Abschlagspuren. Im Kreuzungsfeld ist, wohl nachträglich, ein kleines Kreuz eingeritzt. Das Sandsteinkreuz steht an einem alten „Wallweg" (Wallfahrerweg), der aus dem Ulfenbachtal nach *Walldürn* führte und von der Hirschhorner Höhe kommend Beerfelden umging. Da der wirkliche Anlaß nicht mehr bekannt ist, hat sich die Sage des kleinen Denkmals angenommen: Die eine erzählt von zwei Jungen, die sich an dieser Stelle gegenseitig umgebracht haben sollen; nach einer anderen markiert das Kreuz den Rastplatz französischer Soldaten, weshalb es auch „Franzosenkreuz" genannt wird.

Häufig wurden solche Kreuze bei einem Mord zur Sühne der schweren Schuld aufgestellt. In Sühneverträgen des 13.–16. Jh. ist die Verpflichtung zur Errichtung eines Sühnekreuzes fester Bestandteil. Man wollte durch ein solches Erinnerungsmal Sorge tragen für die Seele des Ermordeten, der zu schnell und unerwartet aus dem Leben gerissen wurde, um sich auf das Jenseits vorbereiten zu können. Die sog. „Seelengeräthe", die Verrichtung frommer Werke, waren eine weitere vertraglich festgesetzte Verpflichtung, die die Seele des Getöteten aus den Qualen des Fegefeuers erlösen sollte. Man verpflichtete sich zu Schenkungen an Kirchen und Klöster, Stiftungen von Seelenmessen, Wachsspenden und Unterhaltung eines ewigen Lichtes sowie zur Teilnahme an Pilgerfahrten. Das am Ort der Tat aufgestellte Kreuz sollte zudem die Vorbeigehenden zu einem Gebet für das Seelenheil des Verstorbenen aufrufen. Für den Mörder spielte auch die Sorge um das eigene Seelenheil eine Rolle. Die Angst, nach

dem eigenen Tod für die schlimme Tat bestraft zu werden und als ruhelose Seele am Ort der Schuld umgehen zu müssen, führte dazu, daß man zu Lebzeiten mit einem solchen Gedenkstein öffentlich Buße und Umkehr dokumentierte. Immer wieder sind Steinkreuze auch als Grenzzeichen oder – wie in diesem Falle – als Erinnerungszeichen an Landesfeinde gedeutet worden.
→ Rothenberg

Falken-Gesäß

Ruinenreste der Leonhardskapelle und heilige Quelle
Im Südwesten von Beerfelden, etwa eine Stunde Fußweg von der Stadt, liegt oberhalb des Ortes Falken-Gesäß der Weiler *Leonhardshof.* Unterhalb der spärlichen Ruinenreste der Leonhardskapelle sprudelt noch heute eine Quelle, die ungewöhnlicherweise fast mitten auf dem Höhenzug dem felsigen Gestein entspringt, anstatt wie andere Quellen unten im Tal oder an einem tiefergelegenen Hang. Das Wasser wird in einen Sandsteintrog geleitet, der von zwei schräggestellten Sandsteinplatten flankiert ist.
Man vermutet an dieser Stelle ein altes germanisches Quellheiligtum, das bei der Christianisierung mit einer Kapelle bebaut wurde. Dies geschah vermutlich im 9. Jh., nachdem die Mark Michelstadt 819 aus dem Erbe Einhards, des ehemaligen Geheimschreibers und Beraters Karls des Großen, an das zu dieser Zeit bereits sehr mächtige Kloster *Lorsch* angeschlossen worden war. Die Mönche errichteten über der Quelle eine Holzkirche, die dem hl. Leonhard, dem Schutzpatron der Pferde, geweiht wurde. Verwaltet wurde die kleine Kapelle von der Mutterkirche in Burifelden (Beerfelden). Das christliche Heiligtum zog Wallfahrer mit ihren Pferden an, die zunächst in der Martinskirche in Beerfelden ihre Gebete verrichtet hatten, um danach hier an der heiligen Quelle ihre Pferde zu tränken und den hl. Leonhard um Gesundheit für ihre Tiere zu bitten. Im Jahr 1500 war die alte Holzkirche für die Scharen der Wallfahrer zu klein geworden und man baute eine größere Kirche im gotischen Stil. Nach der Reformation und den Religionskriegen wurde die Kirche aufgegeben und zerfiel; ihre Steine und Balken dienten den Bauern zum Bau ihrer Häuser und Scheuern. Die gotischen Fenster wurden in die Schloßkapelle von *Fürstenau* eingebaut. In den Ruinen wurden vor einigen Jahren Grabungen vorgenom-

men und man fand einen alten Stein, der in den ehemaligen Stallgebäuden des etwas entfernt von der Quelle gelegenen Anwesens eingebaut wurde. Die darin eingravierte Jahreszahl ist nicht eindeutig zu entziffern; der Stein soll aus dem 11. oder dem 14. Jh. stammen. Der Stall- und Wohngebäudekomplex direkt neben der Quelle ist zuerst in einer Urkunde von 1353 belegt. Der hl. Leonhard wurde um 500 als Sohn einer fränkischen Adelsfamilie, die am Merowingerhof lebte, geboren. Von Erzbischof Remigius von Reims (440 bis 534) wurde er getauft und unterrichtet. Sein Mitleid mit den Gefangenen, die er täglich besuchte, ging so weit, daß er beim König ihre Freilassung erwirkte. Leonhard lehnte die Übernahme eines Bistums ab und zog sich stattdessen in die Einsamkeit des Waldes bei Limoges zurück, wo er predigte und Krankenheilungen vornahm. Bei der Geburt des Thronfolgers stand Leonhard der Königin bei, als der König eines Tages mit seiner hochschwangeren Frau zur Jagd durch den Wald gezogen war. Statt sich mit Gold und Silber belohnen zu lassen, bat Leonhard nur um so viel Land, wie er mit seinem Esel in der Nacht umreiten könne. Auf diesem seinem Waldstück gründete Leonhard das Kloster Noblac, wo er um 570 als Abt starb. Hier setzte auch seine Verehrung ein, die sich im ganzen fränkischen Reich verbreitete.

Leonhard ist ein volkstümlicher Heiliger, der als Nothelfer in ländlichen Gebieten vor allem zum Schutz der Pferde angerufen wurde. Im späten Mittelalter wurden ihm in großer Zahl Hufeisen als Votivgaben geopfert, die zu Ketten gefügt um die ihm geweihten Kirchen gelegt wurden. Ähnliches darf auch für die ehemalige Beerfelder St. Leonhards-Kapelle angenommen werden, wo man 1932 zahlreiche Hufeisen fand. Eisengaben sind ein wesentlicher Bestandteil des Leonhardkultes. Das Germanische Nationalmuseum in Nünberg bewahrt in seiner volkskundlichen Abteilung zwei Eisenvotive aus der Leonhardskapelle, welche in der Form einer Hand und eines Armes mit Hand gebildet sind. Sie werden als Dankesopfer für die Hilfe bei der Heilung von Handverletzungen angesehen.

Die Verehrung des hl. Leonhard, die heute vor allem noch in Bayern zu finden ist, fand ihren Höhepunkt in den „St. Leonhardsritten“ am 6. November, dem Festtag des Heiligen; weithin bekannt geworden ist der sog. Leonhardiritt im bayerischen Tölz. Von der Beerfeldener Wallfahrt zeugt heute nur noch der Name des Leonhardshofes.

Airlenbach

Dicke Eiche
Am Ortsrand von Airlenbach in Richtung Beerfelden steht seit vielen Jahrhunderten die „Dicke Eiche“. Dem gewaltigen Naturdenkmal ist ein eigener Parkplatz eingerichtet worden. Der Baum, einer der ältesten in Hessen, wird auf 800 bis 1000 Jahre geschätzt. Ihren Namen trägt die Dicke Eiche zu Recht: der Stamm hat einen Umfang von 8,40 m, der hohle Zylinder im Innern ist 1,80 m breit und allein die Rinde ist 80 cm dick. In 24 m Höhe endet die eher kleine Krone der Dicken Eiche.
Eine Sage aus dem Kreis der Geschichten um Siegfried von Xanten, dem Helden des Nibelungenliedes, führt die Entstehung des gewaltigen Baumes auf das Blut eines Auerochsen zurück. Den hatte Siegfried, der gelegentlich dem Hof der Burgunder in Worms entfloh, um im Odenwald zu jagen, am Abend eines langen Jagdtages erlegt. In die große Lache Auerochsenblut wehte der Nachtwind eine Eichel hinab, und aus ihr sproß in dem warmen Blut sofort die gewaltige Eiche von Airlenbach hervor.
→ Mossautal

Gammelsbach

Burgruine Freienstein
Im Tal der Gammelsbach, durch das die B 45 verläuft, liegt die langgestreckte Hubensiedlung gleichen Namens, die heute ein Stadtteil des etwa 5 km entfernten Beerfelden ist. An der westlichen Seite des Tales schiebt sich die Kuppe des Weckberges über die Dorfmitte vor. Am Steilhang des Berges sind, hoch über dem Ort, die Ruinen der Burg Freienstein zu sehen. Die unter Denkmalschutz gestellte Ruine ist ein beliebtes Wanderziel. 1988 stürzten die Nordmauer sowie die kurz zuvor restaurierte Schildmauer des eindrucksvollen historischen Bauwerks ein. Wegen der aufwendigen Sanierungsarbeiten ist der Zugang zur Burgruine aus Sicherheitsgründen gesperrt.
Im 13. Jh. wurde die Burg durch die Schenken zu Erbach gegründet, erste Erwähnung fand sie im Jahr 1297. Die Herren von Freienstein waren Burgmannen der Erbacher, in deren Auftrag sie von hier aus die Straße überwachten, die aus dem Neckartal bei *Eberbach* in den inneren Odenwald um *Michelstadt* führte. Zugleich war die Freienstein Verwaltungssitz für 15 Dörfer der Gegend, einschließlich Beerfelden. Bis um

1035 hatte dieses Gebiet des späteren Amtes Freienstein zur Reichsabtei *Lorsch* gehört, deren Mönche hier Bauern angesiedelt hatten. Vor 1232 war einer Linie aus dem bayerischen Herzogshaus Wittelsbach in der Nachfolge des Heidelberger Pfalzgrafen Konrad, des Bruders von Kaiser Friedrich Barbarossa (um 1122–1190), der einstige Lorscher Klosterbesitz um Beerfelden zugefallen. Als deren Lehensträger gerieten die Erbacher Schenken in den jahrzehntelangen Streit um das Lorscher Erbe, der zwischen den Erzbischöfen von Mainz und den Pfalzgrafen entbrannt war. Nachdem Kaiser Ludwig der Bayer (1287–1347) dem Schenken Konrad II. Stadtrechte für Beerfelden verliehen hatte, sich die Zentschöffen aber gegen den Bau einer Stadtbefestigung wehrten, blieb Freienstein

Der unterirdische Schatz

die bewährte Schutzburg. Starke Truppendurchzüge führten im 30jährigen Krieg (1618–28) zu mehrfacher Plünderung; um 1800 war die Glanzzeit der Burg endgültig in Vergessenheit geraten. Nach dem großen Brand von Beerfelden im Jahr 1810 überließ Graf Albert zu Erbach-Fürstenau den Obdachlosen die Dachziegel und das Bauholz der Burg zum Bau von Übergangsquartieren.
Nicht ganz geheuer war es der Sage nach in der verfallenen Burg, als eines der Zimmer zu Anfang dieses Jh. noch von der Mutter des Dorfschulzen bewohnt wurde. Hier spukte der „Mann mit dem Schlackenhut“, ein grau gekleideter Mann mit langem Bart. Er trat einmal in das Zimmer der alten Frau, tat, als ob er sie nicht bemerke, setzte sich an ihren Tisch und fing genüßlich an zu rauchen. Die verängstigte Frau verkroch sich in ihr Bett. Am Morgen war der nächtliche Besucher verschwunden. Auch am ersten Weihnachtsfeiertag wurde das graue Gespenst gesehen. Der merkwürdige Mann stand im Schloßgarten, und man sah ihn von Zeit zu Zeit hacken. Erst mit Sonnenuntergang verschwand er wieder.
Im Innern der Burg soll ein riesiger Schatz vergraben sein. Wer ihn heben will, riskiert sein Leben: er wird von zwei schrecklichen schwarzen Hunden bewacht. Einer anderen Sage nach ist ein goldenes Kalb in einem unterirdischen Raum verborgen. Dies soll ein Götzenbild sein, das die Untertanen des Burgherrn ohne dessen Wissen anfertigen ließen, nachdem sie wieder in den alten heidnischen Glauben zurückgefallen waren. Diese Sage gehört zum Kreis der Sagen um den persischen Lichtgott Mithras, dessen Spuren sich vor allem am Limes finden, wohin sein Kult von römischen Soldaten gebracht worden war. In Felsgrotten oder unterirdischen Räumen wurde der Mithras-Kult unter Ausschluß von Frauen gepflegt. Als Höhepunkt wurde das Kultbild enthüllt, welches den Gott bei der Tötung des Urstieres zeigte. In *Neuenheim* bei *Heidelberg*, in *Dieburg* und auch in *Frankfurt-Heddernheim* haben sich Kultstätten, sog. Mithräen, erhalten.

Bärenstein

Neben der B 45, die von Gammelsbach in den Süden zum Neckar führt, liegt etwa auf halbem Weg westlich der Straße ein formloser Felsblock, der im Volksmund „Bärenstein“ genannt wird. Auf der anderen Straßenseite ist ein kleiner Parkplatz.
Der Sage nach erinnert dieser Stein an einen Mann, der hier vor langer Zeit, als im Odenwald noch wilde

Tiere lebten, von einem Bären zerissen wurde. Ähnlich wie bei den Sühnekreuzen schlug der Wanderer vergangener Zeiten am Erinnerungsmal ein Kreuz, betete für das Seelenheil des Toten und für die eigene Bewahrung vor einem solchen Schicksal.
→ Lautertal-Hopfmannsfeld, → Rothenberg

BENSHEIM (Lkr. Bergstraße)

Bereits im Jahr 765 wird Bensheim als Besitz des Klosters Lorsch genannt; 1232 kam es an Kurmainz, das ihm 1320 Stadtrechte verlieh. In den folgenden Jahrhunderten wechselte Bensheim zwischen Kurmainzer und Kurpfälzer Herrschaft, bis es 1802 an Hessen-Darmstadt fiel.

Denkmal „Fraa vun Bensem“
In einem Winkel am Mühlgraben steht das Denkmal der „Fraa vun Bensem“. Auf einem Sockel aus Backsteinen steht die steinerne Skulptur einer alten Frau mit einer Laterne in der rechten Hand, ihre Linke hat sie in einem abwehrenden Gestus ausgestreckt, an ihren Rocksaum schmiegt sich eine Katze. Geschaffen wurde die Figur von Tilmann Zobel, eingeweiht wurde sie 1935. Hier wurde einer Bensheimerin ein Denkmal gesetzt, welche die Stadt im Dreißigjährigen Krieg (1618–48) von französischen Truppen befreite. Als diese 1644 die Stadt eingenommen und ein furchtbares Blutbad angerichtet hatten, zogen bayerische Truppen vor den schlimm heimgesuchten Ort. Die alte Bensheimerin schlich sich in der Nacht durch den Mühlgraben, welcher vom Schönberger Tal unter der Mauer hindurch in die Stadt fließt, hinaus in das Lager der Bayern und führte diese heimlich in die Stadt. So wurden die verhaßten Franzosen aus Bensheim gejagt. Daher rührt die lokale Redensart „hinne erum kumme, wie die Fraa vun Bensem“ (hinten herum kommen wie die Frau von Bensheim).

Auerbach

Schloßruine Auerbach
Oberhalb des Ortsteils Auerbach liegen auf einem Bergkegel die stattlichen Überreste des Auerbacher Schlosses. Man erreicht sie von Auerbach aus über einen steilen Aufstieg auf dem Europaweg 8 (Markierung gelbes Quadrat).
Die wehrtechnisch sehr interessante, für damalige Waffen unbezwingbare Anlage wurde im 13. Jh. von

der Abtei Lorsch zum Schutz ihrer umliegenden Güter erbaut. Als Kurmainzer Lehensherren werden 1257 die Grafen von Katzenelnbogen genannt, die während des 14. Jh. umfangreiche Ausbauten vornahmen. 1479 kam die Burg an Hessen und bildete bis 1674 den Mittelpunkt eines Amtes; danach setzte der Verfall ein. Das Lehensrecht von Kurmainz erlosch erst 1803.

Schloß Auerbach. Lithographie, 1840

Eine mehr legendäre Überlieferung erzählt von einem Schatz, der hier von einer verzauberten Königstochter bewacht wird und bisher noch nicht gehoben werden konnte. Seine Bergung ist an mehrere unerfüllbar scheinende, für Schatzsagen aber typische Bedingungen geknüpft: Ein Rabe muß über das Schloß fliegen, eine Nuß in den Hof fallen lassen, aus welcher dann ein starker Baum erwächst. Aus dem Holz dieses Baumes wird eine Wiege gezimmert werden, und das Kind, welches zuerst darin gewiegt wird, kann den Schatz heben und auch die Königstochter erlösen. Als einst diese Bedingungen erfüllt und das betreffende Kind zum Mann herangewachsen war, erschien ihm im Schloßhof eine wunderschöne weiße Frau und forderte ihn auf, am folgenden Tag furchtlos zurückzukommen. Zum verabredeten Zeitpunkt züngelte ihm statt der schönen Frau eine Schlange mit einem Schlüssel im Mund entgegen. Als er entsetzt aufschrie, verschwand die Erscheinung, deren Erlösung nun wieder in weite Ferne gerückt war.
→ Glauburg

Beselich (Lkr. Limburg-Weilburg)

Ruinen des Nonnenklosters Beselich

Auf einem kegelförmigen Basaltfelsen im Wald zwischen *Obertiefenbach* und *Niedertiefenbach* liegen die Ruinen des Nonnenklosters Beselich. Man verläßt die B 49 von Limburg in Richtung Weilburg bei Obertiefenbach und folgt der Landstraße in Richtung *Schupbach*. Kurz hinter dem Ort biegt man nach rechts in einen Weg ein, der zum Parkplatz führt (Beschilderung: „Zur Kapelle, Klosterruine Beselich, Tennisplatz“). Von hier aus sind die Ruinen des Klosters mit der Kapelle und dem Beselicher Hof zu Fuß erreichbar. Nach dem Abbruch einer Kapelle der *Hadamarer* Jesuiten im Jahr 1660 bezog hier neben den Ruinen des Nonnenklosters ein Eremit seine Klause. 1767 wurde die heutige Kapelle als Wallfahrtskapelle „Maria Hilf“ und zu Ehren der 14 Nothelfer geweiht. Das 1163 gegründete Prämonstratenserinnenkloster Beselich wurde im Dreißigjährigen Krieg (1618–48) zerstört. Grabungen aus dem Jahr 1954 stellen den Baubeginn der Klosterkirche für etwa 1170 fest. Von dem bewußt einfachen Kirchenbau mit dreischiffigem Langhaus, das im Osten durch halbrunde Apsiden abgeschlossen war, sind noch Reste des Westbaus und eines Außensockels, der um die Basilika herum verlief, sichtbar.

Der Sage nach sieht man unweit der Ruinen auf einer moosigen Stelle manchmal einen dreibeinigen Hasen sitzen, der sich die blutige Tatze leckt. Um Mittag scheucht der Schatten einer weiblichen Gestalt ihn auf und jagt das Tier, das lautes Stöhnen von sich gibt, dreimal um die Ruine herum, bevor er wieder verschwindet. Der Hase ist ein schwedischer Offizier des 30jährigen Krieges, der als Wiedergänger in tierischer Gestalt täglich dafür büßen muß, daß er nach Plünderung und Brandschatzung des Nonnenklosters hier an dieser Stelle eine der Nonnen mit seinem Schwert erstach. Seine Seele findet keine Ruhe und wird von dem Schatten der Ermordeten gejagt.

Braunfels (Lahn-Dill-Kreis)

Burg Braunfels

Braunfels, an der Deutschen Fachwerkstraße gelegen, ist von der B 49 (E 44) aus leicht erreichbar. Im Zentrum der Altstadt befindet sich die weithin sichtbare Burg. Sie beherbergt heute ein Museum, in dem neben

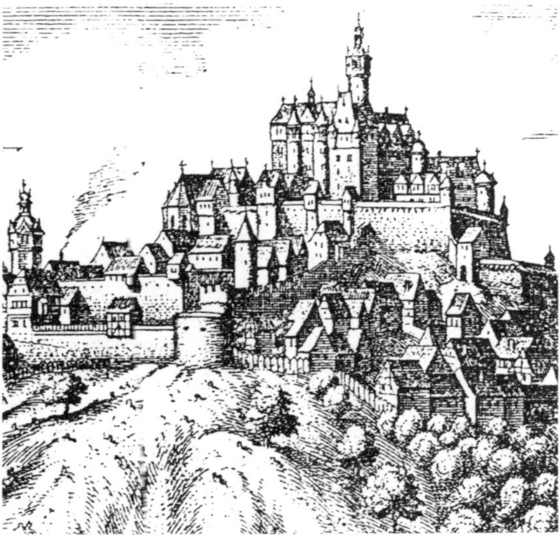

Burg Braunfels. Kupferstich von M. Merian, um 1650

verschiedenen Militaria auch sakrale Kult- und Kunstgegenstände aus dem ehemaligen Prämonstratenserinnen-Stift Altenberg zu sehen sind. Erste Erwähnung fand ein „Castellum Bruninvels“ der Solmser Grafen im Jahr 1246; ab 1280 nutzten die Grafen die Schutzburg als ständigen Wohnsitz. 1742 wurde das Grafengeschlecht zu Solms-Braunfels in den Reichsfürstenstand erhoben; heute befindet sich die Burg noch immer im Besitz der Familie. Die Burganlage erfuhr im Laufe der Jahrhunderte stetige Erweiterungen, was ihren eigentümlichen Reiz ausmacht. Der Friedrichsturm, der als Kern der Anlage gilt, soll auf einen spätmittelalterlichen Wartturm zurückgehen. Südlich fügten die Solmser in der Mitte des 13. Jh. den Palas an, etwa zeitgleich entstand der „Alte Stock“ (Bergfried) mit einer fast quadratischen Grundfläche; Palas und Bergfried wurden im 19. Jh. im Stil der Romantik erneuert. Das Obere Schloßtor, durch dessen tunnelartigen Bau man den äußeren Teil der Kernburg betritt, wurde 1491 erbaut und 1501 durch die heutige Schloßkapelle erhöht. Nachdem 1679 ein Brand große Teile der Burganlage zerstört hatte, wurde sie wiederaufgebaut und erhielt um 1700 unter Graf Wilhelm Moritz den Charakter einer barocken Residenz. Auch die vorgelagerte Burgmannssiedlung, die erheblich gelitten hatte, wurde nahezu gänzlich neu aufgebaut. 1696 begann Wilhelm Moritz auf dem Vorgelände des Schlosses den Marktplatz in einheitlicher Gestaltung

der Häuser anzulegen; die Häuser der Marktsiedlung weisen zum Teil kräftige Bruchstein-Brandmauern auf.
Zur Herkunft des Namens der Braunfels bietet die Volksetymologie folgende Erklärung: Graf Heinrich von *Gleiberg*, der sich mit seinem Bruder zerstritten hatte und sich nun auf der Suche nach einer geeigneten Stelle für eine neue Burg befand, begegnete unterwegs einem Schäfer. Auf die Frage des Grafen, wo er wohnen solle, antwortete der Schäfer: „Dort auf dem braunen Felsen schlagt Eure Burg auf!" Heinrich folgte dem Rat des Schäfers, und so entstand Braunfels.
→ Haiger

BREITSCHEID (Lahn-Dill-Kreis)

„Klaagruweloch" (unterirdischer Lauf des Erdbachs)

Der Erdbach, der sich von Nordosten dem Ort Breitscheid nähert, verschwindet plötzlich am Ortsrand in mehreren tiefen Erdspalten, im Volksmund „Klaagruweloch" (Kleingrubenloch) genannt. Der unterirdische Bachverlauf endet nach 1300 m Luftlinie und der Bach tritt 105 m tiefer im *Erdbacher* Kalksteinbruch unweit der Steinkammern wieder zutage. Der unterirdische Lauf, der sich zu Beginn des quartären Eiszeitalters im Pleiostozän/Diluvium (vor ca. 2,5 Millionen Jahren) bildete, gilt als das größte Karstphänomen Hessens. Entdeckt wurde es, als man Farbe und Heusamen in den Breitscheider Trichter kippte und diese nach 14 Stunden im Erdbacher Bach wieder austraten.
Eine Sage erklärt den unterirdischen Bachverlauf mit dem Zorn der Zwerge, die hier unter der Erde ihr Reich hatten. Zunächst floß das Wasser des Erdbachs oberirdisch und half den Breitscheidern, ihre Felder und Wiesen zu bewässern. Die Dorfbewohner verhielten sich den Zwergen gegenüber jedoch so unfreundlich, daß sich diese zu einer Strafmaßnahme genötigt sahen: Sie ließen den Bach in der Erde verschwinden. Weil sich darüber aber die Bewohner des Dorfes Erdbach beklagten, die sich nichts zuschulden hatten kommen lassen, beschloß der Zwergenrat, den Bach auf Erdbacher Gebiet zurück ans Tageslicht treten zu lassen. Als Grund für die Unfreundlichkeit der Breitscheider, an denen sich die Zwerge rächten, erzählt die Sage, die Zwerge nähmen den Hebammen die Neugeborenen weg und schöben dafür ihre häßlichen Kinder unter. Dieser Glaube, der die Geburt von mißgestalte-

ten und verkrüppelten Kinder erklären soll, ist für ganz Hessen belegt. Neugeborene galten vor der Taufe bzw. bis zur Aussegnung der Wöchnerin (sechs Wochen nach der Geburt) als besonders schutzbedürftig und werden in den Sagen während dieser Zeit häufig geraubt und eingetauscht. Die Zwerge, die den Menschen eigentlich eher wohlgesonnen sind und in zahlreichen Sagen immer wieder als ihre Helfer erscheinen, sind jedoch empfindlich und rächen sich für ihnen angetanes Unrecht. So, wie sie in dieser Sage ihre Stollen unter dem Erdbach graben und das Wasser anzapfen, ziehen sie sich andernorts völlig zurück und lassen die Menschen in ihrer Not allein.
→ Königstein, → Lollar

Erdbach

„Willeweiwer-Backowe" bei den Erdbacher „Steinkammern"
Der unterirdische pliozän-diluviale Bachlauf des Erdbachs zwischen Breitscheid und Erdbach, der als tief eingeschnittene, klippenreiche Felsenkluft noch zu erkennen ist, deutet bereits auf das Vorhandensein unterirdischer Höhlen. Am Ausgang der Schlucht liegt ein verlassener Kalksteinbruch. Neben ihm, an den Hängen eines kleinen Tälchens, befinden sich zwei Höhlen, die als „Steinkammern", früher auch „Ärbecher Lecher" (Erdbacher Löcher), bezeichnet werden. Hier soll es nicht geheuer sein. Die Höhlen gelten als Wohnort der Zwerge, die für den unterirdischen Verlauf des Baches verantwortlich gemacht werden.
Oberhalb der Höhlen wurde früher eine jetzt abgetragene Felsgruppe „Willeweiwer-Backowe" (Wilde-Weiber-Backofen) oder „Ahleweiwer-Backowe" (Alte-Weiber-Backofen) genannt. Wie in vielen zerklüfteten Felsen gerade des Westerwald-Lahngebietes nahm der Volksglaube auch hier den Wohnort Wilder Frauen an, tierhaft behaarter Naturdämonen, die vorzugsweise nach ihnen benannte Wälder und Berge bevölkern.
Vom „Willeweiwer Backowe" berichtet die Sage, ein Bauer aus dem Dorf habe einmal am Weg ein schönes weißes Frauenhemd gefunden und es seiner Frau als Geschenk mitgebracht. Dieses Hemd gehörte aber zu der Wäsche, die die Wilde Frau zum Bleichen und Trocknen auf der Wiese ausgebreitet hatte. Noch am gleichen Abend rüttelte ein heftiger Sturm an den Fensterläden des Bauernhauses, die Tür flog mit einem gewaltigen Stoß auf, und es ließ sich eine bedrohliche

Wilder Mann und wilde Frau

Stimme vernehmen: „Wo hast du mein Hemd?“ Der Bauer wurde an den Haaren aus dem Bett und vor das Haus gezerrt. Am nächsten Morgen war das Hemd aus dem Kleiderkasten verschwunden und vor dem Haus lag Schnee, obwohl es Ostern war.
Das ungewöhnliche Phänomen soll ein Werk der Frau Holle gewesen sein – einer übernatürlichen Frauengestalt mit vielerlei mythischen Funktionen, die durch das gleichnamige Märchen der Brüder Grimm kindertümlich wurde: wenn sie ihre Betten ausschüttelt, schneit es auf der Erde.
→ Haiger-Langenaubach, → Laubach-Ruppertsburg,
→ Ranstadt, → Schlangenbad

Rabenscheid

Grenzstein am Dreiländereck
Nordwestlich vom Breitscheider Ortsteil Rabenscheid beginnt ein Rundwanderweg über das Dreiländereck. Hier, wo Hessen, Rheinland-Pfalz und Nordrhein-Westfalen aneinanderstoßen, steht ein historischer Grenzstein. An solchen Grenzsteinen war es der Sage nach nicht ganz geheuer. Auch auf dem „Huckerfeld“ zwischen Rabenscheid und Willingen (Rheinland-Pfalz) – leider ist dieser Flurname heute nicht mehr gebräuchlich und die genaue Lage läßt sich nicht mehr rekonstruieren – ging lange Zeit des Nachts ein verstorbener Bauer um. Nachdem er einen Grenzstein zu seinen Gunsten verrückt hatte, war er über den Pflug gestolpert und mit seiner Stirn auf die scharfe Kante des Steins aufgeschlagen. Bevor er der Verletzung erlag, beichtete er seinen Frevel. Trotzdem fand seine Seele lange Zeit keine Ruhe und er mußte immer wieder mit dem schweren Stein auf dem Rücken um den Acker herumwandern. Erlösung wurde ihm erst zuteil,

als eines Abends ein Betrunkener seinen kläglichen Ruf vernahm, den schon viele gehört hatten: „Wu sull ich'n da hienedou? Wu sull ich'n da hienedou?“ Der späte Zecher antwortete: „Ei dr Deuwel, wu de'n herkrejt host!“, es ertönte ein lauter Schrei, und seitdem wurde der Jammerruf nie wieder gehört.
In der bäuerlichen Besitzwelt war der Grenzfrevel – eine meist heimlich begangene Straftat – von zentraler Bedeutung. Nach der „Nassau-Catzenelnbogischen Policey-Ordnung“ von 1562 kostete der entdeckte Grenzsteinfrevel den Betrüger Kopf und Kragen; die weit verbreiteten Sagen zu diesem Thema sind Warnsagen und sollen einen solchen Betrug verhindern helfen.
Das begangene Unrecht muß wiedergutgemacht werden; der Grenzsteinversetzer, der – oft in feuriger Gestalt – mit dem schweren Stein umgehen muß, braucht die Hilfe eines Lebenden, der ihm befiehlt, den Stein dahin zu tun, wo er ihn hergenommen hat.
→ Heuchelheim

Brensbach (Odenwaldkreis)

Burgruine auf dem Schnellerts

Die nach allen Seiten gleichmäßig abfallende Kuppe des 350 m hohen Schnellerts, eines Berges aus Gneisen des kristallinen Odenwaldes, erhebt sich am Ausgang des Kainsbachtales zum Tal der Gersprenz. Er gehört zum Ortsteil *Affhöllerbach.*
Sehr wenig nur ist über die Erbauer der heutigen Ruine bekannt; genauso wenig weiß man, wann die Burg aufgegeben wurde. Ärchäologische Untersuchungen ergaben eine zeitliche Einordnung vom Ende des 12. bis zum Anfang des 14. Jh.
Hier auf dem Schnellerts war das Wilde Heer des „Schnellertsherrn“ zu Hause. Es soll sich immer dann sehen gelassen haben, wenn eine Kriegszeit bevorstand. Die „Reichenberger Protokolle“ aus der zweiten Hälfte des 18. Jh. berichten von diesem unsichtbaren Geist, der mit lautem Getöse wie von Fuhrwerken, Pferdegewieher, Hundegekläff und Peitschenknall vom Schnellerts immer auf demselben Weg, über einen Bauernhof, die „Haal“, nach Brensbach und weiter über *Fränkisch-Crumbach* zur Burgruine *Rodenstein* zog. Der Zug des Geisterheers ist aus späterer Zeit zu Anfang und zu Ende der Kriege von 1848, 1866, 1870/71 sowie zu den beiden Weltkriegen in unterschiedlichen Zeugenberichten protokolliert.

Der Rodensteiner. Kupferstich von August Lucas, 1853

Solche Wilde Jagden, die mit lautem Getöse von den Bergen herabsausen und die Lebenden erschrecken, gehen auf den alten Glauben an Geisterheere zurück, der bereits aus der griechischen und römischen Antike überliefert ist. So berichtet etwa der griechische Schriftsteller Pausanias in seinem zwischen 160 und 180 n. Chr. verfaßten Reisebericht, daß man in der Ebene von Marathon die ganze Nacht hindurch wiehernde Pferde und kämpfende Männer vernehmen könne. Die durch die romantische Literatur weitaus populärer gewordene Sage vom Rodensteiner, dessen Geisterheer ebenfalls Anfang und Ende verschiedener Kriege ankündigt, geht auf die ältere Überlieferung vom „Schnellertsherrn“ zurück. Dessen Identität konnte aber wegen fehlender historischer Zeugnisse zur Burg auf dem Schnellerts bis heute nicht geklärt werden; die Burgruine Rodenstein und die Biographien derer von Rodenstein hingegen waren urkund-

lich nachweisbar, und so dichtete die deutsche Romantik das Geisterheer unter das Kommando des Hans III. von Rodenstein. Von besonderer Bedeutung waren die beiden „Rodensteinlieder“ von Victor von Scheffel (1826–1886), der Mitte des 19. Jh. die Burgruine Rodenstein besucht hatte und offensichtlich sehr beeindruckt war.
→ Beerfelden, → Driedorf, → Fränkisch-Crumbach

BÜDINGEN (Wetteraukreis)

Büdingen liegt an der Kreuzung der Deutschen Ferienstraße Alpen-Ostsee und der B 457. Die Stadt gilt wegen der malerischen Geschlossenheit des Stadtbildes als Kleinod unter den hessischen Mittelstädten. Die Verbindung aus beherrschender Schloßanlage, Stadtbefestigung, Stadtkirche, Rathaus und Fachwerkhäusern ist besonders sehenswert.
In fränkischer Zeit war hier an der alten Handelsstraße von *Gelnhausen* ins Lahngebiet ein Rast- und Umschlagplatz. Die Wälder rund um Büdingen, nicht weit entfernt von seiner Pfalz in Gelnhausen, nutzte Kaiser Friedrich I. „Barbarossa“, der Rotbart (um 1122 bis 1190), als bevorzugtes Jagdgebiet.
Erstmals erwähnt wurde Büdingen im Zusammenhang mit dem Adlesgeschlecht der Büdinger im Jahr 1131. Als 1247 die männliche Erblinie der Adelsherrn von Büdingen erlosch, wurden die Ysenburger durch Einheirat zunächst Mitbesitzer, dann ab 1327 Alleinbesitzer; sie bewohnen noch heute das Büdinger Wasserschloß. Bis 1816 blieb Büdingen Verwaltungsort, dann fiel es an Hessen-Darmstadt.
Die historische Stadt wird von einem umfassenden Mauerring eingefaßt; erst im 15. Jh. vereinigte dieser die Altstadt, der 1330 Stadtrechte verliehen worden waren, mit der Neustadt, welche vor 1390 entstand. Ab 1712 wurde die Vorstadt mit barocken Fachwerkhäusern angelegt. Von hier aus gelangt man zum Jerusalemer Tor, zu dem eine Steinbrücke führt. Es gehört zur äußeren Befestigungsanlage, die 1490–1503 errichtet wurde.

Büdinger Stadtwappen
Das Stadtwappen zeigt auf goldenem Grund eine rote Burg, an deren Bergfried ein schwarz-weiß gestreiftes Wappen sowie zwei wehende Flaggen mit derselben Bemalung angebracht sind. Eine Sage erklärt die Herkunft der schwarzen Striche im Familienwappen der

Ysenburger und im Büdinger Stadtwappen mit einem Erlebnis Kaiser Barbarossas. Dieser hatte sich nach ausgedehnter Jagd mitten im Winter im Wald verirrt, als er einem rußigen Köhler begegnete. Der Köhler kannte den Weg zurück zur Pfalz in Gelnhausen und zeichnete ihn dem Kaiser mit kohleschwarzen Fingern in den Schnee. Aus Dankbarkeit schlug Barbarossa den Kohlenbrenner zum Ritter; der wurde so zum Herrn von Ysenburg und Büdingen. Die schwarzen Striche im weißen Schnee, die ihm sein Glück gebracht hatten, nahm er zur Erinnerung in sein Wappen auf.

Diese sagenhafte Begegnung zeigt eine Szene des Historiengemäldes von Rudolf Hofmann im Bankettsaal des Schlosses, der allerdings der Öffentlichkeit nicht mehr zugänglich ist. Hofmann, ein Schüler Moritz von Schwindts (1804–1871), schuf es im Jahr 1853.
Um Friedrich Barbarossa ranken sich zahlreiche Sagen. Die bekannteste ist die vom Kyffhäuser: Friedrich soll dort im Berg schlafen und eines Tages zurückkehren, um das Reich zu einen.
→ Gelnhausen, → Limeshain

Wilde Kerle am Schloß

Das Büdinger Schloß, von Hartmann von Büdingen Ende des 12. Jh. erbaut, ist eine typische stauferzeitliche Burganlage mit Umbauten und Erneuerungen aus dem späten Mittelalter, der Renaissance und dem 19. Jh. Ihre Gründung ist Teil eines staufischen Befestigungswerkes im südlichen und mittleren Hessen, in deren Zusammenhang auch der Saalhof in *Frankfurt*, die Burgen in *Friedberg* und *Münzenberg* sowie die *Gelnhauser* Kaiserpfalz gesehen werden, welche ebenfalls in der zweiten Hälfte des 12. Jh. erbaut wurden.

Durch einen spätmittelalterlichen Torbau der Vorburg gelangt man in den äußeren Burghof, welcher der Kernburg westlich vorgelagert ist. Einmalig in ihrer Geschlossenheit ist die ringförmige Anlage der Kernburg, die einen kleinen mehreckigen Innenhof einfaßt. Typisch für die Stauferzeit ist das Mauerwerk mit den Buckelquadern, charakteristisch für die Wetterau der nahe dem Eingangstor zur Kernburg zunächst freistehende Bergfried aus der Mitte des 13. Jh. in der sog. Butterfaßform, bei welcher der obere Zylinder wesentlich kleiner ist als der untere. Der Palas stammt aus romanischer Zeit, ebenso die schiefwinklige Schloßkapelle, die um 1495–99 wesentlich erhöht und im Innern mit einer Galerie, einer Empore und einem Netzgewölbe versehen wurde. Besonders sehenswert ist das spätgotische Chorgestühl, welches mit Blendmaßwerk dekoriert ist und von Peter Schantz geschaffen wurde. Zu Beginn des 15. Jh. wurde der „Krumme Saalbau“ errichtet, um die Lücke zwischen Kapelle und Küchenbau zu schließen. Letzterer wurde wohl zeitgleich mit dem „Krummen Saalbau“ erneuert; hier befindet sich der Bankettsaal, auch „Romantiker-Saal“ genannt, der 1853 von Rudolf Hofmann aus Darmstadt mit Historiengemälden zur Geschichte des Hauses Isenburg-Büdingen ausgeschmückt wurde. Im Oberhof am äußeren Randbereich des Schloßkomplexes schließlich, einem kleinen Renaissancebau, der 1569–74 von C. Leonhard errichtet wurde, sind Reste der ursprünglichen Fassadenbemalung sowie innerer Farbfassungen, Fachwerkbemalungen an Innenwänden, erhalten.

Das innere Tor, durch welches man Eingang zum Innenhof der Kernburg hat, trägt ein barockes Dach; der schmale Durchgang wird flankiert von zwei ebenfalls barocken Skulpturen, die zwei bärtige Wilde Männer, nur mit einem Lendenschurz aus Blattwerk bekleidet und auf mächtige Keulen gestützt, darstellen.

Hier geht es der Sage nach nicht immer mit rechten Dingen zu: Pünktlich um Mitternacht werden die Wilden Kerle, auch „Steinerne Männer“ genannt, lebendig und tauschen ihre Plätze. Für dieses nächtliche Treiben gibt es allerdings keinen Augenzeugen, denn wer die steinernen Wächter bei ihrer Wachablösung beobachtet, wird selbst zum Wilden Kerl und muß einen der beiden ablösen.

Die Wilden Kerle sollten eine abschreckende Wirkung haben und Übles von den Schloßbewohnern fernhalten. Grimmige Gestalten, etwa Satyrn oder Giganten, die als steinerne Wächter den Toreingang eines

Zwei Wilde Männer am Büdinger Schloß

Schlosses bewachen, gibt es seit der Renaissance häufig. Mitunter sind sie so in den Torbau eingefügt, daß sie das Gebälk zu tragen scheinen.

Sandsteinskulptur „Wilder Kerl"

Im Norden Büdingens liegt an der Straße zum Wildpark, am Weg, der zur Jugendherberge führt, in der Flur „Am steinernen Mann" eine von Gras überwucherte mannsgroße Sandsteinskulptur. Der Wilde Kerl, der hier nackt auf eine Keule gestützt ist, soll der Vorläufer, die mißratene Erstfassung für die Wilden Männer am Ysenburger Schloß sein, den der Künstler hier am Stadtrand abgelegt hat, genauer gesagt, den seine Gehilfen bei Nacht und Nebel aus dem Schloßbereich entfernt haben. Das würde erklären, warum die Figur unvollendet ist. Auch dieser Sandsteinkerl hat es in sich: Er „waanert" (wandert), das heißt, um Mitternacht dreht er sich dreimal um die eigene Achse. Dann macht er sich auf in die Dunkelheit und erschreckt die späten Zecher auf ihrem nächtlichen Heimweg. Um Punkt eins endet der Spuk.

→ Dillenburg, → Münzenberg, → Nidda-Schwickartshausen

Hexenturm

An der Stadtmauer ist noch heute der alte Hexenturm zu sehen. In diesem Verlies mußten zwischen 1532 und 1700 zahlreiche der Hexerei angeklagte Personen auf ihre Folterung und Aburteilung warten – darunter auch Margarete Hansen aus Büdingen, der man 1564 zur Last legte, „daß sie sich in Gesellschaft des Teufels begeben und ein kleines Männlein, so von Menschen Füßen und herichten [haarigen] stumpfen Hendeün

Hexenturm in Büdingen

gewesen, und sich Moritze genannt, zum Buhlen gehabt. Von ihren beim Eingehen des Paktes erhaltenen Zauberkräften soll sie ausgiebig Gebrauch gemacht und das Kind des langen Hans verhext, desgleichen Dylchen der Kramern ihr Kindlein dergestalt und in des Teufels Namen angegriffen, damit es ehfür allein lahm sollt sein, daß es aber gestorben." Ferner habe sie „arme unschuldig Leuth und Kinder erbärmlich ermordet . . . , so auf Anstiften des Satans ihre eigenen Hausgenossen und Verwandten nicht verschont, den eigenen Tochtermann, Meister Micheln seligen, den Schneider, mit Gift im Essen vergeben u. a. m.". Die Angeklagte war geständig und wurde dazu verurteilt, daß sie „mit dem Feuer vom Leben zum Tod, anderen Leuten zu einem Exempel durch den Nachrichter soll gestraft werden und befehlen hiermit Gott dem Allmächtigen die Seel." Über die Hinrichtung selbst geben die Akten keinen Aufschluß. Ein ähnliches Schicksal erlitten 1633 vier Frauen; nur eine hielt – unglaublich! – den Qualen der Folter stand und wurde des Landes verwiesen, die anderen drei wurden auf dem Scheiterhaufen verbrannt. Durch ihre Aussagen wurden in kurzer Zeit 118 Personen aus Büdingen, *Hinterburg, Großendorf* und *Schmitten* belastet, von denen im selben Jahr 44 und ein Jahr darauf 50 Frauen

den Feuertod starben. Zwei Schwangere ließ man laufen. Der Mammut-Prozeß brachte immerhin 1172 ½ Gulden ein, die unter allen Beteiligten des Gerichtes, vom Henker bis zum Grafen, geteilt wurden.
Im äußerst komplexen Kapitel der Hexenverfolgungen spielt die Ernennung des Dominikaners Konrad von Marburg zum ersten Ketzerrichter Deutschlands als Neubeginn einer Jahrhunderte dauernden Menschenjagd eine wichtige Rolle. Dieses Privileg wurde dem überstrengen Beichtvater der heiligen Elisabeth durch Papst Gregor IX. im Jahr 1232 verliehen. Der Inquisitor ging mit fanatischem Menschenhaß, großer Härte und oft rechtsverletzend vor, mehr als 1000 Menschen sollen ihm zum Opfer gefallen sein. Am 30. Juli 1233 wurde er von einigen Rittern in der Nähe Marburgs erschlagen. Seit 1252 durften Geständnisse mit der Folter erzwungen werden. Erst rund zwei Jahrhunderte später, um die Mitte des 15. Jh., fanden Hinrichtungen mit der Anklage der Zauberei statt. Auch in reformierten Gegenden wurden die Hexenprozesse als ein Erbe der katholischen Inquisition übernommen. In Hessen allerdings loderten die Scheiterhaufen erst weitere hundert Jahre später hell auf, was nicht zuletzt Landgraf Philipp dem Großmütigen (1504–1567) zu verdanken war, der sich gegen das „peinliche" Verhör, die Folter, aussprach. Während seiner Regierungszeit ist nur ein Hexenprozeß überliefert, bei dem die Angeklagte auf dem Scheiterhaufen endete. Nach der Teilung Hessens in vier Grafschaften im Jahr 1567 entwickelten sich die Hexenverfolgungen in den einzelnen Territorien unterschiedlich. Wilhelm IV. von Hessen-Kassel ließ seine Pfarrer verkünden, daß Zauberei nur dem Schaden zufügen könne, der daran glaube. Landgraf Georg von Hessen-Darmstadt hingegen stellte als erster für sein Land eine „peinliche Gerichtsordnung" gegen die Hexerei auf, in der er die Beamten aufforderte, jedem Gerücht nachzugehen und die Verdächtigen, „fast allenthalben unter den Weibspersonen", zu bestrafen. Die Scheiterhaufen begannen zu lodern. 1582 wurden in *Darmstadt* zehn Frauen verbrannt, 1585 weitere 30 wegen Hexerei in Haft genommen. Zur gleichen Zeit wurden im benachbarten *Dieburg* Hexenprozesse durchgeführt und verurteilte Frauen auf dem Scheiterhaufen verbrannt. In der Grafschaft Büdingen wurden in den Jahren von 1532–1700 insgesamt 485 Personen wegen Hexerei angeklagt, von denen wohl die Mehrzahl ihr Leben lassen mußte.
→ Altenstadt, → Gelnhausen, → Greifenstein,
→ Idstein

BUTZBACH (Wetteraukreis)

Das wegen seiner vielen historischen Fachwerkbauten bekannte Städtchen Butzbach liegt am Rand des Naturparks Hochtaunus inmitten der nördlichen Wetterau. Man erreicht Butzbach über die BAB 5 Gießen-Frankfurt (Abfahrt Butzbach), von Gießen aus auch über die B 3 (Abzweigung am Gießener Südkreuz).
Zur Römerzeit befand sich hier eine befestigte Garnison am Limes. Im Codex des Klosters Lorsch wird Butzbach 773 erstmals erwähnt. Im Jahr 1256 gelangte es an das Geschlecht derer von Falkenstein, nachdem es zuvor denen von Arnsburg und *Münzenberg* gehört hatte. Mit der Verleihung der Stadtrechte 1321 wurde die Stadt befestigt. 1418–1478 war Butzbach im Besitz der Herren von *Eppstein*, danach der Herren von Stolberg. 1500 gehörte die Stadt dem Landgrafen Philipp von Hessen. 1604 kommt Butzbach zu Hessen-Darmstadt, das sich den Besitz mit Solms-Lich und Solms-Braunfels teilt; 1741 wird Butzbach endgültig hessisch und dient als Landgrafenresidenz.

Flügelaltar in der St. Wendelinskapelle

Nicht weit vom Bahnhof, neben dem Postamt in der Weiseler Straße, steht die St. Wendelinskapelle, die älteste Fachwerkkirche Hessens. Erbaut wurde sie um 1440 an der Stelle eines älteren Gebäudes. 1371/72 hatte der Stadtherr Philipp VII. von Falkenstein ein Wendelinsspital gestiftet, und so diente die St. Wendelins-Kirche als Hospitalkapelle. Wahrscheinlich war die Kapelle im Mittelalter Zentrum einer kleinen

Der Leichnam des hl. Wendelin wird von zwei Ochsen gezogen

Regional-Wallfahrt, worauf auch die seit Ende des 14. Jh. belegte Wendelskirmes hindeuten könnte, die bis ins 19. Jh. gefeiert wurde.

In der Kirche steht der bekannte St. Wendelinaltar, ein spätgotischer Flügelaltar mit Szenen aus dem Leben des hl. Wendelin, der von einer oberrheinischen Werkstatt angefertigt wurde. Im Halbrelief des unteren Mittelfeldes ist eine legendäre Begebenheit nach dem Tod Wendelins dargestellt: Im Vordergrund wird unter der Anteilnahme von einer Gruppe von Mönchen ein Karren mit dem Leichnam des Heiligen von zwei Ochsen gezogen. Darüber ist in einer zweiten Szene die Grablegung des Leichnams zu sehen. Hier wird die verbreitete Geschichte eines Gespannwunders erzählt: Nachdem Wendelin gestorben war, wollte sein Leichnam nirgends bleiben, gleich wo man ihn auch begrub. Die Mitbrüder des Toten beschlossen, seinen Sarg auf einen goldenen, von Ochsen gezogenen Wagen zu legen und die Leiche dort zu begraben, wo die Tiere stehenbleiben würden. Bei Butzbach verlor der Wagen ein Rad, die Ochsen konnten also nicht weiter und man begrub den Toten an genau dieser Stelle, wo er tatsächlich liegenblieb. Dies war der Ort, an dem später die Spitalkirche erbaut wurde.

Eigentlich ist die Legende vom hl. Wendelin in der Gegend von Trier beheimatet, wo der Heilige als Einsiedler in den Wäldern um St. Wendel lebte. 617 verstarb der iroschottische Königssohn im Kloster Tholey, und in der Tat fand sein Leichnam zunächst keine Ruhe, bis man das Finden der richtigen Grabstelle den Ochsen überließ. Auch St. Wendel an der Saar nimmt für sich in Anspruch, Ort des Wendelin-Grabes zu sein; dort entwickelte sich eine große, bedeutende Wallfahrt. Der hl. Wendelin wird vor allem im ländlichen Bereich als Schutzpatron der Herden und Hirten verehrt, weil er selbst als Hirte tätig war. Gelegentlich wird Wendelin auch dem Kanon der 14 Nothelfer beigesellt. Der Höhepunkt der Verehrung Wendelins liegt an der Wende zur Neuzeit (um 1500), also genau jener Zeit, in der der Butzbacher Flügelaltar entstand.

Darmstadt

Volkstümliche Etymologie deutet den Namen Darmstadt als „Trajani“-Stadt, weil man im Jahr 1553 beim Abbruch eines alten Turms eine Münze aus der Zeit des römischen Kaisers Trajan (98–117) gefunden haben will. Zuerst genannt wird „Darmundestat“ (Siedlung des Darimund) im 11. Jh. Der Ort entwickelte sich um eine Wasserburg, an deren Stelle später das Schloß gebaut wurde. Die Burg befand sich im 13. Jh. im Besitz der Grafen von Katzenelnbogen; 1330 erhielt Darmstadt Stadt- und Marktrechte. 1479 entbrannte ein jahrzehntelanger Streit zwischen Nassau und Hessen um das Erbe der Katzenelnbogener, welchen die Landgrafen von Hessen für sich entscheiden konnten. Von 1567 bis 1806 Haupt- und Residenzstadt der Landgrafen von Hessen(-Darmstadt), danach bis 1918 des Großherzogtums Hessen, blieb Darmstadt trotz Erweiterungen bis zum Ende des 18. Jh. eine Kleinstadt. Seit dem 19. Jh. entwickelte sich die Stadt, begünstigt durch den Bau der Main-Neckar-Bahn 1846 und der Hessischen Ludwigsbahn 1858, zur Industriestadt. Durch die Förderung des „Großherzogs von Hessen und bei Rhein“ Ernst Ludwig (1892 bis 1918) wurde Darmstadt mit dem Aufbau der Künstlerkolonie auf der Mathildenhöhe zu einem Zentrum des Jugendstils. 1944 wurde die Innenstadt zu 78 % zerstört, betroffen war davon auch das Schloß.

Schloß

Die ausgedehnte Schloßanlage steht am nördlichen Rand der ehemaligen Altstadt. Lediglich die Außenmauern des Herrenbaues, welcher zum übrigen Schloß schräg gestellt ist, zeigt geringe Reste mittelalterlichen Mauerwerks. Landgraf Philipp der Großmütige (1504–67) hatte in seinem Testament für den Streitfall zwischen seinen Söhnen verfügt, daß Georg I. die Obergrafschaft Katzenelnbogen, das spätere Hessen-Darmstadt, und Philipp der Jüngere die Niedergrafschaft Katzenelnbogen, rheinabwärts bei Rheinfels, erhalten sollte. So wurde von Georg, der Darmstadt zur Hauptresidenz bestimmte, der entscheidende Ausbau von Schloß und Stadt bewirkt; der

Das Darmstädter Schloß, Kupferstich, um 1675

Hauptflügel des Renaissanceschlosses entstand 1595 bis 1597. Nach dem Dreißigjährigen Krieg (1618 bis 1648) wurden der Anlage weitere Anbauten hinzugefügt, von 1715–1730 unter Landgraf Ernst Ludwig wurde das Schloß um das sog. Neuschloß erweitert, welches nach dem Vorbild von Versailles entstand. 1944 brannte die Anlage bis auf das Mauerwerk der beiden unteren Geschosse aus und wurde 1966 modern ausgebaut. Das Schloß beherbergt heute ein Museum mit Sammlungen zur Geschichte der ehemaligen Landgrafschaft; im sog. Neuschloß befindet sich die Universitäts- und Landesbibliothek. Sehens- und hörenswert ist der Glockenbau aus dem 17. Jh.: 35 Glokken lassen jede halbe Stunde einen Choral oder ein Volkslied erklingen.
Eine Sage will wissen, daß in den Mauern des Schlosses nächtens der Geist des Schloßbaumeisters spukt. Um die Kosten des Baus zu bestreiten, hatte Landgraf Georg dem Baumeister einen großen Schatz gegeben, welchen dieser vergraben und sich danach aus dem Staub gemacht hatte. Jedoch fand der Baumeister keine Ruhe im Grab und muß nun jede Nacht zum Darmstädter Schloß zurückkehren, wo er an der Stelle, an welcher der Schatz vergraben liegt, an der Mauer kratzt. Er wird erst dann erlöst sein, wenn der Schatz wiedergefunden ist.
Zahlreiche Sagen, in denen Landgraf Ludwig IX. eine besondere Rolle spielt, nennen eine Weiße Frau, welche sich als der Schutzgeist des Schatzes vorstellte; zuerst soll sie Landgraf Ernst Ludwig und seiner Frau erschienen sein. Niemand konnte jedoch den Schatz heben, denn dies, so teilte die Weiße Frau mit, sei Ludwig IX. vorbestimmt. Gelegentlich erschien die Weiße Frau auch in Begleitung von drei weiteren Frauen, welche so schön wie Wachsbilder gewesen sein sollen. Die Weiße Frau ist im wesentlichen an Adelsgeschlechter gebunden, an deren Schicksal sie lebhaften Anteil nimmt. Als Ahnfrau schützt sie ihre Familie vor Unglück, weist auf bevorstehende Todesfälle hin und übernimmt Aufgaben eines helfenden Hausgeistes. Im Darmstädter Schloß gehen außer der Weißen Frau noch weitere Geister um, die ebenfalls Schatzhüter-Funktion haben. Erzählt wird von einem Weißen Mann, der sich durch Klappern wie mit hölzernen Schuhabsätzen bemerkbar machte. Einmal wurde er im Kaiserzimmer gesehen, wo er, eine goldene Krone auf dem Kopf, auf dem Thron saß.
Eine dritte Spukgestalt ist ein kleines weißes Männchen mit schwarzem Kopf bzw. Hut, das gelegentlich

von einem großen Mann in Rüstung begleitet wird. Es zeigt sich manchmal an einem Tisch sitzend, vor sich ein aufgeschlagenes Buch und eine Schreibfeder. Einst soll es einen Mann aufgefordert haben, sich in das Buch einzutragen, was dieser jedoch ablehnte. Ein anderer, der die Weiße Frau nach dem Schatz fragte, wurde von dieser in ein taghelles Gewölbe geführt; hier saß das Männchen, umgeben von reichen Schätzen: darunter goldene Becher, Tierfiguren sowie ein halbmannsgroßes Kruzifix. Leider ist nicht überliefert, was mit dem Schatzfinder geschah.

DIETZHÖLZTAL (Lahn-Dill-Kreis)

Berger Kirche
Die evangelische Margaretenkirche in *Ewersbach*, die „Berger Kirche“, die in markanter Lage vom Hang der Kirchhecke in 347 m auf das Dorf hinabblickt, ist die älteste *Haigerer* Tochterkirche. Romanische und gotische Bauteile wie auch romanische Malereien haben sich an der aus dem 11./12. Jh. stammenden Kirche erhalten. Der mächtige Westturm stammt vom Ende des 12. Jh., im Putz der Chorwände sind noch Weihekreuze der Chorerweiterung des 13. Jh. erhalten. Um 1500 wurde das Schiff im Stil einer westfälischen Hallenkirche umgebaut; aus dieser Zeit ist als einziges Ausstattungsstück die Kanzel aus rotem Sandstein erhalten, wichtiges Beispiel spätgotischer Bildhauerkunst im nördlichen Nassau. 1617/18 wurden zweigeschossige Emporen mit zusätzlichen Sitzplätzen eingebaut. In den 1960er Jahren hat man die Kirche instandgesetzt.
Die Kirche verdankt, so weiß es eine Legende, ihren Bau einer versunkenen Glocke. Diese wurde einst auf dem „Heiligen Berg“, der Kirchhecke, von einem Schwein ausgegraben, das hier weidete. Zum Abtransport legte man die Glocke auf einen Wagen und spannte einen blinden Schimmel davor. Das Tier blieb an der Stelle der heutigen Kirche stehen und stampfte mit den Hufen, worin man ein göttliches Zeichen sah. Zur Ehre Gottes errichtete man genau hier eine Kirche, in deren Turm noch heute die versunkene Glocke schlägt.
Kirchenglocken spielten im Volksglauben eine besondere Rolle. Das Metall, ihr Klang, die Weihe und der kultische Gebrauch ließen sie zu einem beliebten Abwehrmittel gegen dämonische Macht werden. In Kriegszeiten nahm man die Glocken aus den Türmen

und vergrub sie, um sie nicht in die Hände der Feinde fallen zu lassen. Nicht selten gerieten sie dort unter der Erde in Vergessenheit. Sagen vom Auffinden einer solchen Glocke gibt es häufig.
→ Oberursel

DILLENBURG (Lahn-Dill-Kreis)

Schloß Dillenburg
Dillenburg, reizvoll zwischen Westerwald und Rothaargebirge gelegen, ist eng mit der Geschichte der Grafschaft Nassau verbunden. Bereits im 12. Jh. befand sich hier eine Burg im Besitz der Grafen von Nassau, die „Dillenburg", die im 16. Jh. zu einer Festung ausgebaut wurde. In ihrem Schutz entstand eine kleine Ortschaft. 1255 teilte sich die Grafschaft Nassau in zwei Linien, von denen eine fortan in Dillenburg residierte: seit 1290 ist Dillenburg als nassauische Residenz bezeugt; 1344 erhält es Stadtrechte. 1533 beginnt hier mit der Geburt Wilhelms von Nassau, genannt ‚der Schweiger', dem späteren Prinzen von Oranien, die schicksalhafte Verbindung mit dem Niederländischen Königshaus. Graf Engelbert I. von Dillenburg († 1442) hatte durch Heirat niederländischen Besitz

Stadt und Schloß Dillenburg. Kupferstich von M. Merian, 1655

erlangt, der 1530 durch das Fürstentum von Orange in der Provence bereichert worden war: Hier leitet sich der Titel des Fürsten von Oranien ab. Im frühen 16. Jh. lagen die Dillenburger mit den hessischen Landgrafen in heftigem Streit um die Erbfolge um die Grafschaft *Katzenelnbogen*. Im Laufe des 16. Jh. wuchs Nassau zu einer politisch führenden Kraft innerhalb des deutschen Reiches an, was vor allem der Politik der Brüder Wilhelm von Oranien und dessen späterem Nachfolger Johann von Dillenburg in den Niederlanden zu verdanken ist. Die Befreiungskriege gegen die Habs-

burger planten die Brüder teilweise von Dillenburg aus. Bis zum heutigen Tag ist der niederländische Thron mit Nachkommen der Nassauer besetzt. Während des Siebenjährigen Krieges (1756–63) wurde die Festung in Brand geschossen und ab 1763 weitgehend geschleift. Oberhalb Dillenburgs ragt das Wahrzeichen der Stadt, der Wilhelmsturm, als Krönung eines immer noch eindrucksvollen Teils der Stadtbefestigung auf. Er wurde 1872–87 im Stil rheinischer Burgen erbaut. Im Inneren des Aussichtsturmes befindet sich das Oranien-Nassauische Museum. Sehenswert sind auch die Kasematten, unterirdische Verteidigungsanlagen der Burg.
Nachts soll es auf dem Weg vom Schloß hinunter zum Fluß nicht ganz geheuer sein. Hier reitet ein schwarzer Reiter ohne Kopf auf seinem kopflosen Rappen hinab. Das ist ein Nassau-Dillenburgischer Graf, der es zur Zeit der Hexenverbrennungen versäumte, einen als Hexer denunzierten Mann vor dem Feuertod zu bewahren. Der Graf wollte wegen des aufgebrachten Volkes nicht verhindern, daß dem Mann der Prozeß gemacht wurde – befahl aber, den Holzstoß wieder auszulöschen, sobald er mit einem weißen Fähnchen vom Schloß herabwinke. Die Richter zögerten die Hinrichtung lange hinaus – schließlich aber gab das Volk keine Ruhe mehr und der Holzstoß wurde entzündet. Erst als die Flammen schon am Körper des Armen hochzüngelten, wehte das weiße Fähnchen aus dem Schloßfenster. Man konnte den Mann nicht mehr retten. Der Graf hatte ein Festbankett gegeben und darüber die Hinrichtung am Fluß fast völlig vergessen. Sein nächtlicher Ritt hinunter zur Hinrichtungsstätte soll dieses tödliche Versäumnis sühnen.

Fronhausen

Heunstein

Südlich von Fronhausen liegt der Heunstein (471 m). Man erreicht den mit einem Ringwall umgebenen Berg von Dillenburg aus auf dem Hessenweg 5. Der Name des Berges leitet sich von dem älteren „Hohin Stein“ = ‚Hoher Stein‘ ab. Volkstümliche Überlieferung deutet den Bergnamen falsch und lokalisiert hier den Wohnort eines Hünen. Danach errichtete sich der Riese auf dem Berg eine Burg und zog von hier aus raubend durchs Land. Gelegentlich ließ er sich auf den Dorffesten der Umgebung als ungebetener Gast sehen, so auch in *Nanzenbach*, als man gerade das Maifest feierte. Aus der Mitte der Dorfjugend, die tanzend den

buntgeschmückten Maibaum umringte, riß er das schönste Mädchen fort und entführte es auf seine Burg. Mit Unterstützung aller Freunde, von denen viele durch den Riesen verletzt und auch getötet wurden, gelang es dem Bräutigam des Mädchens, in den Burghof vorzudringen und seine Geliebte zu befreien. Ein Gewitter, das plötzlich losgebrochen war, begünstigte zunächst die Flucht der beiden, die sich über Ranken die Burgmauern in den Burggraben hinunterlassen konnten. Dort jedoch wurden sie von dem Riesen entdeckt – wütend riß der einen großen Felsblock aus der Mauer und schleuderte ihn auf die Fliehenden. An dem Ort, wo die Liebenden unter dem Felsblock begraben wurden, wächst jedes Jahr in einer Mainacht eine weißblühende, süßduftende Blume. Sie verwandelt sich in der Hand dessen, der sie pflückt, in einen Zauberschlüssel, der den Weg öffnet zu den unermeßlichen Schätzen des Hünen. Weil aber niemand den genauen Tag und die Stunde kennt, zu der die Blume erblüht, ist es besonders schwierig, den Schatz zu heben. Oft wurde dies bereits ohne Erfolg versucht.
Auch der nahegelegene Heunweiher soll einen goldenen Schatz verborgen halten. In mondhellen Nächten kann man ihn gelegentlich durchs Wasser schimmern sehen. Versucht man, ihn aus dem Wasser zu fischen, versinkt er immer tiefer. Unter den Schätzen des Hünen soll sich auch ein goldenes Spinnrad befinden. Zu den vielen erfolglosen Schatzhebern zählt ein Bergmann aus *Oberscheld*, der nur noch von einem schweren Felsbrocken behindert wurde, an dem er das Spinnrad nicht vorbeiziehen konnte. Bei seinen Bemühungen, den schweren Stein beiseite zu schaffen, rutschte ihm ein „Dau Mißgeburt!“ heraus und sofort versank das Spinnrad wieder in der Tiefe des Berges.
→ Haiger

Nanzenbach

Walgerbörnchen
Im Osten Nanzenbachs, unweit des befestigten Fahrweges in Richtung Grube und See, liegt das Walgerbörnchen. Dieser Wiesenquelle entsteigen zu einem bestimmten Datum mitten am hellichten Tag, nämlich Schlag 11 Uhr, zwei Kleinkinder im Alter von etwa zwei Jahren. Hand in Hand gehen sie am Waldrand hinauf bis an die Heidhecke, blicken zurück und winken und verschwinden dann im Heidewald. Die Sage erklärt sie als Zwillinge einer Frau, die vor langer Zeit ihre Kinder hier im Walgerbörnchen ertränkt hatte.

Die unschuldigen Kinder erscheinen in Weiß, der Farbe der abgeschiedenen Seelen. Sie kehren den Lebenden zur Mahnung immer wieder an den ‚Tatort' zurück, vermutlich am Tag ihres Todes.
Hauptmotive für den Kindsmord waren die Furcht vor der Schande, ein uneheliches Kind zu haben und die Angst vor sozialer Ausgrenzung. Die herrschende Moral belegte sowohl vorehelichen Geschlechtsverkehr als auch das Verheimlichen von Schwangerschaft und Niederkunft mit empfindlichen Ehrenstrafen; Kindsmörderinnen wurden zum Tod durch Ertränken oder Lebendigbegraben verurteilt, zu Beginn des 17. Jh. setzte sich die Schwertstrafe durch. Obwohl im Zeitalter der Aufklärung die sozialen und psychologischen Hintergründe von Kindsmorddelikten ausführlich diskutiert wurden, verharrte die Sagenbildung bei einer restriktiven Moral: das getötete Kind spukt am Ort der Tat, bis die Leiche gefunden wird oder verrät bei der Trauung der Mutter deren Untat – Kindsmörderinnen können keine Ruhe im Grab finden.
→ Mücke-Merlau

Niederscheld

Lützelbachtal
Im Lützelbachtal bei Niederscheld soll einst ein tiergestaltiger Aufhocker, das „Stoppelkalb", sein Unwesen getrieben haben. Es hat sich mit seinen haarigen Beinen um den Hals der von der Spätschicht heimkehrenden Berg- oder Hüttenarbeiter geschlungen und sie laut blökend quer durch Wald und Feld getrieben.

Dämonische Kuh als Aufhocker

Einem Bergmann aus *Medenbach* gelang es erst, die Spukgestalt abzuschütteln, nachdem er durch den Bach geschritten war. Am anderen Ufer sah er ein Geschöpf, das wie ein riesiges Kalb aussah und erkannte das „Stoppelkalb“, welches im Herbstwind, der über die Stoppelfelder weht, schon manchen Wanderer zu Tode geängstigt hatte.
→ Greifenstein, → Haiger

Schelderwald
Im Schelderwald, der sich von *Oberscheld* in nordöstlicher Richtung zwischen den beiden Armen der Schelde und der Tringensteiner Schelde erstreckt, war der Glaube an Irrlichter verbreitet. Besonders im Frühjahr und im Herbst wollen die Bauern beim Bewässern der Wiesen diese kleinen Flämmchen gesehen haben. Die Irrlichter, die man aus der Ferne für die Grubenlichter spät aus dem Berg zurückkehrender Bergknappen halten konnte, glichen aus der Nähe besehen mehr dem Lichte einer Laterne mit getrübtem Glas und tanzten etwa einen m über der Erde hin und her, bis sie nach und nach erloschen.
Für solche Lichterscheinungen gibt es natürliche Erklärungen: Es könnte sich um Glühwürmchen, um die Wahrnehmung des nächtlich sichtbaren phosphoreszierenden Holzes oder um über Moorgebieten zu beobachtende Lichterscheinungen, um eine elektrische Entladung bei besonders hohem atmosphärischem Potentialgefälle handeln. Der Volksglaube interpretiert diese Lichter als ruhelose Seelen Verstorbener, insbesondere ungetauft verstorbener Kinder, die solchermaßen umgehen müssen, bis sie erlöst werden.

DORNBURG (Lkr. Limburg-Weilburg)

In der Gemeinde Dornburg liegen zwischen *Frickhofen* und *Wilsenroth* auf einem Basaltberg Reste einer Ringwallanlage, der Dornburg. Der Name, der sich von dem germanischen Wetter- und Bauerngott Donar ableiten soll („Donars Burg“), hat bei der Gebietsreform 1971/74 der neuen Gemeinde ihren Namen gegeben; eine Ortschaft dieses Namens gibt es heute nicht mehr.

Reste der Dornburg
Wenn man die B 54 von *Limburg* aus in nördlicher Richtung nach etwa 15 km in *Dorchheim* verläßt und nach links auf die Landstraße nach Frickhofen ab-

biegt, sieht man vor sich zwei bewaldete Erhebungen: linker Hand den Blasiusberg, rechts das 396 m hohe Basaltplateau mit den Resten der Ringwallanlage. Der Weg führt durch Frickhofen rechter Hand in Richtung *Wilsenroth*, den Berg hinauf bis zu einem Parkplatz neben der Landstraße; hier gabeln sich Wanderwege, die nach links zur Blasiuskapelle und nach rechts zu den Resten der Dornburg hinaufführen. Auf dem Basaltplateau soll sich im Mittelalter eine kleine, blühende Siedlung befunden haben. Ausgrabungen stellten auf dem ursprünglich 70 Hektar großen Plateau schon für die La-Tène-Zeit (um 500 v. Chr. bis Christi Geburt) eine befestigte keltische Stadt, ein Oppidum, fest. Aus dem ersten vorchristlichen Jahrhundert stammt der im Volksmund „Rödchesmauer" genannte innere Wall, ein zweiter, der sich in Südrichtung im „Felsenmeer" verliert, wurde um 400 v. Chr. angelegt. Fundamente einer Kapelle weisen ins 12./13. Jh. und bestätigen eine Besiedlung bis ins Hochmittelalter.
Die Zerstörung der mittelalterlichen Stadt soll sich einer Sage nach folgendermaßen zugetragen haben: Ein Zug von Kaufleuten wurde von einem Haufen Raubritter aus dem Hinterhalt überfallen. Die Bewohner Dornburgs eilten zur Hilfe und nahmen drei der Angreifer gefangen. Einer von ihnen, Rupert von Ellar, stand mit der Tochter des Bügermeisters in einem Liebesverhältnis. Als nun einige Tage später die benachbarten Ritter von *Westerburg*, *Ellar*, *Dern* und *Molsberg* die Herausgabe ihrer Verwandten forderten, ließ die schöne Hildegard die Feinde nach langer Belagerung durch einen unterirdischen Geheimgang, der in die Kirche führte, in die Stadt ein. Die junge Frau, die durch ein Kirchenfenster der Zerstörung ihrer Stadt zusehen mußte, verzweifelte an ihrer Schuld und stürzte sich vom Felsen, der nach ihr Hildegardisfelsen heißt, in einen im Tal gelegenen Brunnen hinab. Dort schwebt sie noch heute als Schattenbild umher und erschreckt die Vorübergehenden. In der Adventszeit hört man ihren Ruf: „Wehe, wehe, ich habe meine Vaterstadt verraten!"

„Ewiges Eis" bei der Dornburg
Unweit der Landstraße zwischen *Frickhofen* und *Wilsenroth* liegen am Südfuß des Dornburgplateaus zwei Eisstollen. Die Stollen, die mitten im Hochsommer tief gefrorenes Eis zeigen, sind nicht begehbar, das Eis aber durch Schutzgitter hindurch zu bewundern. Eine Schautafel erklärt das Naturphänomen. Im Sommer 1839 entdeckten Bauarbeiter, die auf dem Geröllfeld

Steine für den Straßenbau abtragen wollten, daß die Steine in einer Tiefe von 50 bis 60 cm vereist und festgefroren waren. Bei Grabungen fand man in 2 m Tiefe festes Eis, in 5–6 m Tiefe waren noch Eiszapfen und vereiste Steine vorhanden. Hierbei handelt es sich um eine geologische Seltenheit, die sich physikalisch erklären läßt: Der Fels besteht aus Eruptivgestein und zertrümmerten Basaltblöcken von etwa 25 bis 30 cm Durchmesser (sog. Basaltrosseln). Jahreszeitlich in der Richtung wechselnde Luftströmungen (Kaminwirkung des Berges) sind der Grund dafür, daß im Sommer auffallend kalte Zugluft aus den Stollenöffnungen austritt, im Winter hier jedoch Luft angesaugt wird. Sie erwärmt sich im Bergesinnern und bringt oben, wo sie wieder austritt, den winterlichen Schnee zum Schmelzen. Das ewige Eis haben sich die Frickhofener früher zur Aufbewahrung ihrer Vorräte zunutze gemacht; um 1850 wurde hier eine Brauerei errichtet (sie brannte später ab), für deren Kühlraum, Malz- und Lagerkeller der Berg ideale Bedingungen bot.

Eine Sage bringt dieses in Hessen einmalige Naturwunder mit dem Verschwinden von zwölf mannsgroßen Apostelbildern aus der Kirche der Dornburgstadt in Verbindung. In der Zeit des Dreißigjährigen Krieges (1618–48), als sich gerade räuberische Soldaten der Kirche näherten, öffnete sich von selbst die Kirchentür und die zwölf goldenen Apostelbilder schritten vom Altar herunter und zur Tür hinaus, als seien sie lebendig geworden. Ein Räuber soll sie beobachtet haben und sah, daß die Basaltsäulen eines nahen Steinbruches sich öffneten, die Apostel in den Spalt einließen und sie mit festem Eis bedeckten, worauf sich die Öffnung mit großem Getöse wieder schloß. Das ewige Eis im Berg barg sie fest und sicher. Oft versuchten Schatzgräber späterer Zeiten, die kostbaren Apostelbilder zu heben, bis heute aber ist dies niemandem gelungen.

Tatsächlich gibt es viele Schatzsagen, die einen wahren Kern haben: In der Zeit des Dreißigjährigen Krieges (1618–48), als auch der Westerwald von raubenden Soldaten durchzogen wurde, vergruben die Menschen ihre Wertsachen an verborgenen Orten, wie das zu Kriegszeiten üblich war. Besonders wertvoller Kirchenbesitz und große Fürstenschätze von Burgen und Schlössern haben in den Volkssagen bis in unsere Zeit hinein ‚überlebt'.

St.-Blasius-Wallfahrtskapelle
Frickhofen, erstmals als „Vredenhovin“ erwähnt, wurde 1230/31 von Graf Heinrich dem Reichen von Nassau dem deutschen Orden geschenkt und in der Folgezeit Kirchspielmittelpunkt und Sitz des niederen Gerichts Blasiusberg. Wegen des harten Basaltgesteins ist keine intensive Nutzung des Bodens für den Landbau möglich; so ist die Geschichte der Region durch Armut und Auswanderungen geprägt. Bevor Ende des 19. Jh. Basaltsteinbrüche der Bevölkerung ein besseres Auskommen boten, verdienten sich viele Frickhöfer als Landgänger ihr Brot. Sie verkauften dabei hölzerne Kochlöffel, die sie im Winter geschnitzt hatten; noch heute kennt man den Dorfspitznamen „Frickhöfer Kochlöffel“.
Die Blasiuskapelle auf dem nahegelegenen Blasenberg (auch Blees- oder Kleesberg, 388 m) ist über einen Wander- und Fahrradweg vom Parkplatz an der Landstraße zwischen Frickhofen und *Wilsenroth* nach

Der hl. Blasius segnet die Kinder

etwa 2 km zu erreichen. Man kann sich dem Berg auch von Westen, von *Dorndorf* her, durch das Industriegebiet nähern; vor sich sieht man ein Schotterwerk, biegt hier nach rechts und befindet sich auf dem gut beschilderten „Eselsweg“. Einer Sage nach hat dieser Rundwanderweg seinen Namen erhalten, weil hier einst ein Kaplan auf seinem Esel entlangritt, um auf dem Berg die Messe zu lesen. Nach getaner Arbeit begab sich der Geistliche in die Dorndorfer Wirtsstube und sprach dort so ausgiebig dem Alkohol zu, daß er seine Zeche nicht bezahlen konnte und den Wirtsleuten seinen Esel in Zahlung geben mußte. Seitdem haben die Dorndorfer ihren Spitznamen: „Dorndorfer Esel“.

An einer Waldkreuzung mit einem hölzernen Bild der Muttergottes, von wo man geradeaus zu den Resten der Dornburg weitergehen kann, führt nach links ein Kreuzweg zur Kapelle hoch. Sie ist mit ihrem spätromanischen Kern eine der ältesten Kirchen des Westerwaldes und wurde an der Stelle einer sehr alten heidnischen Kultstätte errichtet; ihr ursprünglicher Patron, der Erzengel Michael, soll Wotan, den höchsten Gott der Germanen, verdrängt haben.

Der aus einem Basaltblock herausgehauene Taufstein der Kapelle, so heißt es, habe bereits Bernhard von Clairvaux (1091–1153), dem berühmten Begründer des Zisterzienserordens, gedient, als er 1146 zum zweiten Kreuzzug aufrief. Von dem alten Bau ist nur noch der Chor vom Anfang des 13. Jh. erhalten. Von 1059 bis 1734 diente die Kapelle als Pfarrkirche des Kirchspiels Blesberg (Frickhofen); auf dem Bergplateau vor der Kirche befand sich dessen alter Friedhof.

Der Überlieferung zufolge soll der Berg seinen Namen von der Kapelle erhalten haben, die heute dem hl. Blasius geweiht ist und zu der noch immer am Festtag des Heiligen (3. Februar) sowie an den Tagen der Himmelfahrt Christi und Maria Bittgänge und Gottesdienste im Freien stattfinden.

Die Legende erzählt, daß Blasius als Bischof von Sebaste in Kappadokien während der Christenverfolgungen des 3. Jh. den Märtyrertod erlitt. Noch im Gefängnis wirkte er zahlreiche Wunder: u. a. rettete er durch sein Gebet ein Kind, dem eine Gräte im Hals steckengeblieben war, vor dem Tod durch Ersticken. Der volkstümliche Heilige zählt zu den Vierzehn Nothelfern und wurde schon im Mittelalter verehrt. Man ruft ihn vor allem bei Halsleiden an; der liturgische Brauch des Blasiussegens am 3. Februar ist heute noch lebendig. Auch bei anderen Krankheiten sucht man seine

Hilfe; die gelegentlich überlieferte Zuständigkeit für Blasenleiden hängt mit seinem Namen zusammen.

DRIEDORF (Lahn-Dill-Kreis)

Baarstein

Unweit der Landesgrenze zu Rheinland-Pfalz, zwischen *Waldaubach* und *Heisterberg*, erhebt sich der Baarstein (Auf der Baar, 615 m). Hier wurde der Sage nach einmal ein fahrender Sänger an den Felsen angeschmiedet – eine grausame Strafe des Grafen von Dillenburg, unter dem die Bauern viel zu leiden hatten. Der Sänger hatte dem Grafen in einem Lied seine Untaten wie einen Spiegel vorgehalten. Im Wald wurde der Gepeinigte jedoch von zwei Raben mit Nahrung versorgt – ein bekanntes Legendenmotiv, welches auf den ebenso unliebsamen biblischen Propheten Elia zurückgeht. Als der Graf von Dillenburg nach langer Zeit wieder durch diesen Wald ritt und den Sänger singend in der Einsamkeit fand, war er so gerührt, daß er ihn befreite und geläutert nach *Dillenburg* zurückkehrte. Nie mehr soll er seitdem seinen Untertanen Grund zur Klage gegeben haben.
Bei Waldaubach soll man früher die Wilde Jagd gehört haben, die von der Fuchskaute her mit wildem Getöse und furchtbarem Brüllen und Heulen heruntergezogen kam. Ein Metzger, der geschäftehalber von Waldaubach nach *Nister* unterwegs war, wurde in dem lauten Durcheinander mit seinem Wagen plötzlich festgehalten und in hohem Bogen auf das Feld hinausgeschleudert. Die Hunde, die man eingeklemmt unter Steinen fand, waren vor Angst wie toll. In Hessen ist die Wilde Jagd weit verbreitet; der tobende Tross nimmt seinen Weg von den Hügeln der Berge hinab in besiedelte Täler hinein.
→ Beerfelden, → Mücke, → Schmitten

ELZ (Lkr. Limburg-Weilburg)

Mahnkreuz in der „Mordschau"

Im Elzer Wald westlich des Ortes steht ein Mahnmal in einem Waldstück, das noch heute „die Mordschau" genannt wird. Kurz vor der Ortsmitte biegt man in Richtung *Niedererbach* ab, verläßt die Landstraße einen Kilometer hinter dem Ortsausgang nach rechts Richtung Grillhütte; der asphaltierte Weg führt am Forsthaus vorbei. Man folgt an der nächsten Gabelung abermals der Beschilderung zur Grillhütte und biegt an der zweiten Gabelung in entgegengesetzter Richtung nach links ab. Nach etwa 100 m ist links ein kleiner Parkplatz unter einer alten Eiche. Nun geht es zu Fuß auf dem asphaltierten Weg weiter, der sich dann erneut gabelt: Hier biegt man nach rechts in Richtung *Malmeneich* ab (Holzwegweiser) und folgt einem bequem begehbaren ebenen Waldweg durchs Tal, vorbei an vier Fischteichen. Nach guten 500 m führt ein Schild nach links über eine Brücke zur „Mordschau". Das Mahnmal, ein überdimensionaler Holz-Kruzifixus, steht hier seit 1933. Die Gedenkstätte „ist allen Kriegsopfern, Verfolgten und Vertriebenen gewidmet", so der Text auf einer Informationstafel. Der Sage zufolge soll der Name des Flurstücks an das grausame Schicksal der vielen Elzer erinnern, die hier im Dreißigjährigen Krieg (1618–48) von den Schweden niedergemetzelt wurden. „Bet', Kindlein bet'! Morgen kommt der Schwed'!" sagten damals die Mütter zu ihren Kindern beim Schlafengehen, und auch das Elbbachtal wurde einmal von ihnen heimgesucht. Die Elzer hatten sich rechtzeitig im dichten Unterholz des Waldes versteckt. Eine alte, verwirrte Frau aber war zurückgeblieben; sie verriet das Versteck an die Schweden, die daraufhin in den Wald zogen und nahezu alle Geflüchteten niedermetzelten. Seitdem wird das Waldstück „Mordschau" genannt.

EPPSTEIN (Main-Taunus-Kreis)

Burgruine
Die Burgruine Eppstein liegt malerisch inmitten von herrlichen Wäldern im engen Schwarzbachtal an der B 455. Gebaut wurde die Burg im 10./11. Jh., erstmals erwähnt im Jahr 1122. Eine Ansiedlung um die Burg fand ihre erste urkundliche Erwähnung 1299.
Woher die Burg Eppstein ihren Namen hat, will folgende Sage wissen: Vor langer Zeit soll hier auf dem Berg ein Riese gehaust haben. Der warf mit einem Felsblock die schwere Eichentür der nahem Burg Bremthal ein, erschlug den Ritter und seine Söhne und raubte die schöne Tochter Berta. Alles Werben um die Schöne war vergeblich, und so legte der zornige Riese die Jungfrau in eiserne Ketten. Nur wenn der Riese schlief, löste sich Bertas Leid im Lied und sie sang von dem Mord an Vater und Brüdern und von ihrem traurigem Schicksal. Diesen Gesang hörte Ritter Eppo, ein fremder Ritter, der in den Wäldern um Eppstein auf Jagd war. Er war von der Schönheit der klagenden Jungfrau sehr gerührt, und als sie von dem drängenden

Burg Eppstein. Kupferstich von M. Merian, um 1650

Liebeswerben sang, wurde Eppo zornig und hieb mit seinem Schwert auf den Kopf des schlafenden Riesen. Dieser aber, durch einen Zauber unverwundbar, drehte sich nur schnarchend zur Seite. Schnell nahm Eppo sein Jagdnetz, schlang es um den Riesenleib und schleuderte ihn mit einem gewaltigen Schwung vom Felsen in die Tiefe, wo er krachend zersprang. Berta und Eppo wurden ein Ehepaar und lebten auf der Burg, die Eppo hier auf dem Berg erbaute. Noch nach vielen hundert Jahren soll über dem Burgtor ein riesiger Knochen in schweren Ketten gehangen haben, der als eine Rippe des Riesen gedeutet wurde.

Erbach (Odenwaldkreis)

Die Kreisstadt Erbach liegt südlich von *Michelstadt* an der B 45, die ab dem etwa 17 km weiter nördlich gelegenen *Höchst i. O.* zugleich die Deutsche Ferienstraße Alpen-Ostsee markiert. Das Zentrum der Stadt liegt im Tal der Mümling.

Erste urkundliche Erwähnung findet Erbach im Jahr 1095; die gleichnamigen Grafen besaßen hier eine Wasserburg. Als ältestes Bauteil ist der Bergfried aus der Zeit um 1200 erhalten. Um die Burg entwickelte sich eine Siedlung, die 1321 erstmals als städtische Siedlung erwähnt wird. Als pfälzisches Lehen wurde Erbach von den Schenken von Erbach verwaltet, die 1532 in den Reichsgrafenstand erhoben wurden. Nachdem im 16. Jh. Handel und Gewerbe erstarkt waren, siedelten die Grafen nach dem 30jährigen Krieg (1618–48) Schweizer an, um die verwüsteten Orte wieder zu besiedeln. 1750 wurden die Stadtrechte durch Graf Georg Wilhelm verliehen. Seit 1806 ist Erbach hessisch. Mitte des 19. Jh. wurde es bedeutend für die Entwicklung der Elfenbeinschnitzerei in Süddeutschland. Erbach ist vor allem als Zentrum der Elfenbeinschnitzerei und durch das Deutsche Elfenbeinmuseum bekannt.

Ebersberg

Cyklopenmauer auf dem Ebersberger Kopf und Ebersberger Felsenmeer

Im Osten der Bahnlinie liegt der etwa 440 m hohe Ebersberger Kopf. An seinem Westhang befindet sich ein Felsenmeer, genannt Cyklopenmauer. Ein weiteres Felsenmeer liegt etwas weiter östlich. Sie sind von Parkplätzen an der Gebhardshütte am Rad- und Hauptwanderweg zwischen *Bullau* und *Krähberg* zu erreichen. Ein befestigter Wanderweg führt mitten hindurch.
Solche im Odenwald häufigen Felsenmeere sind Produkte natürlicher geologischer Entwicklungen. Im Erdmittelalter (Trias) hat ein Meer hier gewaltige Sandmassen abgelagert, deren Schichten im Lauf der Jahrtausende verhärteten und als breite Platten weit herausstanden. Mit der fortschreitenden Unterhöhlung durch Bäche und Flüsse brachen sie ab und es entstanden die Felsenmeere.

Polyphem, von Odysseus geblendet, aus: Andreas Alciatus, Viri clarissimi, 1531

Die Ebersberger Cyklopenmauer ist benannt nach den Kyklopen, einäugigen Riesen der griechischen Mythologie. Sie erscheinen u. a. als Helfer des Zeus, für den sie Blitze und Donnerkeile fertigen, als Gesellen des Schmiedegottes Hephaistos sowie als Erbauer der aus gewaltigen unbehauenen Steinen zusammengefügten Burgmauern aus vor- und frühgeschichtlicher Zeit (Mykene, Tiryns). Die Griechen nannten diese megalithischen Mauern, die wohl als Machtdemonstration zu verstehen sind, „Kyklopische Mauern". Zu den Kyklopen gehört auch der aus Homers Odyssee bekannte Riese Polyphem, ein Sohn des Meergottes Poseidon. Er hält Odysseus mit zwölf Gefährten in seiner Höhle gefangen, tötet und frißt mehrere von ihnen. Schließlich gelingt es dem Helden, den Riesen betrunken zu machen und mit einem glühenden Pfahl zu blenden. Dann verbirgt er sich und die Gefährten unter den Bäuchen der Riesenschafe und entkommt, als Polyphem die Tiere auf die Weide läßt. Voller Zorn schleudert Polyphem dem entfliehenden Schiff einen Felsblock ins Meer nach, der es jedoch verfehlt.
→ Lautertal, → Zwingenberg

ESCHBORN (Main-Taunus-Kreis)

Unmittelbar vor den Toren Frankfurts liegt Eschborn, heute ein bedeutendes Büro- und Handelszentrum im Vordertaunusgebiet. Archäologen wiesen eine Besiedlung seit der jüngeren Steinzeit nach, die erste urkundliche Erwähnung findet sich im Jahr 770 im Lorscher Codex. In den frühen 80er Jahren wurde auf dem Gelände des erweiterten Friedhofs ein alemannisches Gräberfeld entdeckt, dessen Funde heute im Museum Eschborn ausgestellt sind.
1008 hatte Kaiser Heinrich II. seinen Eschborner Königshof im Tausch an das Mainzer Stephansstift gegeben, das in den folgenden Jh. damit verschiedene Geschlechter belehnte. Um das Jahr 1000 werden die Herren von Eschborn nachweisbar, die sich später die von *Kronberg* nannten. Das Reichslehen Kronberg-Eschborn fiel 1704 mit dem Aussterben der Kronberger in den Besitz von Kurmainz. Seit 1802 gehörte Eschborn zum Fürstentum Nassau.
Einer Sage zufolge soll Eschborn eigentlich „Eselsborn" heißen. Die Ritter von *Kronberg* gewannen eine zunächst verloren geglaubte Schlacht gegen die verhaßten Frankfurter mit Hilfe eines Esels, der nahe eines Brunnens unter einer Esche graste: Als ein Kron-

berger, dessen Pferd in der Schlacht gefallen war, auf dem Esel ins Schlachtgetümmel zurückgeritten kam, brachte dies die Frankfurter derart in Verwirrung, daß die zahlenmäßig unterlegenen Kronberger die Schlacht zu ihren Gunsten entscheiden konnten. Um nicht an die Schmach der verlorenen Schlacht erinnert zu werden, haben die Frankfurter den Flecken „Eschborn“ genannt.
Im 19. Jh. wurde der Entstehung der Stadt in der damals üblichen mythologisierenden Deutung wegen ihrer früheren Namen „Aschenbrunne“, „Asceburne“ und ähnlichen eine religiöse Bedeutung zugemessen und man brachte den Namen mit dem Göttergeschlecht der Asen in Verbindung. Auch von der Esche suchte man den Ortsnamen abzuleiten. Der immergrüne Weltenbaum Yggdrasil, der in der Edda die Thingstätte der germanischen Götter bezeichnet und beim Nahen des Weltuntergangs zu zittern beginnt, ist eine Esche.
→ Kronberg

FLÖRSHEIM AM MAIN (Main-Taunus-Kreis)

Flörsheim liegt nördlich des Mains gegenüber von *Rüsselsheim*, mitten im Ballungsgebiet Rhein-Main. Man erreicht die Stadt von der A 3 Frankfurt-Köln über die erste Abfahrt nach dem Mönchhof-Dreieck, die Abfahrt Raunheim.
Das Gebiet um Flörsheim war schon in vorgeschichtlicher und römischer Zeit besiedelt, erste Erwähnung fand der Ort 828. Im Jahr 1270 verkauften die Herren von *Eppstein* Flörsheim an das Mainzer Domkapitel, welches den Ort von 1420–1431 und 1466 dem Mainzer Erzbischof überließ. Seit 1802/03 gehörte Flörsheim zu Nassau, 1866 wurde es preußisch.

Katholische Pfarrkirche St. Gallus

Die Galluskirche wurde 1766 als dritte Kirche an dieser Stelle erbaut. Die Spiegeldecke der Saalkirche ist mit Malereien von Franz Johann Ignaz Heideloff ausgeschmückt. An der Ausstattung sind neben den drei Barockaltären die Kanzel sowie die sehenswerte Barockorgel von 1710 zu nennen; sie stammt aus der Frankfurter Karmeliterkirche.
Der Hauptaltar wird von zwei Statuen flankiert, die zur Linken den hl. Sebastian, zur Rechten den hl. Rochus zeigen. Der hl. Sebastian, ein junger Mann mit Lendenschurz, ist an einen Baum gefesselt, sein Kör-

per von Pfeilen durchbohrt. Der hl. Rochus trägt ein einfaches Gewand, in der Rechten hält er den Pilgerstab; zu seinen Füßen steht ein Hund, der zu ihm emporblickt. Mit der linken Hand hält er seinen Rock, der am Oberschenkel zur Seite geschlagen ist und so eine Pestwunde erkennen läßt.

St. Rochus wird während seines Pestleidens von einem Hund mit Brot ernährt und von einem Engel gepflegt. Um 1480

Sebastian und Rochus sind zwei sehr volkstümliche Heilige, die in Zeiten der Pest um Schutz und Hilfe angerufen wurden. Die Wurzeln ihrer Verehrung als Pestheilige liegen im Martyrium beider. Bei Rochus ist diese Funktion in der Legende vorgegeben: Der Adlige, der Ende des 13. Jh. in Montpellier geboren wurde, verschenkte sein Vermögen an die Armen und pilgerte nach Rom. Hier und schon auf dem Weg kümmerte er sich um Pestkranke und nahm Wunderheilungen vor. Als er selbst an der Pest erkrankte und sich in einen Wald zurückziehen mußte, wurde er dort von einem Engel und einem Hund auf wunderbare Weise geheilt und versorgt. Nach Rückkehr in seine Heimat hielt man ihn dort für einen Spion und kerkerte ihn fünf Jahre, bis zu seinem Tod, ein. Erst dann wurde Rochus an dem kreuzförmigen Muttermal auf seiner Brust erkannt, welches seit seiner Geburt immer größer und schöner geworden war. In Deutschland gibt es den Rochus-Kult seit den Pestnöten im 15. Jh. Als Fürbitter wird der Heilige auch gegen zahlreiche andere Seuchen angerufen; zahlreiche Spitäler wurden nach ihm benannt.

Zum hl. Sebastian überliefert die Legende aus dem 5. Jh., daß der römische Soldat wegen seiner hohen Stellung als Anführer der Leibgarde Kaiser Diokletians (284–305) zunächst unbeschadet die vielen christlichen Glaubensgenossen in den Gefängnissen Roms trösten konnte, bis er schließlich selbst angeklagt wurde. Auf den Befehl Diokletians wurde er an einen Baum angebunden und mit Pfeilen durchbohrt. Vermeintlich tot ließ man ihn liegen. Nachdem er wieder genesen war, trat er öffentlich vor Diokletian und seine Mitkaiser und klagte sie wegen der grausamen Christenverfolgungen an. Diesmal entging er seinem Tod nicht: er wurde mit Knüppeln erschlagen. Die Pfeile in seinem geschundenen Körper wurden in den zahlreichen Darstellungen, die es seit dem 14. Jh. gibt, als Pest-Schwären umgedeutet. Nach volksmedizinischem Glauben werden diverse Krankheiten durch böse Geister in die Körper ‚geschossen'. Den Ursprung der Pest stellte man sich als Pfeile des die Sünden der Menschen bestrafenden Gottes vor. Wohl wurde hier die bildliche Darstellung in Unkenntnis der schriftlich überlieferten Legende in diesem Sinne umgedeutet.

Nicht von ungefähr schmücken diese beiden Heiligen den Hauptaltar der Flörsheimer Pfarrkirche: Im Jahr 1666, mitten in einer der großen Pestepidemien des 17. Jh., baten die Flörsheimer die beiden Heiligen um Hilfe und erhielten durch diese „Verlobung" Bewahrung. Daran erinnert noch heute eine Prozession mit feierlichem Gottesdienst, die alljährlich am „Verlobten Tag", jeweils am letzten Montag im August, stattfindet. Sie ist die größte Prozession im Bistum.

FRÄNKISCH-CRUMBACH (Odenwaldkreis)

Fränkisch-Crumbach, westlich der B 38 zwischen *Reichelsheim* und *Brensbach* gelegen, muß nach Beschreibungen schon 795 bestanden haben. Die Siedlung war Wohnsitz und Besitz der Herren von Crumbach, die sich seit dem Bau der Burg Rodenstein außerhalb der Siedlung in den Wäldern „von Rodenstein" nannten. Hier lebten um 1500 die sagenumwobenen Rodensteiner Ritter.

Burgruine Rodenstein
Verläßt man Fränkisch-Crumbach in südwestlicher Richtung auf dem befahrbaren Hauptwanderweg S, vorbei am Weiler *Erlau*, erreicht man nach etwa 4 km einen Waldparkplatz. Von hier aus geht es zu Fuß einen knappen km bergan zur Burgruine Rodenstein. Die 1938 restaurierten Mauerreste zeigen die ursprüngliche Größe und die einzelnen Teile der Burg, die um 1240 von den Rodensteiner Rittern in mehreren Abschnitten erbaut wurde und bis etwa Mitte des 17. Jh. bewohnt war. An der Ruine ist eine Tafel mit historischen Erklärungen aufgestellt.

Ruine Rodenstein, Kupferstich

Zahlreiche Sagen haben das Geschlecht der Rodensteiner, das 1671 ausstarb, über die Grenzen des Odenwaldes hinaus bekannt gemacht. Am bekanntesten ist die Sage vom Rodensteiner Ritter, der vor Ausbruch und auch nach Beendigung jeden Krieges mit seinem Gefolge unsichtbar, dafür aber umso deutlicher hörbar mit lautem Getöse durch die Lüfte reitet. Nach dieser in der deutschen Romantik sehr populären Sage war der Rodensteiner ein wilder Ritter, der sich seine Zeit gerne mit Kämpfen und Jagen vertrieb. Nachdem er sich in ein Edelfräulein verliebt und sie zur Frau genommen hatte, mäßigte sich der Rodensteiner für eine Weile, bekam dann aber Streit mit seinem Nachbarn und verfiel wieder in seinen alten Kampfeswahn. Seine schwangere Frau, die sich an ihn hängte und ihn nicht fortlassen wollte, stieß er so grob zur Seite, daß sie noch am selben Tag ein totes Kind gebar und selbst in den Wehen starb. Während der Rodensteiner vor der Burg seines Feindes lag, erschien ihm in der Nacht seine bleiche, tote Frau mit ihrem toten Kind auf dem Arm und verfluchte ihn: Da er Frau und Kind seiner

Kampfeslust geopfert habe, solle er von nun an kämpfend ewig umherziehen und dem Land Krieg und Frieden verkünden.
Ihr Fluch ging in Erfüllung. Den Eintritt Deutschlands in den Weltkrieg kündigte das Geisterheer des Rodensteiners, das vom benachbarten *Schnellertsberg* zum Rodenstein zog, mit mehrtägiger Verzögerung am 10. August 1914 gegen 18 Uhr an. Der Lärm, der sich anhörte wie schwere Wagen in der Luft oder ein anziehendes Gewitter, wurde von mehreren Zeugen zu Protokoll gegeben. Die Ankündigung des Kriegsendes wurde am 15. Dezember 1917 zwischen 11.30 und 12.30 Uhr an verschiedenen Orten gehört. Merkwürdigerweise war dies ein windstiller, sonniger Tag mit klarem Himmel.
Die Sage vom Rodensteiner geht zurück auf eine ältere Überlieferung vom „Schnellertsherrn", der auf dem nahegelegenen Berg Schnellerts bei *Brensbach-Affhöllerbach* beheimatet ist. In der deutschen Romantik, in zahlreichen Balladen, Erzählungen, Dramen und sogar Opern, brachte man den Geisterzug des „Schnellertsherrn" mit dem Geschlecht der Rodensteiner in Verbindung, das bis zum Aussterben der Linie 1671 nachweisbar ist. Von nun an war es der Rodensteiner, der vom Schnellertsberg in seine Kriegsburg auf den Rodenstein zog. Der Rodensteiner wurde vor allem durch Werner Bergengruens (1882–1964) Novelle „Das Buch Rodenstein" (1927, erweitert 1950) und zwei Gedichte von Victor von Scheffel (1826–1886) berühmt. Letzterer hat sich Mitte des letzten Jh. zweimal in das Gästebuch des dortigen Wirtshauses eingetragen, war also persönlich vor Ort. Eine Gedenktafel an der Burgschänke im ehemaligen Vorwerk erinnert an den Dichter. Scheffels zweites „Rodensteinlied" zierte in den zwanziger Jahren unseres Jh. das Notgeld von Fränkisch-Crumbach:

„Es regt sich was im Odenwald.
Und durch die Lüfte hallt's und schallt.
Der Rodenstein zieht um.

Vom Rhein her streicht ein starker Luft,
Der treibt den Alten aus der Gruft.
Der Rodenstein zieht um.

Ein rostig Stahlwams ist sein Kleid,
Ein rostig Schlachtschwert hängt zur Seit.
Der Rodenstein zieht um …"

Das Phänomen eines Geisterzuges – andernorts „Wildes Heer" genannt – der allerdings nicht immer von

Notgeld aus dem Jahre 1921 mit Darstellung der „Wilden Jagd"

einem ‚Wilden Jäger' angeführt werden muß, ist auf der ganzen Erde verbreitet. In Frankreich und England tritt König Artus als Anführer des Heeres auf, in Deutschland sind es neben dem Rodensteiner auch geschichtliche Personen wie Karl der Große, Dietrich von Bern oder Friedrich Barbarossa. Im nördlichen Odenwald waren noch bis Anfang dieses Jahrhunderts in der Adventszeit Umzüge üblich, in denen maskierte junge Männer durch die Nacht zogen. Sie zeigen Ähnlichkeiten mit Umzügen in den zwölf heiligen Nächten zwischen dem 25. Dezember und dem 6. Januar, mutmaßlich aus der keltischen oder noch früheren Epochen, die in der älteren mythologisierenden Forschung angenommen und einem heidnischen Totenkult zugerechnet werden. Insofern werden die Überlieferungen von einem ‚Wilden Heer', das andernorts ausdrücklich zwischen den Jahren sein Unwesen treibt, mit diesen vorchristlichen kultischen Umzügen in Verbindung gebracht: Was einst ein Umzug von lebenden, wirklichen Menschen war, hat sich in christlicher Zeit in der mündlichen Überlieferung im Glauben an ein Geisterheer ‚erhalten'. Im Tal der *Gersprenz*, die den Rodenstein vom Schnellerts trennt, erzählte man damals, der Geisterzug hinterließe einen Strich im Kornfeld; an dieser Stelle wachse das Korn besonders hoch. Möglicherweise sind also die vorchristlichen Umzüge auch in die Nähe eines Fruchtbarkeitskultes einzuordnen.

Rodenstein-Epitaph in der evangelischen Pfarrkirche

Im Chor der spätgotischen Kirche, den Hans III. von Rodenstein 1485 an die Dorfkirche anfügen ließ, befindet sich neben den künstlerisch wertvollen Grabdenkmälern von fünf Generationen der Rodensteiner auch die lebensgroße Figur dieses Ritters. Er gilt zumeist als der Rodensteiner der Sage. Was historisch über diesen Ritter überliefert ist, bietet allerdings der Sage keinen Nährboden: 1471 heiratete er als 53jähriger die 14 Jahre alte Anna von Lißberg, mit der er mindestens drei Kinder hatte. Im Alter von 82 Jahren pilgerte Hans III. von Rodenstein nach Rom, um dort im Ablaßjubeljahr 1500 Vergebung für alle seine Sünden zu erhalten. Der alte Ritter kehrte nicht mehr zurück und wurde in Rom im Campo Santo Teutonico begraben; in der dortigen Kirche befindet sich noch heute sein Grabstein. Der Mord an seiner Ehefrau ist also keineswegs beweisbar. Hier hat die deutsche Romantik die älteren Überlieferungen vom „Schnellertsherrn“, der zu Kriegszeiten mit seinem lärmenden

Junker Hans Heinrich zu Rodenstein

Tross vom *Schnellertsberg* auf den Rodenstein zieht, kurzerhand auf den Rodenstein umgedichtet und einem historisch belegbaren Ritter dieses Geschlechts zugeschrieben, weil sich zur Ruine auf dem Schnellerts keine historischen Zeugnisse über die Burgherren finden ließen.
→ Beerfelden, → Brensbach, → Driedorf, → Mücke, → Schmitten

Frankfurt

Frankfurt am Main, die größte und bedeutendste Stadt Hessens, wird umrandet von den Taunusbergen und den weiten Wäldern des ehemaligen Reichsforstes *Dreieich*. Seit der jüngeren Steinzeit ist eine Besiedlung nachweisbar; unter den Römern entstand im Bereich der heutigen Stadtteile *Heddernheim* und *Praun-*

Das alte Frankfurt

heim die Römerstadt Nida. In einer Urkunde Karls des Großen aus dem Jahr 794 wird Frankfurt erstmalig urkundlich erwähnt. Unter den Karolingern und den Staufern war Frankfurt Königspfalz und es wuchs eine Marktsiedlung heran, die sich bis zur zweiten Hälfte des 12. Jh. zur Stadt entwickelte. In diesem Jh. entstand auch das städtische Gemeinwesen, jedoch blieb die Stadt unter der Befehlsgewalt des Schultheißen als oberstem königlichem Beamten. Reichsunmittelbarkeit erlangte Frankfurt erst etwa 200 Jahre später, im Jahr 1372. Im 13. Jh. hatte sich die Stadt aus einem Umschlagplatz für die landwirtschaftlichen Erzeugnisse der Wetterau zu einem wichtigen Handelsplatz entwickelt; aus den jährlichen Märkten erwuchs die Messe, welche im Jahr 1240 von Kaiser Friedrich II. unter seinen persönlichen Schutz gestellt wurde. Mit der Goldenen Bulle von 1356 wurde Frankfurt zum Ort der deutschen Königswahl bestimmt; seit 1562

Kupferstich von M. Merian, 1612–1619

wurden statt in Aachen hier auch die deutschen Kaiser gekrönt. Seit Ludwig der Bayer 1330 die Abhaltung einer zweiten Jahresmesse gestattet hatte, erlangte die Messe im 14. Jh. internationale Bedeutung für den Handel. Im 16. Jh. machte Leipzig als Messestadt den Frankfurtern diesbezüglich Konkurrenz – doch ist die Mainmetropole bis heute einer der bedeutendsten Bank- und Börseplätze Europas geblieben; die berühmteste Bankiersfamilie waren die Rothschilds. Aus den Umwälzungen der Napoleonischen Zeit (1806–1813) ging Frankfurt als Freie Stadt und Sitz der Deutschen Bundesversammlung hervor; 1848/49 tagte in der Paulskirche das erste gesamtdeutsche Parlament. 1866 wurde Frankfurt von Preußen annektiert, wodurch es seine Selbstständigkeit verlor – doch entwickelte es sich dank seiner günstigen Lage seit der Gründerzeit zur modernen Großstadt. 1912 wurde die nach dem größten Sohn Frankfurts, dem Dichter Johann Wolfgang von Goethe (1749–1932), benannte Universität gegründet.

Das Stadtbild Frankfurts war zu allen Zeiten großen Wandlungen unterworfen. Fast bis Ende des Zweiten Weltkrieges hat der ursprüngliche Siedlungskern seinen Charakter als reiche spätmittelalterliche Bürgerstadt bewahren können. Im März 1944 jedoch wurde die Altstadt durch Bomben vollständig zerstört. Der Wiederaufbau hat das Stadtbild radikal verändert; einige wichtige historische Baudenkmäler sind restauriert worden.

Eine Annalennotiz berichtet von der Ankunft König Karls in der „Villa Franconofurd“ (Furt der Franken), wo 794 eine glänzende Reichsversammlung abgehalten wurde. Die Anfänge wie auch der Name der Stadt werden in einer Stadtgründungssage geschildert, die ein wenig an den Auszug der Israeliten aus Ägypten (2 Mose 14, 1–31) erinnert:

Frankenkönig Karl der Große (768–814) war auf einem seiner Feldzüge gegen die heidnischen Sachsen von diesen besiegt und nach Süden zurückgedrängt worden. Im dichten Nebel geriet er mit seinem Heer an den reißenden Main, die Verfolger im Nacken. An eine Überquerung des gefährlichen Flusses war nicht zu denken, und in seiner Not fiel Karl auf die Knie und flehte Gott um Hilfe und Rettung an. Plötzlich lichtete sich der Nebel und es erschien eine Hirschkuh, die ihr Kälbchen quer durch den Main leitete. Der Kaiser und sein Heer folgten dem Tier durch die Furt und gelangten sicher ans andere Ufer. Hinter ihnen schloß sich die Nebelwand wieder, und so blieben sie für die

Friedrich Barbarossa und Karl der Große. Holzschnitt nach dem Gemälde im Römer

Augen der enttäuschten Sachsen versteckt. Bald darauf kehrte Karl zurück und vertrieb die Sachsen vom Main. Um die wichtige Furt zu sichern, baute er ein Kastell, später eine prächtige Pfalz, in dessen Schutz eine Siedlung entstand. Sie trug fortan den Namen „Frankenfurt".

Sachsenhausen

Affentorplatz: Affentorhäuser und Affenbrunnen

Auch der Stadtteil Sachsenhausen und das dortige Affentor verdanken ihre Entstehung, so die Sage, dem langwierigen Krieg Karls des Großen gegen die Sachsen. Heute stehen hier die Affentorhäuser, zwei Stadttore im klassizistischen Stil, die 1810/11 von Stadtbaumeister Johann Friedrich Christian Hess für das Erheben von Warenzoll als Zwillingsgebäude konzipiert wurden.

Nachdem Karl seine Feinde endgültig besiegt hatte, siedelte er seine hartnäckigsten Gegner im Frankenlande an. So entstand Sachsenhausen. Zuvor jedoch war der Ansturm der Feinde auf die befestigte Frankenfurt am Main so bedrängend geworden, daß Karl und seine Soldaten vor einem Bild der Jungfrau Maria niederknieten und das Ave Maria anstimmten. Der mächtige Gesang drang hinüber zu den heidnischen Feinden und diese waren plötzlich derartig mit Blindheit geschlagen, daß sie die wichtige Furt nicht mehr

finden konnten. Als das Lied erneut erklang, entsprang zu Füßen des Marienbildes eine sprudelnde Quelle, ein Born, den man „Aveborn" nannte. Sein Wasser ist schon lange versiegt. Als Sachsenhausen in späterer Zeit eine Befestigung mit Wall, Graben und Mauer brauchte, wurde die Quelle verschüttet und das „Avetor" errichtet. Noch später ging die ursprüngliche Bedeutung verloren und die Frankfurter Mundart machte aus dem „Avetor" das „Affentor".
An eine andere volksetymologische Deutung erinnert der Affenbrunnen neben dem östlichen Affentorhaus. Er wurde 1958 von Georg Krämer in traditioneller Gestaltung geschaffen und zeigt auf einem einfachen Sandsteinquader als Brunnenfassung einen Affen. Nach dieser Deutung sei das Tor seit dem Mittelalter nach dem Nachbarhaus „Zum Affen" genannt worden. Dieser Begriff meint vulgär den Alkoholrausch, der auch heute noch allnächtlich in und um die beliebten Sachsenhäuser „Ebbelwoikneipen" (Apfelweinkneipen) viele Zecher heimsucht.
Im 19. Jh. ist für das Affentor zudem die Benennung „Aschaffenburger Tor" belegt, die sich allerdings nur kurz gehalten hat.

Altstadt

Alte Brücke mit „Briggegickel"
Die Alte Brücke, welche den Vorort Sachsenhausen mit Frankfurt verbindet, ist schon seit ihrer Erbauung eines der Wahrzeichen der Stadt und als solches auf zahlreichen Veduten (Stadtansichten) in den Mittelpunkt gerückt. An dieser strategisch wichtigen Stelle gab es wahrscheinlich schon 1036 einen hölzernen Steg, der älteste urkundliche Beleg für die Brücke stammt aus dem Jahr 1222. Seit 1276 stand hier eine Vorgängerbrücke aus Stein, welche 1306 bzw. 1342 durch Hochwasser beschädigt und zerstört wurde.
Die Steinbrücke mit ihren 15 gotischen Steinbögen wurde im 14./15. gebaut; um 1400 wurde sie völlig erneuert, die letzte Sanierung erfolgte von 1741–44. Im Jahr 1914 entschloß man sich, die Alte Brücke einzureißen und einen neuen Brückenbau zu errichten, welcher auch größeren Schiffen die Durchfahrt erlaubte. 1926 wurde der neue Bau vollendet, in Abgrenzung von den anderen Frankfurter Brücken, welche seit 1868 entstanden waren, behielt man aber den Namen „Alte Brücke" bei. Die Brücke über den Main, der eine der wichtigsten Fahrstraßen des Reiches war, war einst die bedeutendste Verbindung zwischen Norden

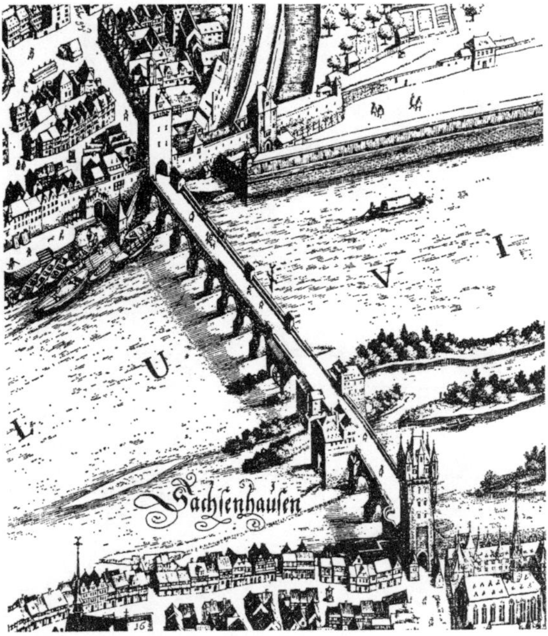

Die Alte Brücke. Aus Merians Stadtplan von 1644

und Süden. Diese strategische und wirtschaftliche Bedeutung ist inzwischen verloren gegangen – die Alte Brücke, die auch Eingang ins Volkslied gefunden hat („Es führt über den Main / eine Brücke aus Stein / . . .), ist jedoch nach wie vor ein sinnträchtiges Bauwerk. Auch der „Briggegickel“, der goldene Hahn, der hier auf der Brüstung steht, ist ein altes Wahrzeichen der Stadt; genauer gesagt steht hier seine Kopie von 1967, das 1401 errichtete Original wird im Historischen Museum aufbewahrt. Er erinnert an die Sage, welche die meisterliche Konstruktion der Brücke mit der Hilfe des Teufels erklärt. Dieser verlangte von dem jungen Baumeister für seine Hilfe die Seele des ersten Lebewesens, welches die Brücke überquere. Der Baumeister jedoch trieb am Tag der Erstbegehung vor den Augen der Ratsherren einen Hahn nach Sachsenhausen hinüber. Dem geprellten Teufel, der auf des Baumeisters Seele spekuliert hatte, blieb nichts anderes übrig, als mit dem Hahn vorlieb zu nehmen. Wütend packte er das Tier, zerriß es und warf die Stücke mit solcher Gewalt auf die Brücke, daß zwei Löcher zu sehen waren. Als Erinnerung daran, daß er seine Seele vor dem Teufel hatte retten können, ließ der Baumeister an dieser Stelle einen goldenen Hahn aufstellen.

Das Kruzifix mit dem „Briggegickel", 1405

Brücken sind im Volksglauben nicht nur magische Bauwerke, an denen es mitunter heftig spukt, sondern waren auch die Orte, an denen sich die Wanderburschen von ihren Liebsten verabschiedeten, wenn sie die Stadt verließen, wie es etwa Volkslieder thematisieren. Von der Alten Brücke ist eine Sage überliefert, die von der treuen Liebe einer jungen Frau erzählt, welche hier viele Jahre lang Tag für Tag auf der Brücke saß und auf ihren Liebsten wartete. Der war Goldschmied und wollte noch ein Jahr auf Wanderschaft gehen, um sich bei anderen Meistern weiterzubilden, bevor Hochzeit sein sollte, und hatte sich hier auf der Brücke von seiner Liebsten verabschiedet. Eigentlich durfte sich niemand ohne wichtigen Grund auf der streng bewachten Brücke aufhalten, die Brükkenwache aber ließ die unglückliche Frau, die vor Sehnsucht immer blasser wurde, sitzen. Als ein Handlungsreisender ihr berichtete, der Geliebte sei inzwischen Meister in Augsburg, verheiratet und Vater eines kleinen Sohnes, wurde die Frau verrückt. Sie saß weiterhin jeden Tag in ihrem Eckchen auf der Brücke und wartete. Eines Tages fand sie der alte Brücken-

knecht tot, mit einem seligen Lächeln auf ihrem Gesicht, als ob ihr Liebster endlich gekommen sei.
Eine andere populäre Wandersage erzählt von dem Schatz auf der Brücke: Bauer Hans von Hasselbach träumte dreimal hintereinander von einer Brücke, auf deren Brüstung ein eisernes Kruzifix mit einem goldenen Hahn stand: mitten auf der Brücke sah er einen großen Haufen Gold. Bei der Brücke konnte es sich nur um die bekannte Frankfurter Brücke handeln, und der Bauer lief diese auf und ab, fand jedoch kein Gold. Als er dem Stadtknecht, welcher am Brückenturm Wache hielt, seinen Traum erzählte, antwortete dieser mit seinem eigenen Traum: Er habe dreimal hintereinander von einem windschiefen Häuschen am Hang geträumt, vor dem eine große Linde und daneben ein Brunnenrohr stand. Dort habe er zwei Ellen vom Brunnen in Richtung Haus in der Erde gegraben und einen Krug mit Gold gefunden, doch Träume seien Hirngespinste und er würde sich nicht auf den Weg machen, selbst wenn er den Ort wüßte. Der Bauer erkannte in dem Bild des Wächters sein eigenes Haus, machte sich schleunigst auf den Heimweg und grub tatsächlich gemeinsam mit seiner Frau den Schatz aus. Das Gold reichte den beiden, um sich ihren Traum zu verwirklichen und ein kleines Mühlengut zu erwerben.

Römer

Der Römer am Römerberg in der westlichen Altstadt ist ein ganzer Gebäudekomplex, welcher bis heute als Rathaus der Stadt dient. Im Jahr 1405 erwarb der Rat der Stadt zwei Patrizierhäuser, das Haus „Zum golde-

Die Messe am Römerberg (1696)

nen Schwan" und das „Haus Römer" mit seinem markanten Treppengiebel. Nach intensiven Umbauten war das Rathaus 1407 zum ersten Mal bezugsfertig. Erstmals erwähnt ist das „Haus Römer" im Jahr 1322; sein außergewöhnlicher Name kommt wahrscheinlich daher, daß hier während der Messezeiten Kaufleute aus Rom logierten. Im Laufe der Jahre erwarb der Rat immer mehr Häuser für das Rathaus, und der Name „Römer" wurde auf den gesamten Gebäudekomplex zwischen Römerberg, Bethmannstraße, Buchgasse und Limpurgergasse angewandt.
Im Kaisersaal sind seit 1853 in 52 Lanzetten die überlebensgroßen, ganzfigurigen Konterfeis der in Frankfurt gekrönten Häupter zu sehen; sie wurden unter der Leitung von Philipp Veit, dem damaligen Leiter von Akademie und Pinakothek des renommierten Städelschen Kunstinstituts unter Mitwirkung seiner Schüler sowie Vertretern bedeutender Malerschulen im Stil des Historismus in Öl gemalt. Im Prozedere von Wahl und Krönung spielte der Römer selbst, neben dem Dom, in dessen Wahlkapelle der eigentliche Wahlakt zelebriert wurde, eine wichtige Rolle; hier trafen sich die Kurfürsten vor der Wahl, und hierher in den Kaisersaal zog der neue Monarch im feierlichen Zug zum Krönungsbankett.

Kaiserkrönung auf dem Römer. Kupferstich, um 1700

Von den in Wandnischen untergebrachten Bildern wird erzählt, die Frankfurter hätten 1849 doch einen Kaiser wählen wollen, obwohl kein Platz mehr für ein weiteres Kaiserbild war. Als bei Verkündigung der Wahl alle Glocken in der Stadt geläutet wurden, soll die nach Karl dem Großen benannte Glocke auf dem Pfarrturm einen gewaltigen Sprung bekommen haben.

So bedeutsam der Römer für das Reich, so wichtig war er für die Frankfurter und ihre ganz alltäglichen Probleme; zahlreiche Erzählungen spiegeln dies. Eine amüsante Anekdote aus der Zeit, in welcher der Bürgermeister im Römer noch öffentliche Sitzungen abhielt, berichtet von dem Schneider, der sich mit dem Bürgermeister anlegte: Der Schneider war ein unangenehmer Zuhörer, der sich jedesmal mit lautem Geschimpfe einmischte, wenn ihm der gefällte Schiedsspruch mißfiel. Schließlich verbot ihm der Bürgermeister den Zutritt zum Römer, woraufhin der Schneider tobte und selbst durch die herbeigerufenen Stadtsoldaten nicht gefangengenommen werden konnte. Er zog seinen Mantel aus, stellte sich darauf und schrie weiter. In der Tat gab es in Frankfurt ein Gesetz, nach dem niemand auf seinem Eigentum angefaßt werden konnte, auch nicht von der Obrigkeit. So ordnete der Bürgermeister an, man sollte bei dem Schneider so lange Wache halten, bis dieser vor Hunger und Durst aufgäbe. Diese Taktik wurde verstärkt, indem man den Wachen Gebratenes und Gesottenes zum Schlemmen brachte. Am Abend gab der ausgehungerte Schneider auf; er bekam zu essen und wurde dann für drei Wochen in den Turm gesperrt. Danach legte er bereitwillig das Versprechen ab, den Römer nie wieder zu betreten.
Hintergrund für diese Erzählung ist das geringe Sozialprestige des Schneiders. Oft wird er wegen seiner dürren Gestalt verspottet, für die er an sich nichts kann: Während die Tuchhändler gut verdienten, blieb das Einkommen der Schneider in der Tat so gering, daß er, wie auch in dieser Erzählung angedeutet, hungern mußte. Zudem meinte man, daß sich vom ruhigen Sitzen bei der Arbeit die Galle staue, weshalb ein richtiger Schneider immer etwas brauche, woran er seinen Ärger abreagieren, die „Galle überlaufen" lassen könne, damit selbige in Fluß komme. Dies galt im Rahmen der Lehre von den Körpersäften als unabdingbar für eine gute Gesundheit und einen ausgeglichenen Charakter. Der Schneider galt zudem als nachlässig und faul, als Lügner und Dieb, der von dem zu verarbeitenden Stoff gern etwas für sich selber behielt. In Literatur und bildender Kunst ist der „Schneiderspott" ein beliebtes Thema.

Dom St. Bartholomäus mit Bartholomäusfries

Der aus rotem Sandstein erbaute Dom im Osten der Altstadt mit dem signifikanten spätgotischen Turm entstand 1250–1269 anstelle einer karolingischen Kapelle. Archäologische Funde beweisen, daß hier bereits vor 6000 Jahren Menschen wohnten; 1912 entdeckte man ein fränkisches Kindergrab, dessen Beigaben im benachbarten Dommuseum aufbewahrt wurden; eine Steinplatte im Mittelschiff des Doms bezeichnet die Lage des Grabes, welches aus der Zeit des Merowingerkönigs Theoderich III. um 680 stammt. 852 weihte der berühmte Theologe und Mainzer Erzbischof Hrabanus Maurus einen von Ludwig dem Deutschen zwischen 840 und 847 gegründeten Vorgängerbau, die Salvatorkirche.

Der Dom vor etwa 300 Jahren. Plan von Merian, 1644

Einer Legende zufolge geschah dies zum Gedächtnis an die Befreiung eines Sohnes Ludwigs aus der Gewalt des Teufels, der sein Opfer zu religiösem Frevel getrieben hatte und durch den Erzbischof erfolgreich exorziert wurde. Anfang des 13. Jh. machte der Erwerb einer Schädelreliquie des hl. Bartholomäus einen Neubau notwendig; 1239 erhielt die Kirche ein neues Patrozinium. Die Maße der im 14. und 15. Jh. erfolgenden Neubauten sind außergewöhnlich und von den Erfordernissen des Zeremoniells bestimmt: Frankfurt hatte durch die Goldene Bulle Karls IV. (1356) seine Stellung als Stadt der deutschen Königswahlen endgültig festigen können; der Dom war bis 1792 Wahl- und Krönungskirche deutscher Kaiser und Könige. Der 1415 von Madern Gerthener begonnene, erst 1869–77 abgeschlossene 95 m hohe Westturm stellt den architektonischen Höhepunkt des Bauwerks dar. Das Innere ist reich an Kunstwerken, doch ist die Ausstattung infolge von Ausräumung und Bränden nicht ursprünglich.

Über dem Chorgestühl befindet sich der 1827 entdeckte leider stark beschädigte Bartholomäusfries aus der Zeit vor 1427, das Werk eines unbekannten Künstlers mutmaßlich vom Niederrhein. Die erklärenden Inschriften des aus 27 Szenen bestehenden Gemäldezyklus folgen in lateinischen Versen der Lebensbeschreibung des hl. Bartholomäus, wie sie in der „Legenda Aurea" des Jacobus de Voragine, einer populären Legendensammlung des 13. Jh., aufgeschrieben ist. Bartholomäus (oder Nathanael) ist einer der zwölf Apostel. Nach der Überlieferung predigte er das Evangelium in Kleinasien, Armenien, Mesopotamien und Indien. In der armenischen Stadt Albanopolis wurde er auf Befehl des heidnischen Königs Astyages gemartert und hingerichtet.
Die Szenenfolge des Frieses beginnt an der südlichen Chorwand mit der Aussendung der Jünger als Missionare in alle Welt durch Christus, der in einer Gloriole erscheint; rechts ist betend der weißgekleidete Bartholomäus zu sehen. Die Bilder 2 bis 6 zeigen im fernen Asien die Anhänger des Gottes Astaroth, welche erschrocken den heidnischen Tempel verlassen, als die Opferaltäre zusammenstürzen; in der Orakelhalle des Berith verweist das Götzenbild auf den nahenden Apostel, der draußen durch Gebete Kranke heilt. Die Bilder 7 bis 9 zeigen, wie Bartholomäus von einem Boten zum Armenierkönig Polimius gerufen wird, um dessen Tochter durch Handauflegen von ihrer Besessenheit zu heilen; deutlich ist in der gut erhaltenen Szene das kleine Teufelchen zu sehen, welches dem Kopf des Mädchens entweicht. Im zehnten Bild wird Bartholomäus durch zwei mit Schätzen beladene Kamele belohnt. Der Heilige erscheint in der folgenden Szene nachts im königlichen Schlafgemach, um das Herrscherpaar zu bekehren, anschließend demonstriert er vor den Götzen deren Machtlosigkeit. Die Folge setzt sich jenseits des Triumpfbogens im Norden auf der Evengelienseite ostwärts fort. In den Szenen 13–16 sieht man die Anhänger Astaroths vor ihren Götterstatuen knien, mit Billigung des Polimius werden diese von Bartholomäus gestürzt, die heidnischen Götter entweichen als Teufel und Bartholomäus wandelt ihren Tempel in eine Kirche um, indem er ihn weiht. Die Bilder 17–29 zeigen das Königspaar im Taufbecken, dann die vertriebenen Priester Astaroths, welche jüdische Kopfbedeckungen tragen, wie sie dem heidnischen König Astyages von der Taufe seines Bruders berichten; dieser läßt den gefangenen Missionar vorführen; als Bartholomäus den Palast betritt,

Der Apostel Bartholomäus. Albrecht Dürer. Kupferstich, 1523

zerspringen alle Götterfiguren. Es folgt in den Szenen 21–24 eine Reihe grausamer Folterungen, die schließlich mit der Enthauptung des Heiligen enden. Dieser Märtyrertod widerspricht der Legende, denn eigentlich erlitt Bartholomäus duch Schinden den Tod, was hier als Teil der Folter im 22. Bild in derbem Realismus dargestellt ist und an das kaum jüngere Tafelbild Stephan Lochners auf dem Apostelalter im Städel erinnert; so trägt Bartholomäus denn in zahlreichen anderen Darstellungen, zuerst am Kölner Dreikönigschrein von 1200, das Messer und die abgezogene Haut als feststehende Attribute. In den letzten drei Bildern rechts neben dem Tabernakel liegt der Apostel aufgebahrt, vor seinem Sarg fahren Teufel in König

Astyages und seine Anhänger; der Zyklus schließt mit der Weihe des Polimius, welcher seinem Königtum entsagt hat, zum ersten Bischof Armeniens.
Der hl. Bartholomäus ist Schutzpatron u. a. der Gerber, Handschuhmacher, Fellhändler und Lederarbeiter, auch der Schuhmacher, Metzger und Winzer. Seine Hilfe erbittet man vor allem bei Nervenleiden und Geisteskrankheiten.

Madonna am Steinernen Haus

Zwischen Römer und Dom steht an der Nordseite des Römerbergs, der Kunsthalle Schirn gegenüber, das sog. Steinerne Haus. Im 15. Jh. wurde es von der Patrizierfamilie von Melem, welche aus dem Rheinland zugewandert war, als Wohn-, Lager- und Geschäftshaus erbaut. 1944 wurde das Steinerne Haus, wie viele Bauten in Frankfurt, zerstört; mit neuer Inneneinrichtung wurde es wieder aufgebaut und dient seit 1962 dem 1827 als Bürgerinitiative gegründeten Frankfurter Kunstverein als Sitz.

Am linken Erker ist unter einem Baldachin eine Madonna zu sehen; es handelt sich um eine 1972 entstandene Kopie, das Original stammt aus der Zeit um 1465. Die Madonna soll die Züge der schönen Tochter des einstigen Hauseigentümers Hans von Melem tragen und die Sage weiß, wie es dazu kam:
Der Vater, der seine Tochter mit dem Sohn eines reichen Kölner Handelsherren verheiraten wollte, ließ anläßlich der geplanten Hochzeit ein Madonnenbild anfertigen. Der mit dieser Arbeit beauftragte Steinmetz war jedoch der heimliche Geliebte des Mädchens und je länger dieser an dem Bildwerk arbeitete, desto ähnlicher wurden dessen Gesichtszüge denen der jungen Frau. Als die Skulptur fertig war, packte der Künstler sein Bündel und verließ für immer die Stadt. Johann von Melem aber erkannte aus der Ähnlichkeit der Madonna mit seiner Tochter, wen diese liebte. Die Hochzeit mit dem reichen Kaufmannssohn wurde abgesagt – das Mädchen entschloß sich, unvermählt zu bleiben und ihr Leben fortan den Armen und Kranken zu widmen. Wie der junge Steinmetz die Züge der Geliebten mit dem Bild der hl. Jungfrau verbunden hatte, so wuchsen auch im Volk beide zusammen: Man ging zur „Madonna am Steinernen Haus“, und das konnte sowohl die Madonna aus Stein als auch die stille Frau mit der helfenden Hand meinen.

Neustadt

Eschenheimer Turm
Am Ende der Schillerstraße steht der Eschenheimer Turm, einer der schönsten spätgotischen Türme in Deutschland. Noch 1806 endete hier die bebaute Fläche Frankfurts. Der Turm gilt unter den ehemals 60 Wehrtürmen, die ab 1333 bis weit ins 15. Jh. hinein beiderseits des Mains einen Verteidigungsring um die Reichsstadt legten, als der aufwendigste. Der Turm war zunächst im Jahr 1346 als Rundturm mit der Wehrmauer erbaut, dann 1400 abgerissen und in seiner heutigen Form mit dem zylindrischen Oberbau auf dem kubischen Unterbau von 1426/28 durch Stadtbaumeister Madern Gerthener neugebaut worden. Über den Wehrgang, der den Übergang vom quadratischen zum runden Grundriß kaschiert, schließen sich fünf weitere Geschosse an, darüber ein verbreiteter Wehrgang mit vier Türmchen, dazwischen ein steiler Dachkegel. Auf seinem Knauf dreht sich eine Wetterfahne mit fünf Löchern.

Eschenheimer Turm und Tor (1807 größtenteils abgebrochen). Kupferstich, um 1800

Der Sage nach sind dies Einschußlöcher, mit welchen der Wilddieb Hans Winkelsee eine Neun markierte. Er wurde im Turm gefangengehalten und sollte nach neun Tagen gehängt werden. Als letzten Wunsch erbat er sich, mit neun Schüssen einen Neuner in die Wetterfahne schießen zu dürfen, zur Erinnerung an die Anzahl der Nächte, die er hier im Turm verbracht habe. Der Rat der Stadt wollte sich dieses Schauspiel nicht entgehen lassen und versprach dem Wilderer im Fall des Gelingens die Freiheit. Hans Winkelsee schoß zielsicher einen Neuner, lehnte das Angebot, ein ehrbarer Büchsenmeister zu werden, dankend ab und ließ sich nie wieder in Frankfurt blicken.

Bergen-Enkheim

Schelmenburg
Zwischen Marktstraße und Weißem Turm liegt die Schelmenburg, welche ehemals auf Frankfurt zu vorgelagert war. Hier lebte das sagenhafte Geschlecht derer von Bergen, ein Ministerialengeschlecht der Stauferzeit, welches seit 1194 nachweisbar ist. Das barokke Wasserschlößchen wurde im Jahr 1700 an der Stelle einer älteren Burg erbaut. Die Schelmenburg liegt an einem strategisch wichtigen Platz: Schon im 1. Jh. n. Chr. befand sich hier an der Wegespinne am späteren Lindenplatz in Bergen ein kleines römisches Erdkastell zum Schutz der römischen Straßen nach Vilbel, Nida-Heddernheim, Frankfurt und Bürgel; am Kastell vorbei führte der uralte Völkerweg, die „Hohe Straße", nach Osten. In der Zeit der fränkischen Landnahme um 500 entstand aus den Resten des Römerkastells eine fränkische Schanze. Der „Schießgraben", eine Bastion am steilen Südhang, blieb auch in der Zeit der sächsischen Kaiser (919–1024) und unter den Saliern (1024–1125) bestehen. Zwischen 1140 und 1200 wurde im Zuge des staufischen Fortifikationssystems, als die Burgen in *Münzenberg*, *Büdingen* und *Gelnhausen* erbaut wurden, auch hier eine kleine Burg errichtet; von ihr ist nur das Kellergewölbe der heutigen Burg geblieben. Adam Schelm von Bergen ließ zwischen 1500 und 1520 einen zweiten Wassergraben anlegen und verstärkte die Burg mit weiteren Mauern. Bauherr des barocken Wasserschlößchens ist Friedrich Adolph Schelm von Bergen, der hier seit 1664 residierte. Prunkstück des neuen Gebäudes sollte das Renaissanceportal aus rotem Sandstein sein; in der rankengeschmückten Kartusche im geöffenten Giebeldreieck haben sich der Bauherr und seine Frau in einer Inschrift verewigt. Nachdem das Schlößchen lange Zeit als Sitz des Bürgermeisters von Bergen-Enkheim diente, ist hier seit der Eingemeindung des Ortes zu Frankfurt im Jahr 1977 ein Teil der Verwaltung untergebracht.
Verschiedene Sagen aus der Umgebung Kaiser Friedrichs I. Barbarossa verbinden sich mit diesem Geschlecht, unter welchem im ausgehenden Mittelalter nachweislich Frankfurter Bürger und Messebesucher zu leiden hatten: Die Wasserburg lag an der wichtigen

Handelsstraße, die über *Gelnhausen* nach Leipzig führte, und die Bergener betätigten sich als Raubritter. Erst als im Winter 1381/82 die Wassergräben der Burg zugefroren waren, konnten reichsstädtische Söldner diesem Treiben ein Ende bereiten.
Wie die räuberischen Schelme von Bergen zu ihrem Adel kamen, hat die Menschen offensichtlich sehr bewegt; zahlreiche Sagen geben darauf eine Antwort. Die bekannteste erzählt von einem Henker, der bei einem Maskenball in Frankfurt mit der Kaiserin tanzte und diese dadurch entehrte. Er konnte der Todesstrafe nur durch den gnädigen Ritterschlag Barbarossas zum „Schelm von Bergen" entgehen.

Die Entlarvung des Henkers von Bergen, 1868

Dieselbe Geschichte wird auch an der „Barbarossaburg" in *Gelnhausen*, der Kaiserpfalz, lokalisiert, wo das Tanzfest stattgefunden habe. Neben vielen literarischen Bearbeitungen, darunter eine Erzählung von Mark Twain, ist sicher die Romanze von Heinrich Heine (1797–1856) die bekannteste Bearbeitung des Stoffes. Zur Erinnerung an seine Heimatstadt verlegte der nach Paris emigrierte Dichter die Sage nach Düsseldorf, der Residenz der Grafen von Berg.
Anderen Sagen zufolge habe der Schelm von Bergen dem Kaiser das Leben gerettet und sei aus Dankbarkeit von diesem in den Adelsstand erhoben worden. Schelm meinte ursprünglich den Abdecker oder Henker, dessen Tätigkeit – obwohl notwendig – als unehrenhaft galt, weshalb er als sozialer Außenseiter angesehen wurde. Erst seit dem 18. Jh. erhielt das Wort die Nuance eines „neckischen" Menschen. An die alte Bedeutung erinnert noch das Wappen der Familie

Schelm von Bergen mit zwei Rippen eines geschlachteten Tieres; es befindet sich links über dem Sprenggiebel des Renaissanceportals der Schelmenburg.
→ Gelnhausen

Kalbach

Bonifatiusquelle mit Steinkreuz und Gedenkstein
Am Rand der Nidda-Aue beim Frankfurter Ortsteil Kalbach liegt die Bonifatiusquelle, umgeben von Bäumen und Sträuchern, ein Steinkreuz und einen Gedenkstein zur Seite. Bis 1954 standen dort Laubbäume, dann wurde ein Holzkreuz errichtet; das heutige Steinkreuz mit keltischen Ornamenten stammt aus dem Jahr 1972.
Benannt ist die Quelle nach dem „Apostel der Deutschen", der 675 als Sohn eines angelsächsischen Adligen geboren und auf den Namen Wynfreth getauft wurde. 718 schickte Bischof Willibrord den Mönch von Utrecht aus nach Rom, dort beauftragte ihn Papst Gregor II. mit der Missionierung Hessens und Thüringens. Erst 722, bei seiner Bischofsweihe in Rom, erhielt Wynfreth den Namen Bonifatius. Zehn Jahre später wurde er von Gregor III. zum Erzbischof und päpstlichen Vikar für das deutsche Missionsgebiet erhoben, 744 zum päpstlichen Legaten für das Frankenreich, 747 zum Erzbischof von Mainz ernannt. Bonifa-

Bonifatiuskreuz in Kalbach

tius und seinen Mitarbeitern ist nicht nur die Christianisierung Hessens zu verdanken, sondern auch die große kirchliche Organisation, auf die Karl der Große seine staatliche aufbauen konnte. Unermüdlich predigend und taufend durchzog Bonifatius das Land und errichtete an heidnischen Heiligtümern das Kreuz; die bekannteste Geschichte aus seiner Legende ist die Fällung der Donar-Eiche in Geismar (Nordhessen). Nachdem der nahezu 80-jährige in Sorge um sein Werk noch einmal nach Friesland gezogen war, wurde er dort am Pfingstfest 754 von den hartnäckig an ihrem Glauben festhaltenden Stämmen erschlagen. Seine Leiche, die man zunächst nach Mainz brachte, wurde dem Wunsch des Toten entsprechend in sein Lieblingskloster Fulda übertragen. Im Main-Nidda-Gebiet benutzte der Leichenzug die römische Militärstraße und man errichtete in der Nähe von Kalbach das Nachtlager. Eine Sage berichtet weiter, am anderen Morgen sei dort eine Quelle entsprungen, welche dem Zug willkommene Labsal in der Sommerhitze bot. Historisch gesichert ist, daß Walprahte aus dem Niddagau noch im selben Jahrhundert in frommer Erinnerung an dieses Wunder dem Kloster Fulda eine Hofstatt in der Gemarkung Fulda schenkte, dazu den Akker, auf dem der Leichenzug geruht hatte und die Quelle entsprungen war. Vom Kloster Fulda wurden hier ein Kreuz und eine Kirche errichtet, die 1256 erstmals erwähnte Krutzenkirche. Sie war lange Zeit eine beliebte Wallfahrtskirche und diente als Pfarrkirche für die umliegenden Gemeinden, zerfiel aber seit der Reformationszeit und um 1600 verschwanden die letzten brauchbaren Reste. Bei Ausgrabungen (ab 1983) fand man die romanischen Grundmauern der Krutzenkirche aus der Zeit um 1050. Außerdem grub man Fundamentreste von zwei Altären und Grabstätten aus; verschiedene andere Funde – Reste eines Brunnenheiligtums aus dem 10./11. Jh., Pfostengruben einer Holzkirche um 800 – dokumentieren die lange Bedeutung des Platzes bei der Bonifatiusquelle. Seit 1972 findet am ersten Wochenende im September eine Bet-Prozession hierher statt.

Auch an anderen Rastplätzen des Leichenzuges, so etwa bei *Kriftel* und *Eschborn-Sossenheim*, sollen in Erinnerung an die Übertragung des Leichnams des hl. Bonifatius ein Kreuz und eine Kapelle errichtet worden sein; ob diese beiden Kreuze – das erste wurde 1977 restauriert und steht heute noch an seinem Platz, das zweite wird im Historischen Museum in Frankfurt aufbewahrt – tatsächlich etwas mit dem Heiligen zu

tun haben, ist allerdings umstritten, da der Name „Bonifatiuskreuz“ erst für die jüngere Vergangenheit nachweisbar ist.
→ Schotten

FÜRTH (Lkr. Bergstraße)

Stein des Lahmen Schneiders
Im Fürther Zentwald nahe der Wegscheide steht auf einem Sandsteinblock ein Steinkreuz. Man erreicht es von einem der beiden Parkplätze an der B 460 (Siegfriedstraße) über den Rundwanderweg 5.
Das Kreuz steckt lose in der Öffnung des unbearbeiteten Felsblocks; der obere Kreuzbalken ist ausgebrochen. Auf der Talseite des Sandsteinblocks ist eine menschliche Figur in recht plumpen Zügen eingeritzt. Das Gesicht ist dem Betrachter zugewandt, der rechte Arm in die Hüfte gestützt, während der linke einen Gegenstand umfaßt, der auf den Mann einzudringen scheint. Zwei weitere Zeichnungen wie auch das Attribut eines Kreuzes lassen sich nicht deuten. Die Darstellung zeigt offenbar, wie ein Mann von einem Gegenstand tödlich getroffen wird.
Das Bild hat die Menschen zur Sagenbildung angeregt: Das linke Bein des Mannes ist wegen einer Unebenheit im Stein kürzer als das rechte, und so machte man daraus einen lahmen Schneider. Er wohnte auf den Almen bei *Ober-Ostern* und hatte für eine Frau aus *Hiltersklingen* ein Leibchen gemacht. Nachdem er es abgeliefert und sein Geld in Empfang genommen hatte, benutzte er eine Abkürzung durch den Fürther Zentwald. Dort wurde er von einem Unbekannten aus dem Hinterhalt erschlagen.
Tatsächlich wird in den Kirchenbüchern von *Güttersbach* im Dreißigjährigen Krieg ein Mann Namens Jekkel erwähnt, der den Beinamen „Lahmer Schneider“ führte. Ob sich allerdings die Erinnerung an ihn so lange hat halten können, obwohl die gesamte Altbevölkerung des Marbachtales ausstarb, ist zweifelhaft.

Weschnitz

Walburgis-Kapelle auf dem Kapellenberg
Im Talkessel der Weschnitz liegt das Dorf gleichen Namens. Im Osten des heutigen Fürther Ortsteils liegt rechts der B 460 (Siegfriedstraße) ein Parkplatz. Von hier aus führt ein Rundwanderweg auf den etwa 450 m hohen Kapellenberg. Hier steht inmitten des dunklen

Die heilige Walburga

Tannenwaldes die historische Walburgis-Kapelle, von der aus man einen einzigartigen Rundblick auf die umliegenden Täler, Berge und Burgen, besonders auf das malerische *Lindenfels*, hat.

Der Name Weschnitz soll auf das keltische Wasserwort VISCANTIA zurückgehen, und vorchristliche Kelten waren auch die ersten „Eisenhauer"; bis 1750 waren am Fuß des Kapellenberges Erzschmelzen, bis 1900 der Erzbergbau in Betrieb. Ein ursprünglich keltisches, später germanisches Heiligtum soll sich hier auf dem Berg befunden haben, der um 800 noch Walehinhoug = Welschenhügel genannt wurde. Seinen heutigen Namen erhielt er, nachdem das heidnische Heiligtum mit einer der hl. Walburga geweihten Kapelle „christianisiert" worden war. Das Lorscher Urkundenbuch nennt hier bereits eine Cella sowie die 795 abgehaltene Grenzversammlung zur Abmarkung der Mark Heppenheim.

Die Anfänge der Verehrung der hl. Walburga auf dem Kapellenberg liegen im Dunkeln. Bekannt ist lediglich, daß das religiöse Leben am Bergheiligtum der hl. Walburga nach dem 30jährigen Krieg aufblühte. Um 1671 wurde eine neue Kapelle errichtet, deren Schlußstein in der westlichen Innenwand der heutigen Kapelle eingemauert ist. Auf dem Berg wohnten Eremiten, die nach einem Brand, welcher alle Bauteile vernichtete, vermutlich ins benachbarte *Brombach* übersiedelten, wo sie lange Zeit eine Klosterschule unterhielten. Um 1815 war aus kleinen Bruchsteinen ein Restkapellchen gebaut worden, welches als Chor in die heutige Kapelle integriert wurde. Der heutige Bau wurde nach einem Neubau 1932 feierlich wiedergeweiht. Von der Innenausstattung ist ein barockes Standbild der hl. Walburga erhalten, welches die Heilige als Äbtissin mit Abtstab, in einem aufgeschlagenen Buch in ihrer Linken lesend, zeigt. Es steht zusammen mit den beiden Skulpturen des Mainzer Holzbildhauers Knobloch, welche Walburgas Brüder St. Willibald († 787 Eichstätt) und St. Wunibald († 761 Heidenheim) darstellen, auf dem Seitenaltar rechts des Hauptaltares. Sechs kunstvolle Fenster aus der Mitte unseres Jh. zeigen Szenen aus dem Leben der Heiligen.

Um 730 war die fromme Angelsächsin, Tochter des hl. Richard und der Königin Wunna, gemeinsam mit ihren hl. Brüdern Willibald und Wunibald dem Ruf des Heidenapostels Bonifatius gefolgt, um im Frankenreich zu missionieren. Nach einem zweijährigen Aufenthalt in Tauberbischofsheim wirkte sie als Äbtissin des von Wunibald gegründeten Klosters Heidenheim in Mainfranken, wo sie 779 starb. Berühmt wurde die hl. Walburga durch das heilkräftige „Walpurgisöl": Hundert Jahre nach ihrem Tod gelangten ihre Reliquien nach Eichstätt, wo sie im 1038 gegründeten Kanonissenstift St. Walpurgis in einer Gruftkapelle ruhen. Von Zeit zu Zeit sondert ihre Grabplatte Tropfen der wunderkräftigen Substanz ab, die in Fläschchen gefüllt werden. Vom 16. Jh. an wird die hl. Walburga denn auch mit einem solchen Fläschchen als Attribut dargestellt. Aus Fürth stammt das Walburgislied, mit dem die Heilige als Patronin dieser Wallfahrtstätte verehrt wurde:

„Jungfrau, die wir hier verehren,
auf dem Berge Dir geweiht,
wolltest unsere Bitten hören,
wie Du tatest alle Zeit!
Halte schützend Deine Hände
über unser'n Odenwald,
alles Unheil von uns wende,
wenn wir rufen, Jung und Alt:
O Walburga, o Walburga:
Schütze unser'n Odenwald!"

G

GELNHAUSEN (Main-Kinzig-Kreis)

Gelnhausen an der Kinzig ist die Barbarossastadt: 1170 gründete hier Kaiser Friedrich I. von Hohenstaufen, genannt Barbarossa (um 1122–1190), durch den Zusammenschluß dreier dörflicher Siedlungen die Freie Reichsstadt Gelnhausen und erbaute auf einer Insel der Kinzig die Gelnhauser Kaiserpfalz. Eine erste urkundliche Erwähnung datiert in das Jahr 1123. Gelnhausen entwickelte sich, bedingt durch kaiserliche Privilegien und die verkehrsgünstige Lage, zu einem wichtigen Handelsplatz. Mit dem Niedergang der Staufer erlosch die politische Bedeutung der Stadt. Karl IV. verpfändete Gelnhausen im Jahr 1349. Im 17. Jh. verarmte die Stadt zusehends und wurde durch den 30jährigen Krieg weitgehend entvölkert. Ihren erschütternden Zustand schildert eindrucksvoll der in Gelnhausen geborene Erzähler Hans Jacob Christoffel von Grimmelshausen (1622–1676) in seinem Hauptwerk „Der abentheuerliche Simplicissimus Teutsch" (1669). Bis in die erste Hälfte des 19. Jh. waren Handwerk und Weinbau Haupterwerbsquellen der unbedeutend gewordenen Ackerbürgerstadt. Dann brachte die Bahnlinie Frankfurt-Bebra erste industrielle Ansätze. Von 1816–1866 gehörte Gelnhausen zu Kurhessen, von 1866–1945 zu Preußen und ist seitdem hessisch. 1974 verlor Gelnhausen die 1821 erworbenen Kreisstadtrechte an Hanau.
Ursprünglich lautete der Name der Siedlung an der Kinzig „Geilenhusen". Eine Stadtgründungssage weiß jedoch eine andere Herleitung und erzählt von der tragischen Liebe des erst 23 Jahre alten Friedrich Barbarossa zu einem Mädchen namens Gela, der Tochter eines seiner Burgmannen. Da sie nicht seines Standes war, wollte Gela sich nur auf eine „reine" Liebe einlassen und die beiden trafen sich täglich in der Burgkapelle. Als Friedrich mit Kaiser Konrad an einem Kreuzzug ins Heilige Land teilnehmen mußte, trennten sie sich mit dem Versprechen ewiger Liebe. Nach seiner ruhmreichen Rückkehr und der Erhebung zum Herzog von Schwaben machte Friedrich sich sehnsüchtig auf den Weg zur Burg an der Kinzig, um seine Geliebte zu suchen. Gela aber hatte inzwischen den Schleier genommen; in einem Abschiedsbrief bat sie den Herzog, sich eine standesgemäße Gattin zu wählen – sie habe ein glückliches Jahr mit ihm verbracht und das reiche für ihr restliches Leben, denn ihre Liebe sei ewig. Auch Friedrich erneuerte sein Gelöbnis, und obwohl er einige Jahre später standesge-

mäß heiratete, begleitete ihn die Liebe Gelas. An der Stelle im Wald, an der er dem Mädchen zuerst begegnete, ließ er eine Stadt bauen und nannte sie in Erinnerung an seine große Liebe „Gelahausen".

Kaiserpfalz

Im Südosten der Kernstadt liegen die Ruinen der Kaiserpfalz, nach ihrem Erbauer volkstümlich auch „Barbarossaburg" genannt. Nach dem Gelnhauser Reichstag im Jahr 1180, welcher zur Entmachtung seines welfischen Widersachers Heinrich dem Löwen führte, ließ Barbarossa 1182 den Bau beginnen. Damit sollte, gemeinsam mit den Burgen in *Büdingen* und *Friedberg*, die staufische Macht in der Wetterau und im Reichsforst gesichert werden; zugleich ergänzte die neue Pfalz die Kette der Residenzen, welche über Trifels in der Pfalz bis nach Hagenau im Elsaß reichte. Um 1195 war die Anlage vollendet. Bis zu Ludwig dem Bayern (1314–47) hielten hier die deutschen Kaiser Hoftage ab, 1349 wurde die Pfalz von Karl IV. an die Grafen von Schwarzburg verpfändet. Seit dem 15. Jh. nutzten ihre Burgmannen, deren Höfe der Pfalz vorgelagert waren, den aufgegebenen Herrschersitz als Steinbruch. Die kleine, auf einem Pfahlrost aus ca. 12 000 Stämmen errichtete Anlage ist das besterhaltene Palastgebäude aus der Stauferzeit in Deutschland. Sehenswert ist vor allem der Palas, die eigentliche Herrscherwohnung, mit dem mächtigen Portal und den gut erhaltenen Arkadenreihen. Die Steinmetzarbeiten an Friesen und Kapitellen zählen zu den künstlerisch wertvollsten der profanen Architektur des 12. Jh.
An die Kaiserpfalz knüpft sich die Geschichte vom „Schelm (= Scharfrichter) von Bergen", der hier von Kaiser Friedrich Barbarossa im Beisein des gesamten

Die Kaiserpfalz in Gelnhausen. Kupferstich, um 1830

Hofstaates zum Ritter geschlagen worden sein soll, als Dank dafür, daß dieser ihm einen gegen ihn gerichteten Mordplan seiner Feinde offenbart und ihm so das Leben gerettet hatte. Nach einer anderen Version soll der Schelm von Bergen dem Kaiser aus der Bedrängnis geholfen haben, als dieser während einer Schweinehatz von zwei wilden Sauen angegriffen wurde. Eine dritte Sage, die vor allem durch Heinrich Heines Ballade vom „Schelm von Bergen" (1851) bekannt geworden ist, begründet dessen Erhebung in den Adelsstand so: Auf einem Hofball hatte die Kaiserin mit einem unbekannten Ritter getanzt, der an Anmut und edler Haltung alle anderen übertraf – sich aber dann als der Scharfrichter von Bergen entpuppte. Da durch seine Berührung die Kaiserin ehrlos geworden war, sollte er mit dem Tod bestraft werden. Er wußte diesem Urteil aber zu entgehen durch den Vorschlag, der Kaiser möge ihn den anwesenden Höflingen gleich machen, dann sei auch für die Kaiserin der Schaden rückgängig gemacht. Durch diese wahrhaft schelmenhafte Anwort amüsiert und gnädig gestimmt ließ der Kaiser den Schelm von Bergen niederknien und dieser empfing von ihm den Ritterschlag.
→ Frankfurt-Bergen-Enkheim

Hexenturm und Ehrenmal „Die Rufende"
Ein Teil der jüngeren Stadtbefestigung ist der Hexenturm, unweit des Geburtshauses von J. J. Chr. von Grimmelshausen im Südosten der Altstadt gelegen, welcher in den Jahren 1447/49 gebaut wurde und mit einem Durchmesser von 9,40 m und einer Mauerstärke von 2,30 m angreifenden Feinden trotzen sollte. Seine spätere Verwendung als Gefängnis, speziell als Hexengefängnis, trug dem ursprünglich „Fratzenstein" genannten Turm den Namen Hexenturm ein. Heute ist das Gelände durch einen hohen Zaun verschlossen und für die Öffentlichkeit nur im Rahmen von Stadtführungen zugänglich. Im Turm ist eine Ausstellung von nachgebauten Folterinstrumenten zu sehen.
Über eine 4 m über dem Erdniveau gelegene Türe mußten sich die Angeklagten hinauf in das Obergeschoß schleppen. Hier befand sich das Zimmer des Turmwächters, welcher durch das „Angstloch" in der Mitte des Raumes die Gefangenen bewachte. Vermutlich wurden sie durch dieses Loch in das fensterlose, stockfinstere untere Gewölbe hinabgelassen und zu Verhör und Folter wieder heraufgezogen. Man hielt sich in Gelnhausen streng an den Artikel 11 der Caro-

lina, dem ersten allgemeinen Strafgesetz mit Strafprozeßordnung, welche von Kaiser Karl V. im Jahr 1532 zum Reichsgesetz erhoben wurde. Hierin war ausdrücklich festgelegt, daß Gefängnisse nur „zur Verwahrung und nicht zur Peinigung der Gefangenen“ genutzt werden dürfen, und so fanden im Hexenturm selbst keine Folterungen statt.
Den Hexenverfolgungen fielen in Gelnhausen in der Zeit von 1550–1750 zahlreiche Menschen zum Opfer, davon waren bis zu 90 % Frauen.
Ein Jahr nach der Eröffnung des renovierten Turmes wurde eine Gedenkstätte für die Opfer der Hexenverfolgung enthüllt. Eine Gedenktafel nennt die Namen von Opfern, dazu folgende aus dem Talmud stammende Inschrift: „Erinnerung ist das Geheimnis der Versöhnung“; auch „Die Rufende“, eine von der Frankfurter Künstlerin Eva Gesine Wegner geschaffene Bronzeplastik, soll den Opfern posthum Gerechtigkeit widerfahren lassen und dazu beitragen, die Menschen gegen Unrecht und Verbrechen an der Menschenwürde zu sensibilisieren. 1993 wurde auch am „Escher“, der früheren Richtstätte am heutigen Parkplatz vor dem Jüdischen Friedhof am Kinzig-Ufer, eine Gedenktafel aufgestellt.
→ Altenstadt

GIESSEN

Die Universitäts- und Kongreßstadt ist wirtschaftliches Zentrum für die nördliche Wetterau, den westlichen Vogelsberg und Teile des östlichen Rheinischen Schiefergebirges. Nach 1150 bauten hier die Grafen von Gleiberg die Wasserburg „Zu den Giezzen“. Im Schutz der Burg entstand eine Ortschaft; die Siedlung am Schnittpunkt mehrerer Fernhandelsstraßen ist erstmals 1248 als Stadt genannt. 1265 gelangte sie an die

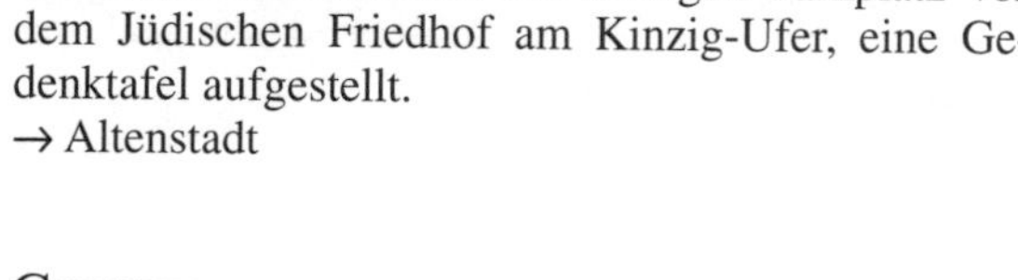

Gießen. Kupferstich, um 1620

Landgrafen von Gießen, die die vorgeschobene Enklave im 13. Jh. befestigen ließen. Unter Philipp dem Großmütigen (1504–1567) wurde Gießen zur Festung ausgebaut. Nach Philipps Tod gehörte die Stadt zu Hessen-Marburg, seit 1604 zu Hessen-Darmstadt und diente seit 1821 als Regierungssitz der Provinz Oberhessen im Großherzogtum Hessen-Darmstadt. Die Justus-Liebig-Universität wurde 1607 als „Ludoviciana“ von Landgraf Ludwig V. von Hessen-Darmstadt gegründet; von 1642–48 war sie mit der Phillips-Universität Marburg zusammengelegt. Gießen wurde im 2. Weltkrieg weitestgehend zerstört, so daß nur noch wenige Gebäude von der langen Geschichte zeugen. Sehenswert ist das wiedererrichtete Alte Schloß, heute Sitz des Oberhessischen Museums, mit seinem Rundturm aus dem 14. Jh. und den Wohnbauten aus dem 16. und 17. Jh.; 1893–1905 wurde das Schloß umgebaut. Auch das Neue Schloß, ein langrechteckiger Fachwerkbau auf massivem Erdgeschoß (1533–39), das benachbarte Zeughaus (1586–90) sowie das Burgmannenhaus (um 1350), heute Sitz des Museums für Stadtgeschichte, lohnen einen Besuch. Von der ehemaligen Stadtkirche St. Pankratius ist nur noch der Turm (um 1500) erhalten.

Kloster Schiffenberg

Auf dem Schiffenberg, etwa 4 km südöstlich von Gießen im Stadtwald, steht das ehemalige Augustiner-Chorherrenstift. 1129 wurde es von Gräfin Clementia von Gleiberg, Gemahlin Konrads I. von Luxemburg, gegründet. 1809 wurde das Kloster säkularisiert und ging in hessischen Landesbesitz über. Die romanische Klosterkirche ist wahrscheinlich der Gründungsbau aus dem 12. Jh. Bis auf einen gotischen Taufstein und eine hölzerne Empore von 1595 mit marmorierender Bemalung ist die Ausstattung verloren gegangen. Die beiden Steinbauten mit Fachwerkgeschoß in spätmittelalterlicher Konstruktionsweise südwestlich der Kirche sind die ehemalige Probstei (1463) und die Komturei (1493/94). Zwischen beiden Klostergebäuden entstand um 1700 der Neue Bau. Urkundlich erwähnt ist eine „Skephenburg“, die dem Kloster vorangegangen sein muß.

Am Fuß des südlichen Schiffenberges sind Spuren des Nonnenklosters Cella zu finden, 1239 gegründet und bis 1455 bewohnt. Eine Sage will wissen, daß zwischen beiden Klöstern ein unterirdischer Gang verlief, durch den die Mönche zu den Nonnen hinabstiegen, um sich mit ihnen verschiedentlichen Lastern hinzugeben. Dem einzigen der Mönche, der sich von diesem gotteslästerlichen Treiben fernhielt, erschien die Muttergottes und prophezeite ein Strafgericht. Niemand wollte ihm glauben und alle lachten ihn aus. In einer Mainacht aber zog eine schwarze Wolkenwand über den Schiffenberg, ein greller Blitz erleuchtete den Himmel, die Erde öffnete sich und verschlang das Kloster Cella samt all seinen Insassen.

GLAUBURG (Wetteraukreis)

Reste der Glauburg und Glaubergweiher

Der Glauberg, zwischen *Stockheim* und *Düdelsheim* gelegen, ist einer der Basaltausläufer der Vogelsbergs. Obwohl mit 276 m nicht sehr hoch, kann man von seinem Gipfel auf das uralte, fruchtbare Siedlungsland der Mainebene und der Wetterau blicken, bei guter Sicht sogar bis zum Altkönig im Taunus mit seinen frühkeltischen Wallanlagen. Auch das Plateau des Glaubergs war auf einer Länge von 900 m von Wallanlagen umschlossen und gilt als eines der wichtigsten prähistorischen Monumente in Hessen. Die Funde bewahrt das Hessische Landesmuseum in *Darmstadt* auf. Die Spuren, die fast alle Epochen der frühen Geschichte hier hinterlassen haben, werden von der Bevölkerung kurz „die Glauburg" genannt.
Eine Besiedlung des Plateaus läßt sich schon für die Jungsteinzeit (5. u. 4. Jahrtausend v. Chr.) nachweisen. Im 3. Jh. n. Chr. ist eine alamannische Festung auf dem Glauberg bezeugt, welche das naheliegende Römerkastell *Altenstadt* bedrohte. Die meisten Baureste der „Glauburg" stammen allerdings aus dem Mittelalter, als hier im 13. Jh. eine staufische Reichsburg errichtet wurde. Unter den heute sichtbaren Mauerzügen befindet sich im Norden die sog. Glauberger Pforte; südwestlich davon liegt der Glaubergweiher, ein großes Wasserreservoir mit einem Durchmesser von ca. 20 m bei einer Wassertiefe von 3 m und 1,5 m. Der Weiher wurde am Ende der Bronzezeit als Zisterne angelegt und war während vieler Jahrhunderte in Benutzung.
Eine Sage erzählt, wie die mittelalterliche Burg durch eine einfallsreiche List eingenommen worden sein soll: Die Belagerer ließen in der Nacht Krebse mit brennenden Kerzen auf dem Panzer auf die Mauern zu kriechen; solchermaßen abgelenkt konzentrierten sich die Belagerten auf diese Seite der Burg, so daß sie leicht von der anderen Seite eingenommen werden konnte. Darauf einigte man sich, daß die Burgherrin

mit ihren Kindern und dem, was sie auf dem Rücken tragen könne, unbehelligt die Burg verlassen dürfe. Statt materieller Besitztümer packte die tapfere Frau ihren Mann auf den Rücken, nahm ihre Kinder an die Hand und wollte so die Burg verlassen. Das führte zu Unstimmigkeit und Ärger bei den Burgbesetzern und die Familie suchte Schutz beim Kaiser, der sich gerade in Frankfurt befand. Von ihnen stammt die berühmte adlige Familie derer von Glauberg in Frankfurt ab. Diese Sage von der „Weibertreu", dem Inbegriff weiblicher List und Treue, wird auch von anderen Burgen erzählt.

Auf der Stockheimer Kirmes sollen früher jedes Jahr zwei Männer von augenscheinlich gutem Stand erschienen sein. Sie beteiligten sich an den Lustbarkeiten, blieben aber nie länger als bis eine Stunde vor Mitternacht und verschwanden dann ebenso unbemerkt, wie sie gekommen waren. Einen Burschen, der sie einmal auf dem Heimweg begleitete, um ihr Geheimnis zu lüften, führten sie den Glauberg hinauf bis zu einem kristallklaren Teich, in den sie sich hinabstürzten; dem Burschen aber, der sie vergebens zurückzuhalten suchte, blieb nur ein Handschuh in der Hand. Seitdem sind die Fremden nie wieder zur Kirmes gekommen und keiner hat sie je wiedergesehen.

Am Glaubergweiher erschien einem Schäfer aus Düdelsheim, der hier nachts seine Tiere hütete, ein weißgekleidetes Mädchen, die „Bergfee". Sie zeigte ihm einen goldenen Schlüssel, welcher den Zugang zu im Berg verborgenen Schätzen öffnete und bat ihn, sie von einem Fluch zu erlösen. Dazu müsse er sie in der nächsten Nacht dreimal küssen – ganz gleich in welcher Gestalt sie erscheinen werde. Der Schäfer erklärte sich bereit In der folgenden Nacht kam die Fee zunächst in herrlicher Menschengestalt, so daß ihm der erste Kuß nicht schwerfiel. Danach verwandelte sie sich jedoch in eine häßliche alte Frau mit Warzen auf der Nase und stinkendem Mundgeruch, schließlich in eine große, weiße, giftig züngelnde Schlange. Bei diesem Anblick stieß der Schäfer einen entsetzten Schrei aus – der Erlösungsversuch war damit mißlungen und die Bergfee stand wieder in ihrer früheren Gestalt vor ihm. Sie erklärte dem Schäfer, ihre Erlösung sei nun an das Aufwachsen einer bestimmten Fichte gebunden: das erste Kind, das später einmal in einer aus deren Holz gezimmerten Wiege liege, werde sie erlösen können.

→ Bensheim-Auerbach, → Laubach-Ruppertsburg, → Mücke-Merlau, → Nidda

GRASELLENBACH (Lkr. Bergstraße)

Das einzige staatlich anerkannte Kneippheilbad des Odenwaldes liegt im Herzen des heutigen Naturparks Bergstraße-Odenwald und zugleich mitten in der wald- und wasserreichen Landschaft des Jagdreviers der Burgunder aus der Nibelungensage, als welches das Gebiet zwischen *Worms* und *Würzburg* gilt.

Siegfriedbrunnen mit Steinkreuz am Spessartskopf

Zwischen Grasellenbach und *Mossautal-Güttersbach* liegt der etwa 550 m hohe Spessartskopf. An seinem Nordhang befindet sich inmitten einer kleinen Lichtung der Siegfriedbrunnen. Die Quelle liegt an einem alten Höhenweg, der quer durch den Odenwald von *Heppenheim* über *Fürth*, *Hammelbach* und Grasellenbach nach *Beerfelden* und *Mudau* führt. Die mit groben Steinen urwüchsig gefaßte Quelle, an deren Ende ein erhöhtes steinernes Kreuz mit schräg abgeschliffenen Kanten und Enden steht, wurde 1851 eingeweiht. Das Steinkreuz in neugotischer Form setzt die Tradition eines alten Kreuzes fort.

Um das Kreuz am Brunnen rankt sich die Sage, hier hätten sich zwei Männer gegenseitig totgeschlagen. Eine andere Version berichtet von nur einem Toten. In der Tat mußte ein Mord früher u. a. durch die Errichtung eines steinernen „Sühnekreuzes" gesühnt werden; das überliefern zahlreiche Sühneverträge des 13.–16. Jh. Entsprechende Steinkreuze, die bis heute überdauert haben, finden sich in ganz Hessen. An diesem Brunnen soll Siegfried, der Held des Nibelungenliedes, von Hagen von Tronje hinterrücks erstochen worden sein.

Das Nibelungenlied, das wohl populärste mittelhochdeutsche Sprachdokument, ist in 34 Handschriften vornehmlich aus dem 13. Jh. überliefert. Im Sinn zeitgenössischer höfischer Poesie wurden verschiedene, ursprünglich voneinander unabhängige Sagenkreise literarisch miteinander verbunden. Die beiden inhaltlichen Hauptstränge sind Siegfrieds Werbung um Kriemhild und sein Tod, sowie Kriemhilds Rache und der Untergang des Burgundenreiches.

Nach seiner Bewährung in zahlreichen Abenteuern (Drachenkampf, Gewinnen eines großen Goldschatzes, des „Nibelungenschatzes") wirbt der niederländische Königssohn Siegfried um Kriemhild, die Schwester der drei Burgunderkönige Gunther, Gernot und Giselher. Erst, nachdem er die isländische Königin

Brunhild mit Hilfe einer Tarnkappe in Kampfspielen überwunden und für König Gunther zur Frau erworben hat, erhält er von diesem Kriemhilds Hand. In einem eskalierenden Rangstreit zwischen beiden Königinnen verrät Kriemhild das Geheimnis der Werbung und der Hochzeitsnacht. Hagen von Tronje, ein Verwandter und Hofgetreuer König Gunthers, will die öffentliche Beleidigung seiner Königin und seines Königs nicht hinnehmen und plant – mit Zustimmung Gunthers – Siegfried zu töten. Er lockt Siegfried auf einen vermeintlichen Kriegszug und täuscht Kriemhild vor, ihren Mann besonders gut beschützen zu wollen. Kriemhild, in großer Sorge um ihren Mann, vertraut Hagen und gibt die einzige verwundbare Stelle ihres Mannes preis: Siegfried hatte nach dem siegreichen Kampf gegen den Drachen in dessen Blut gebadet, das seinen Körper wie einen undurchlässigen Panzer umgab und schützte; nur auf die eine Schulter war ein Blatt herabgefallen und hatte dort eine Panzerung verhindert. Statt des Kriegszugs findet wie geplant eine Jagd statt. Als der ahnungslose Siegfried Erfrischung an einem Brunnen sucht, ersticht ihn Hagen hinterrücks. Kriemhild übt Jahre später als Gattin des Hunnenkönigs Etzel furchtbare Rache: Sie lädt die Burgunden zu einem Fest an den Hof nach Ungarn; dort kommt es zu einem Saalkampf, in dem auf beiden Seiten alle Helden fallen. Kriemhild selbst wird von Hildebrand, dem Waffenmeister Dietrichs von Bern, getötet.

Verschiedene Orte im oder am Odenwald, so etwa Odenheim im Kraichgau oder *Heppenheim*, erheben Anspruch auf den sagenumwobenen Brunnen, an dem der Mord an Siegfried geschehen sein soll. Der Grasellenbacher Siegfriedbrunnen stellte alle anderen Quellen dieses Namens in den Schatten, nachdem in den 40er Jahren des 19. Jh. der Geheime Hofrat Dr. Knapp aus Darmstadt den Brunnen entdeckt hatte. Knapp hatte bei seinen Wanderungen durch das wasser- und brunnenreiche Gebiet im Odenwald den mittelhochdeutschen Text des Nibelungenliedes bei sich. Sein Anliegen war nicht, Beweise für eine sagenhafte Persönlichkeit zu finden, die eventuell nie gelebt hatte, sondern sich in den Dichter des mittelalterlichen Epos hineinzuversetzen: Welche Quelle hatte der Dichter vor Augen, als er den Mord an Siegfried niederschrieb?

Der Siegfriedbrunnen verwandelte Grasellenbach in einen beliebten Luftkurort. Doch weil die Berge um Grasellenbach mit Nadelbäumen statt mit Laubbäu-

men, wie noch zur Mitte des 19. Jh., bepflanzt worden waren, hatte sich der Grundwasserspiegel verändert und die Siegfriedquelle war 1951 bis auf den letzten Tropfen versiegt. Heute fließt das Wasser aus einer Wasserleitung, die aus dem Dorf den Berg hinaufgelegt wurde.
→ Mossautal-Hüttenthal, → Lorsch

Grebenhain (Vogelsbergkreis)

Teufelsmühle
Im Norden von *Ilbeshausen*, das drei km nördlich von Grebenhain am Schwarzen Fluß liegt, steht am Mühlweg auf einer Insel des Flusses die sog. Teufelsmühle. Dieses imposante Fachwerkgebäude wurde 1691 von dem großen Lauterbacher Baumeister Hans Muth erbaut. Von ihm stammen zahlreiche sehenswerte Fachwerkgebäude im Vogelsberg: darunter das Fachwerkhaus Bergstraße 7 im Dorf *Eichenrod*, heute Ortsteil von *Lautertal*. In einem Gefach dieses Hauses ist folgende Inschrift zu lesen:

> „Erbaut Anno Domini 1691 von zwei Baumeistern, die sich bei diesem Bau so zerstritten, daß sie sich trennten. Der eine vollende dieses Haus, der andere ging nach Ilbeshausen und baute die Teufelsmühle.“

Teufelsmühle

Die Mühle war ursprünglich Eigentum der Freiherren Riedesel zu Eisenbach und ein herrschaftliches Haus; ihren Namen erhielt sie vermutlich von Klaus Tulpel und seinen Nachkommen, die schon Lehensträger einer 1530 erwähnten Vorgängermühle waren.
Die einsame Lage solcher Mühlen, die der sozialen Kontrolle durch die Dorfgemeinschaft weitgehend entzogen waren sowie das geringe Prestige des Müllerberufes als „unehrlichem", nicht zunftfähigem Gewerbe sind wichtige Faktoren für die frühere Einstufung von Mühlen als geradezu klassischem Spukort mit entsprechender Sagenbildung, und so verwundert es nicht, daß beim Bau der Ilbeshäuser Mühle der Teufel die Hand im Spiel gehabt haben soll. Der Sage nach hatte dieser mit einem ortsansässigen Zimmermeister, der bereits Pläne zum Bau einer Mühle gezeichnet und das benötigte Bauholz vorbereitet hatte, eine Wette abgeschlossen, wer am schnellsten und schönsten das Gebäude aufführen könne. Natürlich gewann der Teufel: er baute die Schauffassaden und schuf in kürzester Zeit ein Wunderwerk an Verzierungen und Formenreichtum, während der Mensch das einfache Fachwerk erstellte. Den Verlierer nahm der Teufel mit sich in die Lüfte und zerriß ihn. Seitdem heißt die Mühle „Teufelsmühle".
→ Frankfurt: Alte Brücke, → Sinntal

GREIFENSTEIN (Lahn-Dill-Kreis)

Burg Greifenstein
Etwa 7 km südlich von *Herborn* (Abfahrt *Ehringshausen* von der BAB 45) liegt der Ort Greifenstein. Wahrzeichen ist die Burg, die bedeutendste Wehranlage des Westerwaldes. Erbaut wurde sie von den Herren von Beilstein-Greifenstein, die 1226 von ihrer Burg *Beilstein* vertrieben worden waren. Nicht lange danach, 1298, wurde auch die Greifenstein von den Nassauern eingenommen und geschleift. 1382 begann Graf Johann von Solms-Burgsolms den Wiederaufbau. Zwischen den ruinösen Mauern stehen im Norden der Kernburg noch die zwei beherrschenden Flankentürme mit der Schildmauer; sie geben der Burgruine ihren eigentümlichen Reiz. Auch der „Neue Bau" von 1687–93 ist zerfallen, nachdem 1693 die Residenz nach Beilstein verlegt worden war. Im Batterieturm „Roßgang" vom Anfang des 17. Jh. befindet sich heute das Deutsche Glockenmuseum; es beherbergt 41 Glocken aus 9 Jh. und erinnert an die bedeutende

Burgruine Greifenstein, um 1910

Glockenproduktion im Dilltal. Zur Burg gehört ebenso ein Burg- und Ortsmuseum. Sehenswert ist auch die barocke Schloß- und Pfarrkirche, 1691 vollendet, die eine sehenswerte frühbarocke Stuckdekoration besitzt.

Eine Anekdote aus der Zeit der „Raubkriege“ erzählt, wie der Burgherr Graf Wilhelm von Greifenstein den gefürchteten französischen Marschall Turenne zu sich einlud, um ihn freundlich zu stimmen. Henri de la Tour d'Auvergne, Vicomte de Turenne (1611–1675), der unter Ludwig dem XIV. zum bedeutendsten europäischen Militärstrategen avancierte, hatte die Greifenstein zuerst nehmen wollen, sie dann aber als zu gut befestigt erkannt. Trotzdem mißtraute ihm der Greifensteiner, und um seinen Feind ganz sicher unschädlich zu machen, verfiel er auf folgende List: Er ließ dem Franzosen an jedem Tor der Burg von einer schönen Frau einen Becher mit Wein reichen, denn es war bekannt, daß General Turenne Wein und Weib liebte.

Weil aber die Burg 20 Tore hatte, war der General schon auf halber Strecke so betrunken, daß man ihn zu Bett bringen mußte. Später schrieb Turenne dem Greifensteiner einen Brief, den dieser lange Zeit am äußeren Tor befestigt ließ. Auf dem Pergament waren folgende Worte zu lesen: „Greifenstein, du edles Haus, nüchtern hinein, betrunken hinaus.“
Im Dachgeschoß einer der beiden Bergtürme soll im Jahr 1643 der „Hexenkönig von Greifenstein“ eingekerkert worden sein. Das war der Greifensteiner Bauer Christoph Hahn, den man beschuldigte, sich wiederholt in einen Werwolf verwandelt und nächtens das Vieh anderer Bauern zu Tode gebissen zu haben. Außerdem galt er als der seit langem gesuchte Hexenkönig, der an Walpurgis (Nacht auf den 1. Mai), Johannis (24. Juni, Sommersonnenwende) und Michaelis (29. September) in einer von sechs schwarzen Ziegenböcken gezogenen Kutsche auf die Hexentanzplätze der Umgebung gefahren sei, in seiner Begleitung eine große Schar von Zauberern und Hexen, die auf Besen und Böcken ritten. Alle zusammen hätten in diesen Nächten mit dem Teufel getanzt und unzüchtige Dinge getrieben. Weiter wurde dem armen Bauern vorgeworfen, an schlechten Ernten schuld zu sein, weil er Obst und Feldfrüchte „besprochen“ habe. Außerdem hätte er Menschen und Tieren mit Absicht Pillen und Tränke verabreicht, deren Genuß den Tod zur Folge hatte. Als Christoph Hahn seine Unschuld beteuerte, wurde er gefoltert – war aber trotz der ihm zugefügten Quälereien nicht geständig und stürzte sich, um weiteren Schmerzen zu entgehen, mit gefesselten Händen aus dem Turmfenster hinab. Dem Schicksal Christoph Hahns in der Greifensteiner Folterkammer folgten noch viele Menschen der Umgegend; vor allem waren es Frauen, die unter der Tortur weitere arme Mitbürger als Komplizen denunzierten. Auch hochgestellte Persönlichkeiten wie die Frau des damaligen Burgpfarrers Emmelius und die Schultheißin aus *Biskirchen* waren von diesem Wahn nicht ausgenommen.
→ Altenstadt, → Büdingen, → Gelnhausen, → Idstein

Holzhausen

Ulmbach-Brücke
Fährt man auf der Landstraße von *Ulm* nach Holzhausen, so zweigt etwa 500 m vor Holzhausen nach rechts eine kleine Straße ab. Sie führt auf eine Brücke über den Ulmbach.

Brücken haben seit alters her und weltweit in Mythos, Volksglauben und Brauchtum eine herausragende Bedeutung und sind oft von Sagen umwoben. Sie gelten als Spukort, wo Geister und Dämonen ihr Unwesen treiben.
Auf der Ulmbach-Brücke soll früher ein großer, unheimlicher Hund sein Unwesen getrieben haben. Er erschreckte die Leute und sprang ihnen auf den Rücken. Wer den Weg über die Brücke nehmen mußte, wurde gewarnt: „Sei vorsichtig und gib acht, daß dich der Brückenhund nicht erwischt!"
Einen solchen ‚Aufhocker' oder ‚Hockauf' lokalisiert der Volksglaube gerne an Brücken. Für den deutschsprachigen Raum ist diese Sagengestalt seit dem 15. Jh. bezeugt; auch isländische, irische und französische Sagen kennen ihn. Aufhocker können in menschlicher oder auch tierischer Gestalt erscheinen. In diesen Bildern der mythischen Phantasie werden Angstvorstellungen nächtlicher Wanderer konkretisiert.
→ Dillenburg, → Haiger

GRÜNBERG (Lkr. Gießen)

Etwa 15 km östlich von Gießen liegt das Städtchen Grünberg an der B 49, die hier Teil der Deutschen Fachwerkstraße ist. Grünberg erhielt 1222 Stadtrechte. Die „Stadt am grünen Berg" erlangte schon früh wegen ihrer strategisch günstigen Lage an der wichtigen Handelsstraße „durch die Kurzen Hessen" (Frankfurt-Leipzig) große Bedeutung. Wegen der Fülle an spätmittelalterlichen Fachwerkbauten lohnt sich ein Rundgang durch Grünbergs Altstadt, deren Kern in weiten Strecken noch von der mittelalterlichen Stadtbefestigung umgeben wird.

Schloß Grünberg
Am südlichen Stadtrand stehen die Gebäude des 1526 aufgelösten Antoniterklosters, die fortan als Schloß dienten. Für kurze Zeit beherbergten sie die Universität Marburg, weshalb noch heute der Fruchtspeicher des Anwesens Universitätsbau genannt wird. Landgraf Ludwig IV. von Hessen-Marburg ließ den stadtseitigen Schloßflügel 1578–82 durch seinen Baumeister Ebert Baldewein unter Verwendung älteren Mauerwerks errichten. 1594 wurde der Flügel von Meister Hans Krauskopf (Kirchvers) mit zwei hohen Renaissance-Erkern aus Fachwerk bestückt. Das Schloß diente später Rentmeistern und Richtern als

Wohnsitz, heute sind hier mehrere Arztpraxen untergebracht.
Im Schloß war es der Sage nach nicht ganz geheuer. Man will in einem unbewohnten Flügel die Fenster hell erleuchtet gesehen und Musik gehört haben, die so wunderschön und rührend war, daß sie nicht von Menschen stammen konnte. Der ledigen Schwester eines Rentmeisters erschienen in der Adventszeit eines nachts 12 weißgekleidete Jungfrauen. Sie stellten sich in ihrem Zimmer im Kreis auf und sangen ein wunderbares Lied. Als die Dame die Frage stellte, wer denn ihr Besuch sei, lösten sich die weißen Frauen in Nichts auf und ihr Gesang verklang im Flur und im Garten.
→ Antrifttal, → Bad Homburg

Alter Friedhof
Die evangelische Spitalkirche zum Hl. Paul in der Neustadt entstand 1723–40; der alte Friedhof stammt aus derselben Zeit.
Als Wohnort der Verstorbenen sind Friedhöfe Schauplatz zahlreicher Totensagen. In Grünberg wird erzählt, man habe früher in der Friedhofskapelle in der Frühe des ersten Weihnachtstages stets eine Christmette gefeiert. Dieser Brauch war allseits beliebt, und so war auch ein Mädchen, welches in einem Gießener Haushalt angestellt war, über Weihnachten nach Hause gekommen und freute sich darauf, an der Christmette teilzunehmen. Die Eltern wohnten nahe der Friedhofskapelle, und das Mädchen wurde von einem Lichtschein an seiner Zimmerdecke geweckt. Da es dachte, seine Mutter habe vergessen es zu wecken, zog es sich schnell an und lief zur hellerleuchteten Kapelle hinüber. Es schlüpfte in die letzte Bank und stellte mit Entsetzen fest, daß es unter den vielen Gottesdienstbesuchern keinen einzigen kannte. Und auch sonst war einiges sehr merkwürdig: Der Pfarrer trug einen altertümlichen Talar, und obwohl er die Lippen bewegte, war kein Wort zu hören. Im Kirchenraum war es totenstill, bis auf ein Geräusch, als ob Knochen aneinander klappern. In großer Angst lief das Mädchen aus der Kapelle über die Gräber nach Hause und hörte, wie die Kirchturmuhr gerade eins schlug. In der Kapelle erloschen die Lichter, schemenhafte Gestalten huschten hinaus und verschwanden in den Gräbern. Die junge Grünbergerin hatte unfreiwillig an der Totenmesse teilgenommen, die alle hundert Jahre in der Weihnachtsnacht zur Geisterstunde stattfindet. Hätte sie bis zum Ende der Mette in der Kapelle ausgeharrt, wäre

Geistermette

sie von den Toten in ihre unterirdischen Ruhestätten mitgenommen worden.
Bei dieser Geschichte handelt es sich ursprünglich um einen legendären Stoff, der von der Teilnahme eines Heiligen am Gottesdienst der Engel erzählt – ein Zeichen besonderer Gnade. In der Sage dagegen sind es dämonische Tote, die in der Weihnachtszeit (nach altem Glauben eine Zeit für Spuk und Gespenster) nächtliche Mette halten. Für den Lebenden, der zufällig Zeuge wird, kann diese Begegnung sehr gefährlich werden.
→ Heuchelheim, → Laubach

HADAMAR (Lkr. Limburg-Weilburg)

Zu Beginn des 14. Jh. wurde Hadamar, erstmals 832 erwähnt, zur Residenzstadt der Fürsten von Nassau-Hadamar. Lange war die Stadt Gerichtsort und Markt. Sehenswert ist das im Renaissancestil erweiterte

Schloß, das seit 1612 aus einer Wasserburg hervorging.

Kath. Pfarrkirche St. Johannes Nepomuk und Nepomuk-Statue auf der Elbbrücke

Die ehemalige Jesuitenkirche ist erst seit 1818 Pfarrkirche von Hadamar. Bis 1650 stand hier der Hof der Familie von Langenbach, aus der viele Beamte in den Diensten der Nassauischen Regierungen stammen. Fürst Johann Ludwig von Nassau-Hadamar erwarb von dem letzten dieses Geschlechtes das ausgedehnte Anwesen und schenkte es den Jesuiten, die er nach seinem Übertritt zum katholischen Glauben in der Zeit der Religionskriege im Jahr 1630 nach Hadamar geholt hatte. Diese besorgten einen Umbau sowie einen Kirchenneubau von 1751 bis 1755. Im Äußeren schlicht und unauffällig, findet sich innen eine reiche barocke Innenausstattung mit verzierten Stuckdecken und Deckengemälden, die das Leben und Wirken des Patrons dieser Kirche anschaulich und in vielen Einzelheiten nacherzählen. Vorbild für die Gemälde waren Kupferstiche in einer Lebensbeschreibung des Heiligen, die 1730 auch in deutscher Sprache erschienen war, geschrieben von einem Jesuiten. Dieser Bildungs- und Missionarsorden, der die Verehrung des hl. Nepomuk besonders förderte, hatte auch in Hadamar ein Gymnasium. 1740 führten hier die Schüler ein Drama „Lux et oriente“ auf, in dem Leben und Leiden des um 1350 in Pomuk/Böhmen geborenen Heiligen verherrlicht werden.

Auf dem Hauptbild des Gemäldezyklus ist das Martyrium Nepomuks in der Moldau dargestellt: der Leichnam des Heiligen schwimmt, umgeben von fünf Feuern, auf dem Wasser, sein Kopf ist umkränzt von fünf leuchtenden Sternen: T A C U I – ich habe geschwiegen! Zwei Engel reichen ihm von den Uferseiten Märtyrerpalme und -kranz und eine goldene Himmelskrone. Oben im Himmel hält ein Engel ein Kruzifix mit dem geschundenen Leib Christi empor, darüber die Taube des Hl. Geistes, dessen Kraft in einem Bündel goldener Strahlen auf den Märtyrer herabstrahlt.

Johannes Nepomuk, einer der beliebtesten volkstümlichen Heiligen, ist Schutzpatron der Priester und Beichtväter sowie der Schiffer, Flößer und Müller. Die große Zahl der Nepomukdarstellungen an Brücken begann bereits vor seiner Heiligsprechung. In Hadamar steht auf der 1571 erbauten, 1740 verbreiterten Brükke, die unweit des Schlosses über den Elbbach führt,

eine barocke Steinskulptur; sie stammt aus der zweiten Hälfte des 18. Jh. und zeigt den Heiligen in der Kleidung eines kirchlichen Würdenträgers, ein Kruzifix im Arm, das Haupt umkränzt von fünf Sternen.
→ Limburg

Ägidienkirche auf dem Mönchsberg (ehem. Franziskanerabtei)
Schon vor 1190 muß sich hier ein Kirchlein befunden haben, deren Patron der hl. Ägidius war. Der Heilige, der zu den Vierzehn Nothelfern zählt, lebte im 8. Jh. als Einsiedler in der Provence und wird zur Ablegung einer guten Beichte angerufen. 1637 ließ Graf Johann Ludwig auf dem Ägidienberg ein Franziskanerkloster errichten, dem das alte Kirchlein Platz machen mußte. Seit dieser Zeit wird der Berg Mönchsberg genannt. Die Kirche der Franziskaner und andere alte Gebäude stehen noch.
Um die Glocke der früheren Abteikirche rankt sich eine Sage, die Börries Freiherr von Münchhausen (1874–1945) in einer Ballade beschrieben hat. Sie erzählt von Sophie, der treuen Frau des Reichsbarons von *Wallmerod.* Dessen Burg war im Dreißigjährigen Krieg (1628–48) Ziel der katholischen Truppen unter dem Feldherrn Johann Graf von Tilly: Im Morgengrauen, sobald von der Abtei Hadamar die Morgenglocke ertöne, sollten die Burg und das Haupt ihres Herrn fallen. Sophie floh in der dunklen Nacht durch den Wald nach Hadamar, schlich sich heimlich in den Glockenturm und umschlang den Klöppel der Glocke mit ihren Armen. Beim Zug am Glockenseil wurde es rot vom Blut der sterbenden Sophie, deren Todesschrei über den Westerwald bis hin nach Wallmerod getragen wurde.
Heute steht unweit der Kirche, vor dem Hof des Klinik-Cafés, ein kleiner Glockengiebel. Diese Glocke hat allerdings nichts mit der Sage zu tun, sondern dient als Mahnmal für die Opfer der nazionalsozialistischen Euthanasie. In der Psychiatrischen Klinik, die heute auf dem Mönchsberg steht, wurden zwischen 1941 und 1945 mindestens 10 000 Menschen mit geistigen und körperlichen Behinderungen als „lebensunwert" ermordet.

Herzenbergkapelle
Kommt man von *Elz* aus nach Hadamar, biegt man in der Ortsmitte am Schloß nach rechts ab und fährt an der ehemaligen Jesuitenkirche vorbei den Berg hinauf zum St. Anna-Krankenhaus. Im Wald liegt die Her-

zenbergkapelle, die 1675 von Jesuiten mit Hilfe der Bürger Hadamars zu Ehren der Muttergottes errichtet wurde. Ein wundertätiges Gnadenbild der Madonna mit Kind wurde aus Koblenz übertragen und als Festtag die Aufnahme Mariens in den Himmel, der 15. August, bestimmt. 1690 ließ Fürst Franz Bernhard die Kapelle erweitern, weil sie die zahlreichen Wallfahrer nicht mehr fassen konnte, und errichtete einen prächtigen Altar im Chor; sein Wappen, flankiert von seinen beiden Namenspatronen, dem hl. Franz Xaver und Bernhard von Clairvaux, ist über dem Gnadenbild zu sehen. In der 1887 angefügten Eingangshalle befinden sich zahlreiche Votivtafeln, die von der Popularität der Wallfahrtskapelle Zeugnis geben. Seit dem Zweiten Weltkrieg ruft man hier die Muttergottes auch als „Königin des Friedens“ an; alljährlich findet noch heute am 15. August ein feierlicher Gottesdienst statt. Seinen Namen hat der Berg auf folgende Weise erhalten: Vier Fürsten, zwei von Nassau-Hadamar und zwei aus der Linie Nassau-Siegen, ließen nach dem Vorbild des großen bayerischen Wallfahrtsortes Altötting ihre Herzen in der Kapelle bestatten. Seit dieser Zeit wird der Berg Herzenberg genannt.

HAIGER (Lahn-Dill-Kreis)

Erste Erwähnung fand Haiger im Jahr 778, entwickelte sich aber erst im späten 14. Jh. unter den Grafen von Nassau zur Stadt. 1723 legte ein furchtbarer Stadtbrand ganz Haiger in Schutt und Asche. Dieses Ereignis soll von einem alten Schäfer namens Jacob aus *Allendorf* schon 40 Jahre früher vorhergesehen worden sein. In seinem „Vorgespucknus“ hat der Schäfer die völlig abgebrannte Stadt gesehen, einschließlich Kirchturm und Kirche. Der Schäfer, so ist überliefert, habe einen „Flecken auf dem Auge“ gehabt. Menschen mit solchen oder ähnlichen Stigmata macht der Volksglaube häufig zu Trägern übersinnlicher Fähigkeiten. Der Glaube an das Zweite Gesicht ist im Haigerer und Dillenburger Raum besonders verbreitet; das sauerländische-westfälisch-niedersächsische Gebiet, das als Kernland des Zweiten Gesichts gilt, ist nicht fern. Die oft unheimlich wirkende Fähigkeit des Hellsehens gilt bei Parapsychologen inzwischen als erwiesen. Am häufigsten vertreten unter den Vorgesichten sind nach denen, die einen Sterbefall ankündigen, die „Feuerschauen“, gefolgt von den Gesichten, die ein Kriegsereignis ankündigen.

Der Allendorfer Schäfer-Jacob, der in *Sechshelden* beerdigt sein soll, wurde zu einer populären Gestalt und war noch nach über 200 Jahren gut bekannt. Sein Wissen um Heilkräuter und magische Praktiken, mit denen er Mensch und Vieh kurierte, hielt er handschriftlich fest; das Original ist zwar verschollen, es existieren aber mindestens drei Abschriften, in Allendorf als „Schäferjacobsbuch" bekannt.
→ Braunfels

Ev. Pfarrkirche St. Maria

Die evangelische Kirche St. Maria ist bis auf untere Teile des Westturmes ein spätgotischer Bau. Der Chor, der vor 1512 mit bemerkenswert figurenreichen Fresken zu Passion und Jüngstem Gericht sowie Aposteln und Märtyrern ausgemalt wurde, ist mit einer Krypta verbunden. Sehenswert ist die Barock-Orgel, die 1730–32 von Florenz Wang in *Hadamar* gebaut wurde.
Unter dieser Kirche soll in einem alten, zerfallenen Gang eine goldene Orgel vergraben sein, die in Kriegszeiten dort in Sicherheit gebracht wurde. Seitdem ist sie nie wieder gesehen worden, aber um Mitternacht kann man ihren leisen wunderschönen Klang hören. Es heißt, daß derjenige, der sich auf die Suche nach der goldenen Orgel mache, damit sein Leben wage.
Es ist unwahrscheinlich, daß diese Orgel tatsächlich existiert: Als man im letzten Krieg einen Luftschutzstollen in den Kirchberg schob, hätte man sie finden müssen. Vielmehr ist die Sage ein Ausdruck der Verehrung für diesen Berg, auf dem sich die älteste Kirche der Gegend befindet. Man geht davon aus, daß sich am selben Ort bereits zu vorchristlicher Zeit eine Kultstätte befunden hat. In die gleiche Richtung läßt sich möglicherweise auch die Warnung am Ende der Sage deuten. Ein solches oder ähnliches Tabu eignet vielen Schatzsagen.
→ Dillenburg-Fronhausen, → Haiger-Langenaubach

Flurstück „Hinter dem Graben"

Hinter dem „Steigplatz", nördlich der B 277, die hier den Namen „Hinterm Graben" trägt, soll früher der Sage nach ein hundsgestaltiger Aufhocker sein Unwesen getrieben haben. Wegen seiner tellergroßen, furchtbar aussehenden Augen hieß er der „Dellerhund". Die Wiesen „hennerm Groawe", beim heutigen Ausstellungsgelände, wurden in einer dörflichen Wiesengenossenschaft nach einer Ordnung gewässert, die jedem Besitzer sein „Stunnewasser" zuteilte. Nächt-

liches Wässern war verboten. Wer sich nicht daran hielt, dem sprang der „Dellerhund“ auf den Rücken; erst am Aubach ließ die Spukgestalt sich wieder abschütteln.
Der dämonische Druckgeist – eine Projektion von Angst- und Schuldgefühlen – fungiert hier als Wächter über die Einhaltung wirtschaftlich-sozialer Normen. Solche im Haigerer Raum zahlreich vertretenen „Aufhocker“ lassen oft dann von ihrem Opfer ab, wenn diese an einen Wasserlauf gelangen. Vermutlich spiegelt sich hier der Volksglaube wieder, daß fließendes Wasser das Unheil bannt. Früher spielte dies auch beim Totenbrauch eine Rolle: Bei der Auswahl der Leichenträger wie auch beim Leichenzug selbst achtete man sehr darauf, daß „dr Dud net üwwer’t Wasser getraat“ werde.
→ Dillenburg, → Greifenstein

Haigerseelbach

Kalteiche
Im Westen Haigerseelbachs liegt, unweit der Kreuzung von B 54 und BAB 45 (Anschlußstelle Haiger/Burbach), am südlichen Fuß des 543 m hohen Wildensteins das Flurstück Kalteiche. Ca. 2 km weiter nördlich – bereits in Rheinland-Pfalz – befindet sich ein 579 m hoher Berg namens Kalteiche. Zu erreichen ist er über Wanderwege – ausgehend von dem nördlich des Westknicks der B 54 gelegenen Parkplatz an der Gabel zur L 904 links des Resaltberges Hirschstein.
In dieser Gegend hat sich während der Revolutionskriege Ende des 18. Jh. ein blutiges Gefecht ereignet: Am 3. Juli 1796 siegten die Franzosen über die Österreicher, die hier ein Jahr zuvor befestigte Stellung bezogen hatten. Dieses Gefecht wurde von mehreren Leuten aus *Fellerdilln* vorhergesehen. Ein alter Köhler war mit seinem Ochsenkarren und einigen Dörflern im Wald, um Laubstreu zu holen. Von der Siegerländer Höhe hörten sie plötzlich Kanonendonner und krachende Flinten; der Schlachtlärm kam nach etwa einer Viertelstunde immer näher und die Fellerdiller ließen fluchtartig alles stehen und liegen. Das Laufen half indes nicht – bald hatten sie das Gefühl, sich mitten in der Schlacht zu befinden. Die Flinten- und Kanonenschüsse zogen dann weiter nach Haiger hinunter.
Die erste Veröffentlichung dieses Berichts stammt von 1862 und wurde von dem vier Jahre nach der Schlacht in Fellerdilln geborenen Lehrer Johann Becker verfaßt. In diesem Bericht wird das Ereignis im Wald als

„Vörspill" (Vorspiel) gedeutet. Der Glaube an Deuteroskopie (Zweites Gesicht) ist in dieser Gegend stark verbreitet. Unter den Köhlern gab es immer viele „Vorschauer", was mit ihrem Beruf, den sie einsam in der Natur ausübten, zusammenhängen mag. Allerdings erinnert dieser Bericht eines kollektiven Zweiten Gesichts eher an das Wilde Heer, das mit lautem Tosen eine Geisterschlacht kämpft und durch diesen schrecklichen Lärm die Lebenden erschreckt.
→ Fränkisch-Crumbach

Langenaubach

„Wildweiberhäuschen"
Wenige 100 m südlich von Langenaubach, mitten im ältesten Naturschutzgebiet des alten Dillkreises, liegt das „Wildweiberhäuschen". Der große Fels ragt als Teil eines mitteldevonischen Korallenkalkriffes unmittelbar am Aubach auf. Im hellgrauen Stein befinden sich drei Höhlen, deren obere am längsten bekannt

Weiblicher Walddämon

und vermutlich der Schauplatz der oft erzählten Sagen von den Wilden Weibern von Langenaubach ist. Hier sollen vor langer Zeit weibliche Naturdämonen gewohnt haben, die oft vor dem Eingang der Höhle saßen, ihr langes, goldenes Haar kämmten und schöne Lieder sangen. Viele Geschichten werden über sie erzählt: wie sie guten und fleißigen Menschen halfen, böse und faule hingegen bestraften. Einem Mädchen schenkten sie zur Hochzeit ein Bündel gesponnenen Flachses, das sich über Nacht in Silber, Gold und kostbare Perlen verwandelte. Einem armen Schäfer zeigten sie heilkräftige Kräuter und buken ihm Brot, anderen halfen sie bei der Ernte. Müttern jedoch, die ihre Kinder vernachlässigten, entführten sie den Nachwuchs in ihre unterirdische Behausung und gaben sie erst dann wieder zurück, wenn die Mütter verzweifelt versprachen, sich zu bessern. Einem Bauern, der ein Hemd von ihrer Wäsche mitgenommen hatte, die sie zum Bleichen am Bach unterhalb des Felsens ausgebreitet hatten, zahlten sie diesen Diebstahl böse heim: Um Mitternacht umtosten sie sein Haus und rissen ihn an den Haaren aus dem Bett. Als am Ort Gruben und Steinbrüche zum Kalkabbau eingerichtet wurden, die ihre unterirdischen Wohnungen durcheinanderbrachten, verschwanden die Wilden Weiber. Ihren großen Goldschatz aber haben sie zurückgelassen, und der kann nur zur Geisterstunde unter konsequentem Schweigen gehoben werden. Zwei Männer aus Langenaubach haben dies einmal versucht. Als sie das bis obenhin mit Gold gefüllte Faß bereits mit einem Seil auf halbe Höhe hinaufgezogen hatten, wurde der Schatz plötzlich immer schwerer und aus Angst, das kostbare Gold könnte ihnen doch noch entgleiten, feuerte der eine seinen Kumpel an: „Willem, heb!“ Damit war das Schweigegelöbnis gebrochen – der Schatz verschwand mit einem gewaltigen Donnerschlag in der Tiefe.

Im Frühjahr 1953 wurde in der unteren der drei Höhlen des Wildweiberhäuschens tatsächlich ein Schatz gefunden, allerdings nicht aus Gold, sondern aus Silber: er besteht aus 85 alten Silbermünzen der Zeit zwischen 1195 und 1315. Die Höhle am Fuß des Felsens wurde wahrscheinlich im Mittelalter zu einem Grubenstollen ausgeweitet. Woher aber dieser Schatz stammt und warum er ausgerechnet hier versteckt wurde, ist noch nicht bekannt.

Das Wildweiberhäuschen bei Langenaubach nimmt unter den zahlreichen hessischen Wohnstätten der „Wilden Leute“ eine besondere Stellung ein. Zahlreiche Sagensammlungen geben die Sagen um den Kalkfelsen wieder. Ältester Beleg ist die Sagensammlung des Schulmeisters Johannes Krafft, die 1712 in Herborn erschien: das „Centifolium – Nassau-Dillaeburgicum oder Nassau-Dillenburgischer Blumenstrauß". In holprigen Alexandriner-Versen äußert der Autor die Meinung, die Höhle, „worinnen Menschen sich zusammen konnten gesellen", sei im „Altertum" durch Menschenhand geschaffen worden. Eine frühe Besiedlung, die generell für Wildweiber-Orte angenommen wird, ist hier nachgewiesen: Unweit des Felsens wurde an einer Quelle ein „Schlagplatz" für Steingeräte entdeckt, der in die ältere Steinzeit (1 Mio. – 10 000 Jahre v. Chr.) datiert wird. Neben Funden aus der Bronzezeit (1850–850 v. Chr.) sind besonders die Siedlungsfunde aus der Jüngeren Eisenzeit (um 850 v. Chr.) zu nennen, ganze Dorfanlagen und Einzelfunde aus der La-Tène-Kultur reichen bis nah an das Wildweiberhaus heran (Funde im Museum Wiesbaden). Ebenso interessant sind Kraffts Angaben zu den unterschiedlichen Benennungen der Wilden Weiber, mit denen zugleich etwas über ihr Wesen ausgesagt ist: „Ob sie genennet warn / Mätz / Uckschen oder Elsen / Gilt eben gleiche viel; . . ." „Mätz" geht zurück auf das mhd. „metze", was soviel bedeutet wie liederliches Frauenzimmer; „Ucksche" ist vermutlich die „Hucksche", die Aufhockerin; „Else" ist auch von anderen Wildleute-Orten Hessens bekannt und ein anderer Name für die Holle, die einen weiblichen Naturdämon mit unterschiedlichen Wesenszügen meint. Auffällig sind in den Langenaubacher Sagen die „fraulichen, urmütterlichen" Qualitäten, die Wilden Frauen auch andernorts zugeschrieben werden: Sie sind Hüterinnen der Moral und versehen typische dem Reproduktionsbereich zugehörige „Hausarbeiten" wie die Krankenpflege, Kinderaufsicht, Brotbacken, Wäschewaschen. Am „Soalsborn" hinter dem Wildweiberhäuschen etwa will man nachts gelegentlich eine Frau gesehen haben, die schweigend Wäsche wusch. Sobald sie angeredet wurde, verschwand sie.

→ Breitscheid-Erdbach, → Schlangenbad

„Butzemanns Wees'che" und Grünbach-Tal

Über die alten Bergmannswege von *Donsbach* in Richtung Langenaubach erreicht man eine mitten im Wald gelegene Wiese, die im Volksmund lange Zeit „Butzemanns Wees'che" genannt wurde. Das Flurstück, das heute den Namen „Im großen Junkernsei-

fen" trägt, liegt unweit des Hauptwanderwegs „Alte Rheinstraße".
Hier soll ein baumgroßer Mann ohne Kopf umgehen, der ein auffallend rotes Tuch um die Brust trägt. Er hat früher oft den Bergleuten, die zur Grube „Constanze" wollten, den Weg versperrt.
Ähnlich verhält es sich hinter dem Wildweiberhäuschen im Tal des „Gruimuch" (Grünbach): Um Mitternacht schreckt hier das „Gruimuchsmännche" mit seinem Kopf unter dem Arm die späten Wanderer.
Die besonders im Haigerer Raum zahlreich vertretenen Sagen vom kopflosen Umgänger gehören in den Bereich der Totensagen. Meist hat der Wiedergänger, der als lebender Leichnam erscheint, einen bösartigen Charakter. Seine Seele findet nach dem Tode keine Ruhe.
→ Haiger-Sechshelden

Sechshelden

Gewölbe unter dem Dorf
Das zwischen Haiger und *Dillenburg* liegende Dorf Sechshelden, heute zu Haiger eingemeindet, hat mit seinem auffälligen Namen die Phantasie zu verschiedenen Erklärungen angeregt. So dachte man etwa als Kennzeichen alten Bergbaues an „Sechs Halden". Hartnäckig gehalten hat sich vor allem die Sage von den „Sechs Helden", die im Todesschlaf in einem großen Gewölbe unter dem Dorf liegen sollen. Der Eingang zu einer solchen Höhle ist heute allerdings nicht mehr bekannt.
Das Gewölbe soll der Weinkeller der sechs Helden sein, den sie sich bei Lebzeiten anlegten. Gelegentlich erwachen sie und man hört aus der Tiefe festliche Musik und das Klingen der Gläser – sehr zur Beunruhigung der Bauern, denn wenn ein Glas zerspringt, so heißt es, dann stürzt der Berg ein. Mit dem Schlaf im Berg nehmen die sechs Helden ihren Platz in der Unterwelt, im Reich der Toten ein. Diese Sagenzüge sind weit verbreitet, so etwa in der sehr bekannten Sage vom schlafenden Kaiser Barbarossa im Kyffhäuser, der eines Tages aus dem Berg ‚wiederauferstehen' wird, um sein Reich wiederherzustellen – ein Thema, das gerade in den romantischen Balladen des 18./19. Jh. gerne verarbeitet wurde.
Die wirklichen etymologischen Zusammenhänge sind weit weniger romantisch. Vermutlich leitet sich der Dorfname her von dem mittelhochdeutschen Wort „selde", was soviel wie ‚Wohnung' bedeutet. Man

kann annehmen, daß das Dorf bei der Namensgebung aus sechs Wohnhäusern bestand: Aus „sechs Selden" wurde durch Zusammenziehung und durch Abstoßung eines der aneinanderstoßenden ‚s' „Sechshelden". Ähnliche Namen – Dreihausen, Zehnhausen, Vierhöfen, Achthöfen – gibt es häufig.

HANAU (Main-Kinzig-Kreis)

Die Kreisstadt Hanau, an der Mündung der Kinzig in den Main gelegen, ist Standort bedeutsamer Industrien, u. a. der Gold- und Silberschmiedekunst; im Deutschen Goldschmiedehaus sind eine ständige Musterschau sowie Wechselausstellungen zu sehen.
Urkundlich wird Hanau erstmals im Jahr 1143 als Ansiedlung südlich der Burg Hagenowe erwähnt. 1303 erhielt die Siedlung, die im Besitz der Grafen von Hanau war, Stadtrechte. 1597 gründeten protestantische Glaubensflüchtlinge aus den spanisch besetzten Niederlanden unter Graf Philipp Ludwig II. die Neustadt; verschiedene Zünfte, darunter Tuchmacher, Seidenweber, Gold- und Silberschmiede und Juweliere, siedelten sich an. 1661 wurde durch zuwandernde Flüchtlinge die erste Fayence-Manufaktur Deutschlands gegründet, 1712 das Schloß Philippsruhe erbaut. 1736 fiel die Stadt nach dem Aussterben der Grafen von Hanau an die Landgrafen von Hessen-Kassel. 1777–1782 entstanden die Kur- und Badeanlagen von Wilhelmsbad. 1807 wurde Hanau durch die Franzosen von Hessen-Kassel abgetrennt und 1810 mit dem Großherzogtum Frankfurt, 1817 mit den kurhessischen Provinzen vereinigt und ging 1866 an Preußen über. Mit dem Wiederbezug des historischen Rathauses im Jahr 1964 war der Wiederaufbau der im letzen Kriegsjahr zu 87 % zerstörten Stadt abgeschlossen.

Brüder Grimm-Denkmal
Hanau ist die Geburtsstadt der Brüder Grimm und Ausgangspunkt der vielbereisten Deutschen Märchenstraße, dem rund 600 km langen „fabelhaften Reiseweg vom Main zum Meer". Sie berührt alle wichtigen Lebensstationen der Grimms: ihre Heimatstadt Hanau, *Steinau an der Straße*, wo sie ihre Jugendjahre verbrachten, den Studienort Marburg, Kassel, wo sie erste wissenschaftliche Erfolge hatten und mit dem Sammeln von Märchen und Sagen begannen und schließlich Göttingen, an dessen Universität sie später als Professoren wirkten. Auf den Spuren ihrer

bekanntesten Märchen, aber auch von Sagen, Legenden und Schwänken führt die Deutsche Märchenstraße nordwärts bis in die Hansestadt Bremen, wo die „Stadtmusikanten" ihre neue Heimat fanden.
Auf dem Hanauer Marktplatz steht vor dem Rathaus das Brüder Grimm-Denkmal. Es wurde 1896 als Nationaldenkmal eingeweiht und zeigt auf hohem Sockel zwei große Bronzeskulpturen: Jacob, den älteren, stehend – Wilhelm, den jüngeren, sitzend mit einem aufgeschlagenen Buch vor sich.

Brüder Grimm-Denkmal

Weltbekannt geworden sind die Brüder Grimm vor allem durch ihre „Kinder- und Hausmärchen" (1812 bis 1814) sowie die „Deutschen Sagen" (1816–18) und die „Irischen Elfenmärchen" (1826). Entscheidende Anregungen für ihre diesbezügliche Sammeltätigkeit erhielten sie von den Heidelberger Romantikern: Aus der Mitarbeit an Achim von Arnims und Clemens Brentanos Volksliedsammlung „Des Knaben Wunderhorn" (1806–1808) erwuchsen eigene, zunächst unbearbeitete Sammlungen von Volksliedern und -erzählungen. Neuland betraten sie mit ihrer Dokumentation mündlich noch lebendiger Märchentradition: während ihrer Kasseler Zeit notierten sie viele Geschichten, die ihnen diverse Gewährsleute –

darunter Wilhelms spätere Frau Dorothea (Dortchen) Wild – erzählt hatten. Daß die „Kinder- und Hausmärchen" auch heute noch zu den bekanntesten, meistübersetzten und in hunderten von Auflagen verbreiteten deutschen Büchern gehören, daß sie – obwohl von den Grimms nicht so geplant – bereits zu deren Lebzeiten zu einem populären Kinder- und Volksbuch geworden sind, ist vor allem Verdienst von Wilhelm Grimm, einem Meister dichterischer Prosa, dem sein Bruder schon seit der zweiten Auflage der Märchen (1819) die Arbeit daran allein überließ. Mit den von Wilhelm im Stil romantischer Dichtung umgeschriebenen, erweiterten, oft aus verschiedenen Varianten kombinierten Texten entstand jener „naive" Märchenton, für den die Kinderstuben des Biedermeier ideale Rezipienten waren; ihr Erfolg ist mit der Sozialgeschichte der Familie im 19. Jh. eng verbunden.
An die beiden berühmten Söhne der Stadt Hanau erinnert außer dem Brüder Grimm-Denkmal auch das in Schloß Philippsruhe untergebrachte Historische Museum: Hier sind eine Reihe von Erstausgaben ihrer Werke sowie Zeichnungen und Radierungen des jüngeren Bruders Ludwig Emil Grimm (1790–1863) untergebracht; für Kinder ist eine Märchenstube eingerichtet. Im Schloßpark finden alljährlich die Brüder Grimm-Märchenfestspiele statt.

HEPPENHEIM (Lkr. Bergstraße)

Schloßruine Starkenburg
Schon von der A 5 ist ein schmaler, 35 m hoher Turm sichtbar, der zur Ruine Starkenburg gehört. Er bekrönt einen stattlichen Granitkegel (295 m), zu dessen Füßen die Stadt Heppenheim liegt. Erreichbar ist die Ruine auf gut ausgeschilderten Wegen oder mit dem Auto bis zu den Parkplätzen unterhalb der Burg.
Der Bau der Starkenburg ist eng mit der Geschichte Heppenheims verknüpft. Im Jahr 783 schenkte Karl der Große Dorf und Mark Heppenheim an die Fürstabtei Lorsch. 850 wurde Heppenheim von Lorsch das Marktrecht verliehen. Nachdem das Reichskloster im 9. und 10. Jh. seine Besitztümer und seinen Reichtum erheblich vermehrt hatte, konnte Erzbischof Adelbert von Bremen den jugendlichen Kaiser Heinrich IV. im Jahr 1065 dazu bewegen, ihm die Fürstabtei Lorsch zu schenken. Um ihre Eigenständigkeit zu wahren, widersetzten sich Mönche und Untertanen Kaiser und Erzbischof. Abt Udalrich begann noch im Herbst des-

Heppenheim mit der Starkenburg, um 1650. Kupferstich von Matthias Merian

selben Jahres, auf dem heutigen Schloßberg eine Verteidigungsanlage zu bauen, die in den folgenden Jahren zum Schutz des Klosters noch weiter ausgebaut wurde.
Nach dem Niedergang des Klosters Lorsch im 13. Jh. schenkte Friedrich II. im Jahr 1232 den Erzbischöfen von Mainz Heppenheim und das Kloster. Ein Stadtbrand 1369 zerstörte die ganze Stadt. Anfang des 15. Jh. spitzte sich der Streit zwischen den Mainzer Erzbischöfen und den Pfalzgrafen um die Vorherrschaft im Oberamt Starkenburg zu: 1460 brach die „Mainzer Stiftsfehde" in einem offenen Kampf aus. Nach dem Tod des Burggrafen gelangte das Oberamt Starkenburg als Pfand unter die Herrschaft der Kurpfalz. Nach wechselvoller Herrschaft im 30jährigen Krieg fiel dem Erzbischof von Mainz 1623 das verpfändete Oberamt wieder zu. 1693 wurde die Starkenburg erneut belagert, diesmal von den Franzosen, die in der Zeit der Reunionskriege (1688–1697) in das Gebiet der Bergstraße eingedrungen waren. Die Starkenburg trotzte den Angreifern, die stattdessen die Stadt brandschatzten und plünderten. Wegen der Änderung der politischen Verhältnisse wurde die Unterhaltung der Festung zu kostspielig; 1765 wurde die Mainzer Besatzung abgezogen und die Burg zur Versteigerung auf Abbruch freigegeben. Lediglich der alte Bergfried, die Rundtürme und die eigentlichen Festungsmauern blieben stehen; Wohngebäude und Burgeingang fielen dieser Maßnahme ganz, die Mauern des oberen Burghofes teilweise zum Opfer. 1924 mußte der alte Bergfried gesprengt werden, 1934 wurde der Wiederaufbau in leichter baulicher Veränderung be-

endet. Hier ist eine Jugendherberge untergebracht, die Ende der 50er Jahre erweitert und 1960 eingeweiht wurde.

Wie viele andere Burgen ist auch die Starkenburg von Sagen umwoben. Hier soll ein reicher Gold- und Silberschatz verborgen liegen, der von drei schönen weißen Jungfrauen bewacht wird. Wer ihn gewinnen will, muß diese Mädchen, die um Mitternacht in Gestalt von feurigen Schlangen erscheinen, küssen – dann sind sie erlöst und übergeben ihrem Retter die Schlüssel zu den in vielen Kisten verwahrten Reichtümern. Ein Heppenheimer Bauer begegnete einst auf dem Weg nach Kirschhausen einem Mann, der ihm im Tausch für eine Prise Schnupftabak einen Apfel gab; als er diesen zerschnitt, war er zu Gold geworden. Der Bauer, der noch mehr solcher Äpfel wollte, folgte dem seltsamen Mann in die Trümmer der Starkenburg und erfuhr dort, was er tun müsse, um den Schatz zu gewinnen. Seine Familie, der er davon erzählte, riet ihm jedoch von dem Unternehmen ab und so kommt es, daß die unerlösten Jungfrauen noch heute auf der Starkenburg umgehen.

An die Burg knüpft sich außerdem eine Sage, die offenbar mit dem Glauben an die Frau Percht oder Holle als Anführerin einer nachts umziehenden Geisterschar von (ungetauft) verstorbenen Kindern in Zusammenhang steht. Sie erzählt von einer Frau, die im Traum aus der Starkenburger Schloßkapelle eine Prozession weißgekleideter Frauen und Kinder herauskommen sah. Unter diesen befand sich auch ihr eigenes Kind; es erschien der Mutter viel schöner als es wirklich war und lächelte sie freundlich an. Mit einem Gefühl großer Beklommenheit wachte die Frau auf und fand ihr Kind tot in seinem Bettchen liegen.

Stadtwappen

Wegen der langjährigen Herrschaft des Erzbistums Mainz, die 1232 begann und mit Unterbrechung bis 1903 dauerte, trägt Heppenheim noch heute im unteren rechten Feld seines Wappens auf rotem Grund ein sechsspeichiges silbernes Rad – eine Variante des Mainzer Wappens, auf welchem in Rot zwei durch ein Kreuz verbundene, schräggestellte, sechsspeichige silberne Räder zu sehen sind.

Über die Entstehung erzählt die Sage: Im Jahr 1009 wurde Willegis, der Sohn eines Wagners, zum Bischof von Mainz gewählt. Wegen seiner nichtadeligen Herkunft war er bei den Mainzer Turmherren und Stiftsgenossen verhaßt. Seine Neider wollten ihn dem Spott der Bevölkerung preisgeben und malten mit weißer Kreide Räder an die Wände und Türen seines Schlosses. Der Bischof erwies sich als weiser Mann: Er ließ einen Maler rufen und befahl ihm, in alle Räumlichkeiten des Schlosses mit guter Farbe weiße Räder in rote Felder zu malen. Dazu ließ er als Selbstmahnung folgenden Reim setzen: „Willegis, Willegis, denk, woher du kommen sis." Seitdem führen alle Mainzer Bischöfe weiße Räder im roten Schild.

Tatsache ist, daß im Jahr 975 Kaiser Otto II. seinen Kanzler Willigis an die Stelle des verstorbenen Erzbischofs Rupert von Mainz setzte. Die Sage vom Mainzer Wappen mit dem Wagenrad ist jedoch erst viel später entstanden und hat mit der Person des Erzbischofs Willigis nichts zu tun. Sie ist eine ätiologische Erzählung, die das Rad im Mainzer Wappen erklären will und muß zu einer Zeit entstanden sein, als man von der ursprünglichen Bedeutung nichts mehr wußte.

→ Seligenstadt

Kreuzberg und „Waldbruders Brünnele"

Zwischen *Ober-Laudenbach* und *Hemsbach* liegt der Kreuzberg, ein heiliger Ort, welcher gut über einen Wanderweg zwischen beiden Orten, einem blau markierten Verbindungsweg des Bergstraßenrandweges, erreichbar ist. In der 340 m hohen Senke zwischen zwei Gebirgsköpfen stehen inmitten von Hainbuchen ein großes Kreuz aus poliertem Granit und eine Kanzel mit Eisengeländer, welche im Jahr 1893 an der Stelle einer alten Kreuzkapelle errichtet wurden. Die Stätte zog einst Wallfahrer aus den umliegenden Ortschaften an, die wahrscheinlich schon vor der Mitte des 14. Jh. hierher kamen, um in der Verehrung des heiligen Kreuzes Zuflucht und Trost zu finden. Ein Ablaßbrief, der während des Wormser Reichstages im Jahr 1521 ausgestellt wurde, gewährt den opferwilligen Pilgern nach Beichte und Empfang der hl. Kommunion an den Festtagen Weihnachten, Maria Himmelfahrt, Kreuzauffindung und am Jahrestag der Weihe der Kapelle vollkommenen Ablaß. Noch heute wird der Platz, an dem sich die Wallfahrer versammeln, „zur Eich“ genannt; es wird vermutet, daß hier eine mächtige Eiche einen Kultplatz markierte, an der sich vor der christlichen Wallfahrtskapelle eine germanische Thingstätte befunden hat. Als etwa 605 n. Chr. Bergstraße und Odenwald christianisiert wurden, brachte man an den alten Kultstätten christliche Symbole und Altäre an. Die erste Kapelle war dem hl. Michael geweiht und der Berg erhielt den Namen Michaelsberg, im 14. Jh. Kreuzberg. Zu Anfang des 30jährigen Krieges (1618–1648) wurde die Kapelle zerstört; man errichtete jedoch an der Stelle des alten Altares ein hohes Kreuz und im Pestjahr 1635 fanden verstärkt Prozessionen statt. Im Zuge der Wiedererrichtung des Bergsträßer Landkapitels 1682 wurden ein Kapellenneubau sowie eine Einsiedelei mit Obst- und Kräutergarten errichtet und das Wallfahrtswesen kam zu einer neuen Blüte. Als 1723 der Wormser Bischof Franz Ludwig der Kapelle einen Kreuzpartikel schenkte, bekamen die Wallfahrten erneut großen Auftrieb. Im Jahr 1753 wurde vom Laudenbacher kurpfälzischen Zöllner Leonhard Mayer eine Statue der Maria Immaculata (Unbefleckte Empfängnis) gestiftet, welche noch heute bei Prozessionen mitgeführt wird. Die steinerne Skulptur zeigt Maria stehend auf einer Schlange, die den Satan symbolisiert. Die Schlange hat sich um die Erdkugel gewunden und trägt den Apfel des Sündenfalls im Maul. Maria trägt als Zeichen ihrer Unschuld eine Lilie in der linken Hand, ihre Rechte liegt auf der Brust. Der Hl. Geist in Gestalt einer Taube ist auf ihrem Leib dargestellt.

Mit dem Beginn der badischen Herrschaft sollte dem Wallfahrtswesen ein radikales Ende gesetzt werden: 1808 wurde der Abbruch von Kapelle und Einsiedelei verfügt. Die Steine der Kapelle wurden in einem Haus in der Mittelgasse verbaut – die beiden Glocken sowie das steinerne Kreuz, der Kreuzpartikel und das gesamte Interieur inklusive der liturgischen Gewänder wurden versteigert. Dies bedeutete jedoch keineswegs das Aus für die Wallfahrt: Die Bevölkerung pilgerte weiter auf den Berg, zunächst heimlich, setzte über Nacht einen Teil der Kreuzwegstationen wieder an ihre Stelle und pflanzte die Hainbuchen um den Platz. Das steinerne Kreuz mußte entfernt und auf dem Hemsbacher Friedhof aufgestellt werden. Erst nach-

dem 1860 ein Gesetz den Kirchen die Ordnung der religiösen Angelegenheiten übertragen hatte, nahmen die Schwierigkeiten ein Ende. 1874 wurden im Beisein von 3000 Menschen 14 neue Kreuzwegstationen geweiht; 1886 wurde ein Verein zur Pflege und Förderung der Kreuzwegandachten gegründet, auf den die Errichtung des heutigen Kreuzes und der der Kanzel zurückgehen.
Der Bericht des Hemsbacher Prälaten Hofmann aus dem Jahr 1884 hält einen Brauch vom Kreuzberg fest, der auch von anderen Wallfahrtsorten überliefert ist: Man nahm Erde von dem heiligen Kreuzberg mit nach Hause, um sie Sterbenden unter den Kopf zu legen; dies sollte eine ruhige Sterbestunde bereiten.
Eine Legende aus dem 15. Jh. rankt sich um die Quelle, die nicht weit von der Wallfahrtsstätte entspringt und heute „Waldbruders Brünnele" genannt wird. Beim Zielen auf eine Hirschkuh soll ein Jäger erblindet sein – das heilkräftige Wasser der Quelle habe ihn aber wieder sehend gemacht.

HERBORN (Lahn-Dill-Kreis)

Im waldreichen Dillbergland, am Ostrand des Westerwaldes, liegt Herborn. Ältestes Baudenkmal ist im Stadtteil Burg die Ruine einer Festung aus dem 8. oder 9. Jh.; im Herborner Raum ist eine menschliche Besiedlung schon in der Jungsteinzeit nachgewiesen. 1251 erhielt Herborn durch Wilhelm von Holland Stadtrechte. Dies hatte ein wirtschaftliches Aufblühen zur Folge. Die von Fachwerkhäusern aus dem 16. bis 18. Jh. geprägte Altstadt wird vom Schloß beherrscht, das im 14. Jh. als Burg der Grafen von Nassau errichtet wurde. Hier ist der gotische Palas erhalten, in dem das

Herborn. Kupferstich, um 1600

Theologische Seminar der ev. Landeskirche von Hessen und Nassau seinen Sitz hat.

Brunnen „Herrenborn“

Ihren Namen hat die Stadt laut einer volksetymologischen Erklärung von dem Brunnen erhalten, der am Weg zum heutigen Stadtteil *Uckersdorf* rechts vom Johannisberg (421 m) liegt. Entdeckt wurde der Born von einer kranken Frau aus Uckersdorf, die auf dem Heimweg hier müde und durstig rastete. Sie stellte fest, daß das frische Wasser nicht nur ihren Durst, sondern auch ihre Schmerzen linderte; von nun an trank sie jedesmal aus dem Born und wurde schließlich sogar wieder ganz gesund. Das sprach sich herum und viele Kranke pilgerten zu dem „Guten Born“. Seit auch die Herren von Dillenburg hierherkamen, nannte man den Brunnen „Herrenborn“. Diesen Namen gab man auch der Stadt, die dort entstand.

Tatsächlich hat der Ortsname Herborns nichts mit einem Brunnen zu tun, sondern leitet sich vom frühgermanischen „her bore“, was soviel bedeutet wie „feuchter Siedlungsgrund“, ab.

Evangelische Stadtkirche St. Peter

Auf dem Kirchberg, der Keimzelle der Stadt Herborn, muß sich schon im 9. Jh. ein Königshof befunden haben, um den im Mittelalter die ersten Häuser gebaut wurden. Die Pfarrkirche, eine flachgedeckte Hallenkirche, wurde 1598–1609 über den Resten eines Vorgängerbaus errichtet. Von dieser romanischen Basilika haben sich die beiden Chorflankentürme und Reste des Westturmes an der Nordseite des Anfang letzten Jh. wieder aufgeführten Glockenturmes erhalten. Der Chor stammt aus der ersten Hälfte des 14. Jh.; er wurde im späten 15. Jh. mit einem Sterngewölbe versehen und ausgemalt. Im frühen Mittelalter war die Kirche Mittelpunkt eines sehr ausgedehnten Kirchspiels; sie gilt neben der Pfarrkirche in *Haiger* als die Mutterkirche des Hohen Westerwaldes: von hier aus wurden mutmaßlich weite Teile des Westerwaldes missioniert.

Auf dem Kirchplatz soll ein Schatz vergraben liegen. Um Mitternacht sah ein Herborner Rektor einmal ein schwarzes Huhn mit zusammengebundenen Füßen und verdrehtem Kopf im Mondschein liegen. Hätte er sich getraut, das Huhn aufzuheben, so wäre er in den Besitz des Schatzes gekommen, denn das schwarze Huhn bezeichnet die Stelle, an der der Schatz vergraben liegt.

Auch im Innern der Kirche gibt es einen kostbaren Schatz: Ein massiver goldener Adler mit Augen aus Karfunkelstein soll in den Fundamenten der Sakristei eingemauert sein. Zu gewissen Zeiten ist die richtige Stelle durch einen Haufen Häcksel kenntlich gemacht. Auch hier muß man beim Graben und beim Heben des Schatzes ein Schweigegebot einhalten. Ein Maurer, der den Schatz schon mit der Hand berühren konnte, ließ einen unvorsichtigen Ausruf fahren und sofort versank der Goldadler wieder im Gemäuer. Gemeinsam ist beiden Schatzsagen, daß nur zu einer besonderen, magischen Zeit, um Mitternacht bei Mondenschein, der genaue Ort des Schatzes angezeigt wird.
Bei der Kirche soll früher ein Geist gespukt haben. Die Sage erzählt, es sei die ruhelose Seele eines Küsters, der zu Lebzeiten Geld aus dem Oferstock gestohlen hatte. Zur Strafe mußte er als Graues Männchen mit einer Laterne ohne Licht um Mitternacht die Kirche, den Ort des Vergehens, umschleichen.

Bildnis am Haus Hauptstraße Nr. 18
Das 1626/27 errichtete Doppelhaus in der Fußgängerzone wurde früher von einem Bierbrauer und einem

Aristoteles und Phyllis

Bäcker bewohnt; es dient heute einem Haushaltswaren- und einem Geschenkeladen als Unterkunft. Auf dem beschnitzten Eckkopfband ist eine Frau in Kniebundhosen dargestellt; ihr Oberkörper ist entblößt, die Zunge weit herausgestreckt, auf dem Kopf trägt sie ein Tiergehörn – zwischen ihren Beinen wird der bärtige Kopf eines Mannes sichtbar.

Die Deutung des Bildwerks ist bis heute umstritten und bietet Raum für reizvolle Spekulationen. Manche sehen in ihm die keltische Fruchtbarkeitsgöttin Ceridwen und ihren hirschgestaltigen Gefährten Cernunnos. Wahrscheinlicher ist jedoch die Annahme, daß es sich um die Darstellung eines aus dem Indischen stammenden literarischen Motivs, der „Weiberlist", handelt, das im 13. Jh. durch lateinische Übersetzungen in die abendländische Überlieferung gelangte und in dem gerade die weisesten Männer als Opfer weiblicher List erscheinen, von Frauen zu Narren gemacht

Hans Baldung Grien, Aristoteles und Phyllis, 1513

werden. Der Okzident hat die Geschichte vom Minister Wararutschi, dessen Frau ihn dazu bringt, sich einen Zaum anlegen und von ihr reiten zu lassen, auf den griechischen Philosophen Aristoteles (384 bis 322 v. Chr.), Erzieher und Lehrer Alexanders des Großen (356–323 v. Chr.), übertragen. Um den berühmten makedonischen Eroberer hat sich schon früh ein Kranz von Sagen und Legenden gebildet; so wird erzählt, der junge Alexander habe sich in die schöne Phyllis, eine Hofdame seiner Mutter, verliebt – er konnte jedoch nicht mit ihr zusammenkommen, weil sein Lehrer Aristoteles dies verhinderte. Phyllis, die Alexanders Gefühle erwiderte, rächte sich, indem sie den Weisen mit ihren körperlichen Reizen dermaßen zu betören wußte, daß er sich für eine Nacht mit ihr mit einem Gürtel aufzäumen und von Phyllis durch den Garten reiten ließ, wofür sie ihn am Ende verhöhnte und schalt. Da nun die Königin und ihre Hofleute von der Zinne des Palastes die Szene mitangesehen hatten, war Aristoteles dem allgemeinen Spott preisgegeben; er zog sich auf eine einsame Insel zurück, wo er ein Buch über die Listen schöner falscher Weiber schrieb und den Rat gab, ihnen fernzubleiben.
In einer anderen Fassung hatte Aristoteles seinem Zögling nach dessen Vermählung geraten, seiner Gattin gegenüber nicht zu nachgiebig zu sein. Die junge Ehefrau rächte sich, indem sie ihre Hofdame Phyllis auf den Philosophen ansetzte bzw. ihn selbst so umgarnte, daß er sich als Reittier zur Verfügung sellte. Die Geschichte von Aristoteles und Phyllis ist Werken der bildenden Kunst häufig verarbeitet worden.

HESSENECK (Odenwaldkreis)

„Seitzer Buche"

Hesseneck, mit ca. 800 Einwohnern die kleinste Gemeinde Hessens, liegt im Dreiländereck zu Bayern und Baden-Württemberg. Geprägt wird die einsame Landschaft von heftigen Gegensätzen: tiefe Waldschluchten wechseln mit Wiesenauen.
Verläßt man den Ortsteil *Kailbach* auf der Siegfriedstraße in Richtung Amorbach (L 2311), erreicht man nicht weit hinter dem Ort auf der Höhe eine Wegkreuzung, von der die Straßen nach *Hesselbach, Schlossau* und *Kirchzell* abzweigen. An diesem Aussichtspunkt, von dem man einen wunderbaren Ausblick über die Odenwaldtäler hat, ist ein Parkplatz eingerichtet, der von dichten Buchen umgeben ist.

Seit langer Zeit heißt die Wegkreuzung „Seitzer Buche“. Hieran knüpft sich eine der zahlreichen Geschichten über Wilderer, die im wildreichen Odenwald früher ihr Unwesen trieben. Damals gehörte das hiesige Gebiet dem Abt des Klosters *Amorbach*, in dessen Diensten ein strenger und gefürchteter Förster namens Seitz erfolgreich Jagd auf Wilderer machte. Die Wilderer, die sich in ihrer Existenz bedroht sahen, lauerten Seitz unweit der Kreuzung auf, banden ihn mit Stricken an eine dicke Buche und schlugen bzw. schossen ihn tot. Am nächsten Tag fand man den toten Förster gefesselt am Baum hängen, über seinem Kopf einen Zettel mit folgender Warnung: „So geht es jedem!“ Die Mordbuche ist längst verschwunden, in Erinnerung an den Förster trägt nun die ganze Kreuzung seinen Namen.
Der geschilderte Vorfall dürfte sich tatsächlich so zugetragen haben. Den sozialhistorischen Hintergrund bildet die Situation von Wildschützen in einer ständisch geprägten Gesellschaft: In den Revieren adliger Grundherren, die das Jagdrecht für sich beanspruchten, während ihre Untertanen nicht selten hungern mußten, standen sich Jagdaufseher und Wilddiebe – Unterprivilegierte auf beiden Seiten – feindlich gegenüber; nicht selten sind Wildschützen in ganzen Banden gegen die Jagdgehilfen, die ein ganzes Revier zu bewachen hatten, aufgetreten.

HEUCHELHEIM (Lkr. Gießen)

Friedhof

Im Volksglauben gelten Friedhöfe, die Wohnstätte der Verstorbenen, als klassische Spukorte. Auch auf dem Heuchelheimer Friedhof soll es nicht geheuer sein. Der Sage nach geht hier nachts ein junges Mädchen um, das ein weißes Häubchen auf dem Kopf trägt und ein weißes Hemd in der Hand hält. Es heißt, sie habe zu Lebzeiten auf dem Friedhof ein Grab gepflegt. Als sie einmal an der offenstehenden Kirchentür vorbeiging, sah sie auf dem Altar sieben Gewänder und ebenso viele Häubchen aus schönem weißen Stoff liegen, von denen sie heimlich je eines mitnahm. Danach traf sie sich mit Freundinnen in der Spinnstube zu gemeinsamer Arbeit und Geselligkeit, ohne etwas von dem Diebstahl zu erzählen. Da klopfte es plötzlich laut ans Fenster und eine tiefe Stimme befahl dem Mädchen, sofort Totenkleid und -haube in die Kirche zurückzubringen; dieses fiel jedoch vor Entsetzen in

Ohnmacht und starb noch in derselben Nacht. Zur Strafe für den Raub am Eigentum der Toten, den es nicht mehr hat gutmachen können, muß es nun auf dem Friedhof spuken, bis ihm jemand sagt, wohin es Kleid und Haube bringen soll – erst dann ist die arme Seele erlöst und wird Ruhe finden.

→ Grünberg, → Laubach

Hochheim am Main (Main-Taunus-Kreis)

Hochheim liegt inmitten ausgedehnter Rebhänge im Weingebiet Rheingau. Archäologische Funde zeugen von einer Besiedlung schon im 5./4. Jh. v. Chr.; die erste urkundliche Erwähnung datiert auf das Jahr 754. Vermutlich haben schon die Römer in Hochheim Weinbau betrieben; bezeugt ist er seit 1239. Nach dem Dreißigjährigen Krieg (1618–1648) wurde die Stadt mit ihren Weinmärkten, genannt „Gabelungen", ein wichtiger Handelsplatz. Bis ins 19. Jh. war Weinbau neben der Landwirtschaft Haupterwerbszweig.

Obelisk auf dem „Königin-Victoria-Berg"
Seit 1854 steht auf dem Königin-Victoria-Berg inmitten der besten Rieslinglagen ein Obelisk zur Erinnerung an den Besuch der englischen Königin Victoria (1819–1901). Die beliebte und populäre Königin war unter dem Einfluß ihres Gatten, des Prinzen Albert von Sachsen-Coburg-Gotha, sehr deutschfreundlich gesinnt. Seit 1850 liefert Hochheim Wein in den Londoner Buckingham Palace, wo er wegen des für Briten schwierig auszusprechenden „ch"-Lautes kurz „Hock" genannt wird, was inzwischen in Großbritannien der Name für alle Rheinweine ist. Eine Anekdote überliefert, Queen Victoria habe während einer Rheinreise beim Besuch Hochheims hier einen Pokal besten Rieslings zu sich genommen und folgenden werbewirksamen Satz verlauten lassen: „Good Hock keeps off the Doc!" (Guter Hock hält einem den Arzt vom Leib).

„Elfenspiegel" im Otto-Schwabe-Museum
Das 1937 gegründete, 1983 neueröffnete Heimatmuseum in der Mainzer Str. 22–24 bewahrt neben Zeugnissen zur jüngeren Stadt- und Wirtschaftsgeschichte archäologische Funde aus der Hochheimer Gemarkung, die Einblick geben in die Entwicklung von der jüngeren Steinzeit bis zur fränkischen Epoche. Eines der kostbarsten Stücke der Sammlung ist die Kopie eines Bronzespiegels aus keltischer Zeit, dessen Origi-

nal heute im Panzerschrank des Rathauses aufbewahrt wird. Der 1932 in einem keltischen Grab gefundene runde Spiegel entstand vermutlich im 4. Jh. v. Chr. und diente wohl als Grabbeigabe für eine hochgestellte Persönlichkeit. Er hat einen Durchmesser von 12,5 cm und zeigt an der Unterseite als Griff eine janusköpfige menschliche Figur, die mit ihren emporgehobenen Armen die Scheibe in die Höhe hält. Der Sage zufolge soll dieser Spiegel das Werk von Elfen sein, weshalb er „Elfenspiegel" genannt wird.
Der Elfenglaube stammt aus Skandinavien und entwickelte sich im angelsächsischen Raum weiter: Elfen erscheinen bald als Toten-, bald als Natur-, Haus- und Schutzgeister. Man denkt sie sich in Hügeln, Steinen und Felsen lebend. Ihre Gesellschaftsordnung ist ein idealisiertes Spiegelbild der menschlichen, meist mit einem König oder einer Königin an der Spitze. Ihr Wesen ist ambivalent, weshalb für Sterbliche jeder Kontakt mit Risiken verbunden ist. Elfen gelten als Urheber von Unheil und Krankheit bei Mensch und Tier, sie werden gefürchtet als Kinderräuber und Verführer junger Leute. Liebesbeziehungen mit ihnen sind oft starken Belastungen ausgesetzt, selten verlaufen sie glücklich. Unsere heutige Vorstellung von Elfen als anmutigen meist weiblichen Geistern, die Tanz und Musik lieben, wurde erst im 18. Jh. geläufig – nicht zuletzt durch Johann Gottfrieds Herders Volksliedsammlungen, welche die Elfen aus der insularen Tradition in den deutschen Sprachraum entlehnten. Der aus Goethes Ballade bekannte dämonische „Erlkönig", der in einer stürmischen Nacht als Todesbringer begegnet, meint eigentlich einen König der Elfen; durch einen Übersetzungsfehler Herders ist jedoch aus dem „ellerkonge" oder „elverkonge" der dänischen Volksballade ein „Erl(en)könig" geworden, worin Goethe diesem folgte.

IDSTEIN (Rheingau-Taunus-Kreis)

Vor mehr als 700 Jahren erhielt die 1102 erstmals urkundlich belegte Burgsiedlung Etichenstein Stadtrechte. Hier war bis 1721 die Residenz nassauischer Grafen und Fürsten, die Idstein zu einem wirtschaftlichen und kulturellen Zentrum machte. Eine Druckerei, die durch ihren Kalender „Teutscher Michel" weitbekannt war, eröffnete 1704; 1779 gab es ein über die Region hinaus geschätztes Lehrerseminar. Auch demokratische Traditionen haben in Idstein starke

Idstein. Kupferstich, um 1620

Wurzeln: 1814 wurde nach dem Entwurf von Ernst Moritz Arndt die erste „Teutsche Gesellschaft“ gegründet, 1849 das Paulskirchen-Parlament auf dem „Idsteiner Kongreß“ weitergeführt. Von großer kunsthistorischer Bedeutung ist die Unionskirche, mit deren Bau um 1330 begonnen wurde. Sie erhielt ihren heutigen Namen, nachdem 1817 hier die erste Union zwischen Lutheranern und Reformierten in Deutschland geschlossen wurde. Die Innenraumgestaltung der äußerlich schlichten Kirche, die von 1667–1680 stammt, ist spektakulär mit Fresken aus der Rubensschule.

Burg und Schloß / Hexenturm

Wahrzeichen der Stadt ist der sog. „Hexenturm“, der schon von der Autobahn 3 (Köln-Frankfurt) den Weg in Idsteins Altstadt weist. Der 45 m hohe runde Turm ist der Bergfried einer bereits 1102 erwähnten, am Zusammenfluß von Wolfs- und Wörnbach auf langgestrecktem Felsen erbauten wehrhaften Burg. Er stammt aus dem späten 14. Jh., und ist mehrfach umgebaut worden. In seinem unteren Teil befindet sich ein Verlies.

Der Name „Hexenturm“ erinnert an die Zeit der Hexenverfolgungen, die auch in Idstein ihre Opfer gefordert haben. Im Jahr 1676 kam es hier zu einer Prozeßwelle, der mehr als vierzig Menschen – 39 Frauen und 8 Männer – zum Opfer fielen. Die meisten wurden mit dem Schwert hingerichtet und anschließend verbrannt. Vier Frauen kamen mit dem Leben davon: sie wurden an den Pranger gestellt, mit Ruten ausgehauen und für immer des Landes verwiesen.

In den Jahren 1614–34 haben die Grafen von Nassau-Idstein auf den Mauern der ehemaligen Vorburg ein dreiflügliges Schloß erbaut, das mit der Burg durch eine steinerne Bogenbrücke verbunden wurde. Anfang des 18. Jh. erhielt es eine barocke Innenausstat-

tung. Nach Aufgabe der Residenz diente das Schloß bis 1883 als Landesarchiv; heute befinden sich hier u. a. eine Jugendherberge sowie das Heimatmuseum. Aus der Frühzeit der Burg Idstein erzählt die Sage, diese sei einst der Schauplatz einer wilden Schlacht gewesen, die mit dem gemeinsamen Selbstmord zweier Liebender endete: Waldritter Ulrich von Idstein (dermals ‚Etichostein') verliebte sich bei einem Raubzug auf der Burg *Waldmannshausen* bei *Heuchelheim* (Westerwald) in Mechthild, die Tochter des Waldgrafen. Der wies den Freier wegen seines ungestümen Lebenswandels ab. Erzürnt rüstete sich darauf Ulrich, um seine Liebste mit Gewalt zu sich zu holen. Er zog durch den goldenen Grund hinab zur Lahn und dann durch das Elbtal hinauf zur Burg Waldmannshausen. Eine List half bei dem Vorhaben, man entführte die Tochter und brachte sie auf die Burg Idstein. Der wütende Vater ließ sich diesen Raub seiner Tochter nicht gefallen und stürmte gegen Idstein. Nach langem Kampf gelang es den Belagerern, die Idstein einzunehmen, was der Waldgraf allerdings mit seinem Leben bezahlen mußte. Sein Tod spornte die Angreifer derartig an, daß Ulrichs Leute den Schwertern der Westerwälder kaum mehr entgehen konnten. Als alles verloren war, nahm Ulrich Mechthilde und stürzte sich mit ihr vom Turm der brennenden Burg hinab.
→ Altenstadt, → Büdingen, → Greifenstein

KELKHEIM (Main-Taunus-Kreis)

In einer Schenkungsurkunde aus dem Jahr 880 sind Kelkheim und der heutige Stadtteil Hornau erstmals urkundlich erwähnt. 1594 wurden beide Orte an das Kurfürstentum Mainz verkauft. Kelkheim-Münster, zuerst zwischen 780/802 erwähnt, ging um die erste Jahrtausendwende in den Besitz des Stephanstiftes in Mainz über, die Hoheitsrechte lagen jedoch beim Mainzer Erzbischof. 1593 gelangte der Ort endgültig an das Erzstift Mainz. Im Rahmen der napoleonischen Neuordnungen fielen alle drei Dörfer 1802/03 an das Herzogtum Nassau. 1938 wurden Münster und Hornau nach Kelkheim eingemeindet und Kelkheim zur Stadt erhoben. Die Gemeinden Gichbach, Eppenhain und Ruppertshain wurden 1977 angeschlossen.

Brunnenfigur Heinrich von Ofterdingen
Im Rahmen des Rathausneubaus (1972–74) hat die Stadt Kelkheim eine Skulptur des sagenhaften Minne-

Rathausbrunnen Heinrich von Ofterdingen

sängers Heinrich von Ofterdingen in Auftrag gegeben. Die von Angelika Mechtel geschaffene Bronzeplastik ziert eine Brunnenanlage mit drei gestuften Becken; sie stellt einen knienden jungen Mann dar, der, das Gesicht mit entrücktem Ausdruck zur Seite gewandt, eine stilisierte Harfe emporhält. Das Wasser der Fontäne steigt empor bis zu diesem Instrument, von der Brust der Figur rinnt es – in Bronze gegossen – herab.
Heinrich von Ofterdingen ist ein historisch nicht nachweisbarer Minnesänger aus der Zeit um 1200, der bei einem legendären Sängerwettstreit am Thüringer Landgrafenhof als Gegner Wolframs von Eschenbach und Walters von der Vogelweide aufgetreten sein soll; meist wird die Wartburg bei Eisenach als Ort des Geschehens genannt. Heinrich von Ofterdingen erscheint erstmals in dem um 1260 entstandenen, in mehreren Handschriften überlieferten Gedicht „Singerkriec uf Wartburc"; den historischen Hintergrund bildet das Leben am Thüringer Hof unter dem kunstsinnigen Hermann I. (1190–1217). Im Jahr 1206 versammelten sich hier sechs anerkannte Sänger zu einem Wettstreit; es geht um die Frage, welchem Fürsten wohl größeres Lob gebüre: dem Herzog von Österreich oder dem Landgrafen Hermann von Thüringen. Während fünf der Sänger ihren Gastgeber preisen, lobt Heinrich den Österreicher – er wird darum zum Verlierer erklärt und dem Henker übergeben. Landgräfin Sophie nimmt jedoch den Sänger in Schutz und erwirkt ein Jahr Auf-

schub. In dieser Zeit soll Heinrich aus Ungarn den Zauberer Klingsor herbeiholen, damit dieser als Schiedsrichter fungiere. Als die Frist schon fast abgelaufen ist, fliegt Klingsor zusammen mit Heinrich in einem Zaubermantel nach Eisenach – er wird jedoch von dem frommen Wolfram in einem Rätselwettstreit überwunden.

Der Mythos Heinrich von Ofterdingen ist eine Schöpfung der Dichter vor allem der Romantik, die den Stoff des mit Zauberkräften im Bunde stehenden ritterlichen Sängers mehrfach aufgegriffen hat. Zu nennen sind Novalis Romanfragment „Heinrich von Ofterdingen" (1802), E.T.A. Hoffmanns Novelle „Der Kampf der Sänger" (1819) und Friedrich de la Motte-Fouqués Drama „Der Sängerkrieg auf der Wartburg" (1828).

Seit Richard Wagners Oper „Tannhäuser und der Sängerkrieg auf Wartburg" (1845) ist die Gestalt Heinrich von Ofterdingens mit der des Minnesängers Tannhäuser verschmolzen und zum Teil von ihr verdrängt worden. Tannhäuser ist der Held der in Thüringen lokalisierten Sage vom Hörselberg, in dem volkstümliche Überlieferung das Reich der Frau Venus vermutet. Nachdem der ritterliche Sänger hier eine lange sinnenfrohe Zeit verbracht hat, sucht er durch eine Wallfahrt nach Rom, wo er dem Papst Beichte ablegt, Rettung für seine Seele. Dieser fällt jedoch einen harten Urteilsspruch: Nur wenn der dürre Stab in seiner Hand wieder zu grünen beginnt – was ja unmöglich ist – wir dem Sünder Vergebung zuteil werden. Tannhäuser kehrt daraufhin verzweifelt in den Hörselberg zurück und bleibt für die Boten des Papstes unauffindbar: der Stab ist wirklich ergrünt, ein Zeichen göttlicher Gnade.

Wagners Oper verknüpft den Tannhäuser-Stoff mit der Geschichte Heinrichs von Ofterdingen und stellt zugleich eine lose Verbindung her zur Landgräfin Elisabeth von Thüringen (1207–1231), um die nach ihrem frühen Tod und der 1235 erfolgten Heiligsprechung ein reicher Kranz von Legenden entstanden ist. Tannhäuser – der bei Wagner den Vornamen Heinrich trägt – flieht aus dem Reich der Göttin Venus und kehrt auf die Wartburg zu Elisabeth, der Nichte des Landgrafen Hermann, zurück. Dieser richtet einen Sängerwettstreit aus, bei welchem die Teilnehmer die Aufgabe haben, das Wesen der Liebe zu ergründen. Währen seine Mitstreiter Wolfram von Eschenbach und Walther von der Vogelweide die Liebe als einen Wunderbrunnen besingen, der nie getrübt werden darf, preist Tannhäuser die nichtchristliche, im Venusberg genos-

sene Leidenschaft. Zur Strafe wird er zur Bußfahrt nach Rom verurteilt und schließt sich reuevoll einem Pilgerzug an. Nach seiner Heimkehr will er – vom Papst auf ewig verdammt – in den Venusberg zurückkehren, wir jedoch von Wolfram zurückgehalten und durch Elisabeths Fürbitte erlöst. Tannhäuser stirbt an ihrem Sarg, während Pilger mit dem ergrünten Stab kommen: das Zeichen, daß seine Sünden vergeben sind.
Volktümlicher Überlieferung zufolge soll Heinrich von Ofterdingen sich nach der Niederlage im Sängerwettkampf in das Liederbachtal am Taunus zurückgezogen haben.
→ Kelkheim-Hornau, → Liederbach am Taunus

Eppenhain

„Teufelsschloß“ auf dem Rossert
Auf dem Rossert, der sich mit einer Höhe von 516 m südöstlich des Kelkheimer Ortsteiles Eppenhain erhebt, ist eine auffällige Felsengruppe einzeln stehender Steinblöcke und wild übereinandergetürmter Felsmassen zu sehen.
Der Sage nach hat sich hier einst ein Nonnenkloster befunden. Die Nonnen hielten sich nicht an die klösterlichen Gebote und eine von ihnen ließ sich sogar mit dem Teufel persönlich ein. Ihre Seele wurde durch einen Engel gerettet, der sie der Gewalt des Bösen entriß. Darüber war der Teufel so erbost, daß er einen wilden Fluch ausstieß, worauf die Mauern zusammenstürzten und die Nonnen in Stein verwandelt wurden.
Eine Variante führt die Entstehung der Felsen auf den Zorn Gottes zurück, der die weltlich lebenden Nonnen versteinerte und ihr Kloster zerstörte zur Strafe dafür, daß sie während einer Hirschjagd mit ihren Pferden die Getreidefelder der armen Bauern zerstampften.
Eine andere Sage weiß von einem Schatz, der im Rossert versteckt ist. Mit einer auffallenden blauen Glokkenblume, die allerdings nur alle hundert Jahre blüht, kann man Zugang in den Berg bekommen, wo eine wunderschöne Jungfrau an einen Felsen gekettet ruht. Sie lädt ein, von dem Gold und den Edelsteinen in dem taghell erleuchteten Raum soviel zu nehmen, wie man will. Ein Eppenheimer Mädchen pflückte einst die blaue Blume und packte sich die Schürze voller Edelsteine und Schmuck. Als sie sich bei der Jungfrau bedankte und gehen wollte, hörte sie einen Zwerg in Bergmannstracht aus der Ecke seufzen: „Vergiß das Beste nicht.“ Das Mädchen wollte aber lieber schnell

seine Schätze in Sicherheit bringen, als über den Satz des Bergmännleins nachzudenken. Der Zwerg begleitete es zum Eingang und erklärte ihr, die Jungfrau sei eine Prinzessin, die unter der Erde auf Erlösung warte. Hätte die junge Eppenheimerin die Blume wieder mitgenommen, so hätte sie das Bergesinnere jederzeit wieder betreten, alle Schätze bergen und die Prinzessin erlösen können. So aber schloß sich das Felsentor unwiederbringlich hinter ihr und ihre Schätze zerfielen zu wertlosen Scherben.
→ Kronberg-Altkönig, → Laubach-Ruppertsburg,
→ Ranstadt-Dauernheim

Fischbach

„Mannstein“ am Staufen
Im Süden des Kelkheimer Stadtteils Fischbach erhebt sich mit 461 m der Staufen. Er ist über einen Wanderweg von der Ortsmitte aus gut zu erreichen. An seinem Südabhang steht ein Felsen, der von fern einer Menschengestalt gleicht und deshalb den Namen Mannstein erhalten hat.
Die älteste Kelkheimer Sage, die 1821 schriftlich festgehalten wurde, erzählt von einer unglücklichen Liebe. Danach wohnte hier einst ein Bergriese, der eine Edeltochter von *Falkenstein* entführt hatte. Ein fremder Ritter, der mit dem Riesen um die Dame kämpfte, wurde von dem Riesen versteinert – just in dem Moment, in dem er sie umarmen wollte. Das Edelfräulein wurde dennoch befreit: ein Engel brachte sie in ihre Burg zurück. Nahezu hundert Jahre später wurde dieser knappe Kern bilderreich ausgeschmückt: Der Riese besaß nun vielfältige Zauberkräfte und raubte die Falkensteinerin in Gestalt eines Drachen. Wieder eine andere Variante erzählt, wie der Riese zu Tode kam: Als er sah, wie das geliebte Edelfräulein mit einem furchtbaren Schrei den versteinerten Ritter umarmte, brach seine verborgene Wut in lodernden Flammen aus ihm heraus, und er verbrannte. Auch das Ende des Fräuleins wird erzählt: Es kehrte zu dem versteinerten Ritter zurück und saß bis zu seinem Tode klagend zu dessen Füßen.
→ Haiger-Langenaubach, → Kelkheim-Eppenhain

„Rettershof“
Im Norden des Kelkheimer Stadtteils Fischbach liegt an einer Abfahrt der B 455 das Gehöft „Rettershof“, eine beliebte Ausflugsgaststätte mit Spielplatz und Reiterhof. Hier stand einst das Augustinerkloster Ret-

ters, von dem heute keine Gebäude mehr vorhanden sind. Das Eingangstor zeigt oberhalb von neun Kreuzwegstationen ein Historiengemälde mit der Jahreszahl der Klostergründung 1146; in einer Nische neben dem Torbogen ist die Geschichte des Hofgutes zusammengefaßt. Als Mitte des 14. Jh. zur Blütezeit des Klosters von Retters die Prozession am Romberg bei *Königstein* begründet wurde, wohnten hier schon seit 150 Jahren nur Nonnen. Nachdem das Kloster nach 1450 als Stift für adlige Damen gedient hatte, ging es Mitte des 16. Jh. in den Besitz der Königsteiner Grafen von Stolberg über, die es 1559 aufhoben. Die weitere Nutzung des Anwesens blieb bis zum heutigen Tage weltlicher Natur. Bereits 1581 hatte das Kurfürstentum Mainz die Landeshoheit übernommen und in Retters ein Hofgut eingerichtet.
Die Legende führt den bis heute nicht geklärten Namen Retters auf ein Wunder zurück: Graf Gerhard von Nürings war als Kreuzfahrer im Morgenland in jahrelange Gefangenschaft geraten. In seiner Not betete er um Befreiung und gelobte, im Falle seiner Rückkehr in die Heimat eine Kirche zu bauen und ein Kloster zu stiften. Im tiefen Schlaf kam ein Engel, löste seine Ketten und trug ihn den langen Weg in den Taunus. Als der Graf erwachte, befand er sich mitten im heimischen Burghof. Graf Gerhard hielt Wort und so entstanden Kirche und Kloster, das er zu Ehren Gottes, seines Erretters, „Retters“ nannte.
Bei dieser vermeintlichen Volkssage handelt es sich um eine Dichtung des Lehrers und Literaten Alois Henninger (1814–1862), die zuerst 1845 im 1. Band des von ihm herausgegebenen Werkes „Nassau in seinen Sagen, Geschichten und Liedern fremder und eigener Dichtung“ erschien. 1910 wurde die Versdichtung von Adolf Becker in dem Buch „Aus Nassaus Sagenschatz“ in epischer Erzählweise aufgegriffen. In den späteren Bearbeitungen wurde das Motiv des Kreuzzuges stärker betont. Hier ergibt sich ein Widerspruch zur geschichtlichen Überlieferung: Das Kloster Retters wurde von Gerhard von Nürings bereits 1146, also ein Jahr vor dem zweiten Kreuzzug von 1147/49 gegründet.
→ Kelkheim-Eppenhain, → Königstein

Hornau

Höhle am Liederbach
Im Hornauer Tal liegt eine Felsenhöhle, die einst die letzte Zufluchtsstätte des Minnesängers Heinrich von

Die Hornauer Felsenhöhle

Ofterdingen gewesen sein soll. Man erreicht sie von Kelkheim-Hornau aus, wenn man durch das idyllische Wiesental in Richtung *Königstein-Schneidhain* geht. Die Höhle liegt am Fuße der Adolfshöhe nahe dem Waldrand. Sie ist von Büschen fast verdeckt und man muß sich ducken, um sie zu betreten. In ihrer Mitte liegt ein großer quaderförmiger Felsblock. Hierher soll sich Heinrich von Ofterdingen nach dem Sängerstreit auf der Wartburg zurückgezogen haben.
→ Kelkheim, → Liederbach

KÖNIGSTEIN (Hochtaunuskreis)

Der heilklimatische Kurort Königstein liegt hoch über den Ebenen von Rhein und Main, eingebettet in die waldbestandenen Hänge des Taunus. Überragt wird das Städtchen vom Großen Feldberg und vom Altkönig. Zwei imposante Burgruinen zeichnen die Stadt aus: Falkenstein und Königstein. Die Geschichte des Ortes ist eng mit beiden Burgen verknüpft. Im frühen 12. Jh. errichteten die Gaugrafen von Nürings über dem heutigen Stadtteil Falkenstein eine erste Burganlage. Als königliche Gründungen, mit denen die Hohenstaufenkaiser die fruchtbare Wetterau sichern und die Reichsstraße nach den Niederlanden frei halten wollten, kamen die Burgen Königstein und *Kronberg* hinzu. 1255 fiel Königstein an die Herren von Bolanden-Falkenstein, 1313 wurden die Stadtrechte verliehen. Von 1418–1535 residierten hier die Herren von Eppstein, ab 1581 der Fürstbischof von Mainz. Pest,

Königstein. Kupferstich, um 1600

Seuchen, der 30jährige Krieg (1618–48) und die politischen Auseinandersetzungen des 17. und 18. Jh. haben der Stadt schwere Schäden zugefügt. Die Burg Königstein wurde in den französischen Revolutionskriegen zerstört. 1803 kam Königstein zu Nassau, 1866 wurde es preußisch. Erst um die Mitte des 19. Jh. begann ein neuer Aufschwung zum Kurort.

Burgruine Königstein
Das eigentliche Wahrzeichen der Stadt ist die Burgruine Königstein, die größte und bedeutendste Wehranlage des Taunus. Ein markanter Bergfried ragt aus der mittelalterlichen Kernburg heraus, die durch vier dreistöckige Flügel gebildet wird. Über die Anfänge der Burg sind keine Daten und Urkunden überliefert. 1239 befand sie sich als Reichslehen im Besitz der Herren von Hagen-*Münzenberg*, von denen u. a. auch die *Dreieich*, der große königliche Wildbann im Süden Frankfurts, verwaltet wurde. 1255 waren die Falkensteiner die Burgherren. Ab etwa 1500 wurde die mittelalterliche Anlage unter der Herrschaft der Eppsteiner (1418–1535) durch Geschützrondelle ergänzt und das Städtchen erhielt Residenzcharakter. 1581 begann der Bischof von Kurmainz, in dessen Besitz die Herrschaft Königstein gefallen war, die Burg als Festung auszubauen, um die Gebietserweiterung militärisch zu sichern. In den französischen Revolutionskriegen wurde die zur gewaltigen Festung und Garnison erweiterte Burg zerstört.
Eine Gründungssage verlegt die Anfänge von Burg und Stadt Königstein zurück ins frühe Mittelalter und die Zeit des Übergangs vom Heidentum zum Christentum. Sie erzählt vom Frankenkönig Chlodwig I. (um

466–511), dem ersten christlichen Großkönig der Franken. Dieser hatte sich auf einer Jagd im Taunus verirrt. Müde ließ er sich auf einem Berg nieder und grub mit seinem Jagdspeer ein Kreuzzeichen in das Moos des Felsens. Sofort öffnete sich an dieser Stelle der Fels und eine junge Frau mit einem Lorbeerkranz und einem goldenen Kruzifix in der Hand trat vor den Frankenkönig. Sie erzählte ihm, daß sie durch einen bösen Zauber in den Felsen gebannt worden sei und nur von einem heidnischen König, der ein Kreuz in das Moos des Berges zeichne und danach zum Christentum übertrete, erlöst werden könne. Damit legte sie Chlodwig den Lorbeerkranz aufs Haupt, verhieß ihm den Sieg über die Alamannen und verschwand. Chlodwig ließ sich taufen und reiste zurück an jenen wundersamen Ort, zeichnete abermals das Kreuzeszeichen in das Moos und wartete. Der Felsen öffnete sich tatsächlich, statt des schönen Mädchens erschien aber eine weiße Taube, umkreiste Chlodwig dreimal und flog davon. An genau dieser Stelle ließ Chlodwig eine Kapelle und ein Haus erbauen. Dort, wo der König durch sein Glaubensbekenntnis das verzauberte Mädchen erlöst hatte, gründete Chlodwig eine Burg mit dem Namen „Saxum regis“, was soviel bedeutet wie Stein des Königs. Um die Burg herum wuchs die Stadt Königstein.

Daß Chlodwig, der Gründer des Frankenreiches, tatsächlich auch etwas mit der Gründung Königsteins zu tun hatte, ist reine Fiktion. Wahr ist, daß sich der Frankenkönig Weihnachten 498 oder 506/508, nach seinem entscheidenden Sieg über die Alamannen im Jahr 496, von Bischof Remigius von Reims hatte taufen lassen. Chlodwig hatte das katholische Christentum dem Arianismus vorgezogen, einer christlichen Glaubensrichtung, die in der Wesens*einheit* Christi mit dem Vater einen Widerspruch zum Glauben an *einen* Gott sah und dagegen eine Wesens*ähnlichkeit* des Sohnes mit dem Vater lehrte. Durch diese Entscheidung, die für die europäische Geschichte richtungsweisend wurde, festigte er die Vormachtstellung des Fränkischen Reiches im Abendland.

Die Geschichte Königsteins beginnt für die Geschichtswissenschaft erst mit der ersten überlieferten Urkunde, die ins Jahr 1215 datiert. Man nimmt aber an, daß die Burg in der Regierungszeit von Kaiser Friedrich I., genannt Barbarossa (1152–1190), im Zusammenhang des Aufstieges *Frankfurts* unter den Staufern, erbaut wurde.

Kreuzweg am Romberg
Im Nordwesten Königsteins erhebt sich mit 541 m der Romberg. An seinem Fuß gibt es einen Parkplatz mit Rundwanderweg. Auf dem südöstlichen Sporn des Berges oberhalb des Friedhofs stehen, schon außerhalb der Ortslage, Stationen eines Kreuzwegs. Sie wurden 1853 gestiftet und nach 1945 neu errichtet. Hier befinden sich auch zwei Votivsteine, die nach einer Stiftung von 1754 den Vierzehn Nothelfern als Dank aufgestellt wurden, sowie an der 12. Station ein Steinkreuz, welches um 1776 als Ersatz für ein älteres Holzkreuz gestiftet wurde.
In der „Urkunde und Geschichte des Gnadenortes hl. Kreuz im Romberg bei Königstein“ (1894) wird, genauso wie in der Stadtgründungssage, von einem Kapellenbau durch den Frankenkönig Chlodwig berichtet. Er soll damit versucht haben, einen sehr alten Kultplatz mit einem christlichen Heiligtum zu belegen. Zur Römerzeit befand sich hier angeblich ein von römischen Soldaten aufgestelltes, nach der Stadt Rom benanntes Götterbild, wovon sich auch der Name Romberg ableiten soll. Im 4. Jh. wurden die Römer aus dem Taunus vertrieben, ihre Kultbilder zerstört. Die Sage berichtet weiter, der Frankenkönig Chlodwig habe im Jahr 469 am Fuß des zerstörten Kastells „Boccberg“ (Königstein) eine Kapelle erbauen lassen. Die Einheimischen hielten jedoch an der Verehrung ihrer alten Götter fest; erst 745 wurde der Ort durch Errichten eines Kreuzes endgültig in ein christliches Heiligtum umgewandelt. Im Jahr 1147 soll Graf Gerhard von Nürings, der Gründer des Augustinerklosters *Retters,* zum Dank für die Befreiung aus christlicher Gefangenschaft hier einen Alter aus Steinen errichtet haben.
Tatsächlich ist eine Heilig-Kreuz-Prozession urkundlich belegt, die seit 1349 bis 1667, dann wieder vom frühen 19. Jh. bis in die 60er Jahre unseres Jh. alljährlich am Pfingstmontag durchgeführt wurde. Begründet wurde die Prozession durch das Kloster Retters anläßlich einer Pestepidemie. Die Quelle des späten 19. Jh. zeigt einen historischen Kern: 1770 fand ein Pater an der Stelle des hl. Kreuzes einen in Stücke gebrochenen Stein mit einer lateinischen Inschrift. Danach läßt sich die Errichtung des römischen Götzenbildes in das Jahr 60 n. Chr. datieren. Allerdings blieben die Römer keineswegs bis zum 4. nachchristlichen Jh., sondern verließen den Limes nach dem Ansturm der Chatten bereits um 250/260 n. Chr. Chlodwig, der Begründer des Frankenreiches, dessen Bekehrung zum katholischen Christentum wegweisend für die

Geschichte Europas wurde, spielte im ‚romantischen' Deutschland des 19. Jh. eine ähnlich wichtige Rolle wie sein späterer Nachfolger, der erste fränkische Kaiser Karl der Große. So verwundert es nicht, daß sie immer wieder auch in Sagen auftauchen, die erst in der Zeit der Romantik aus der mündlichen Überlieferung in eine schriftliche Form gebracht wurden. Vieles wurde dabei schlichtweg hinzugedichtet und gelangte über Schulbücher und andere populäre Schriften wieder in den Mund des Volkes.
→ Kelkheim-Ruppertshain

Burgruine Falkenstein
Im Königsteiner Stadtteil Falkenstein erhebt sich in 449 m Höhe die Burgruine Falkenstein. Es stehen noch der markante Bergfried, der über das Tal zur Königstein hinüber zu grüßen scheint, sowie einige Mauerreste. Der Bergfried besteht aus einem Unterbau des 13. Jh. mit quadratischem Grundriß und einem schlanken, runden Aufbau in „Butterfaßform" aus dem 15. Jh. Die Burg wurde im späten 13. Jh. von dem Adelsgeschlecht der Falkensteiner, die seit 1255 Burgherren in Königstein waren, zwischen Königstein und Kronberg errichtet. Sie diente den Falkensteinern als zweite Stammburg ihres Adelsgeschlechtes, das ursprünglich in der Pfalz ansässig war.
Um die Königsteiner Burg rankt sich eine Sage, die den Namen „Falkenstein" erklären will und zugleich ein weitverbreitetes Erzählmotiv, die „Heimkehr des Gatten", aufgreift: Auf der Burg lebte der alte Ritter Kuno mit seiner Tochter Beate. Weil sie schön und ihr Vater reich war, fanden sich viele Ritter in der Burg ein, um auf einem Turnier um Beate zu kämpfen. Diese hatte sich inzwischen aber in den Ritter von *Siegen* verliebt und sich heimlich mit ihm verlobt. In ihrem Kummer ließ sie den Falken, den ihr der Liebste geschenkt hatte, gen Siegen fliegen, um ihren Verlobten zu holen. Gemeinsam gingen die beiden zu Beates Vater und entdeckten ihm ihre Liebe. Der Alte tat, als wolle er dem Siegener eine echte Chance geben und stellte ihm zwei unlösbare Aufgaben: Erstens sollte er für drei Jahre „gegen die Türken" in den Krieg ziehen – also auf Kreuzzug gehen – und zweitens bei seiner Rückkehr mit Pferd und Wagen den steilen Burgberg hinauffahren. Damals war die Burg fast unzugänglich, nur ein einziger schmaler und sehr steiler Fußpfad führte hinauf. In Palästina wurde der unfreiwillige Kreuzfahrer gefangengenommen; er konnte sich jedoch befreien, reiste per Schiff nach Europa zurück

und beeilte sich, von Venedig aus nach Hause zu kommen. Unterwegs verirrte er sich einem dichten Wald, wo er und sein Pferd erschöpft unter einem Baum niedersanken. Beim Erwachen sah der Ritter einen seltsamen Mann vor sich, der ihm Essen und Trinken reichte und sich erbot, ihn in kürzester Zeit in seine Heimat zu bringen, bevor seine Braut Beate sich mit einem Ritter von Eschborn vermählen werde. Er dürfe jedoch während des Fluges nicht einschlafen – sonst verfalle seine Seele der Hölle. In seiner Not willigte der Siegener ein und der Teufel erhob sich mit ihm in die Lüfte. Als er kurz vor dem Ziel einzuschlafen drohte, flogen zwei Falken herbei und pickten ihn an den Augenlidern. Der Teufel, zornig über den Verlust seiner Beute, verschwand mit Getöse und Gestank. Der Ritter aber eilte zur Burg, wo gerade die Hochzeitgesellschaft versammelt war, gab sich als Pilger aus dem Heiligen Land aus und bat um einen Trunk Wein. Bevor er aber den Becher zurückgab, ließ er den Ring, den Beate ihm beim Abschied gegeben hatte, hineinfallen und seine Braut erkannte ihn an diesem Zeichen. Zur Erinnerung an die wunderbare Begebenheit und die guten Falken wurde die Burg später „Falkenstein" genannt.

Zwerge bei der Arbeit

Die dem Siegener Ritter gestellte weitere Aufgabe, den steilen Berghang mit Pferd und Wagen hinaufzufahren, löste dieser, indem er sich an die Erdmännchen um Hilfe wandte, die über Nacht einen Weg bauten – allerdings unter Bedingung, die von Erdmännlein bewohnten Schächte seines eigenen Bergwerks eingehen zu lassen. Grundlage dieser Sage sind Volksglaubensvorstellungen von Zwergen als unter der Erde in Kollektiven lebenden kleinwüchsigen Dämonen, deren Reich ähnlich wie das der Menschen organisiert ist. Sie arbeiten im Bergbau, besitzen reiche Schätze und stellen kunstvolle Handwerksarbeiten her.
→ Breitscheid, → Lollar

KRONBERG (Hochtaunuskreis)

Burg Kronberg

Der staatlich anerkannte Luftkurort Kronberg liegt malerisch am Südhang des Altkönigs. Von hier aus gibt es abwechslungsreiche Wanderwege in die Taunuswälder zum Altkönig und zum Großen Feldberg. Die Burg Kronberg, in der sich heute ein Museum befindet, wurde zwischen 1220 und 1230 von den Reichsdienstmannen von Eschborn erbaut. Die Kronberg wie auch die nahgelegene Burg *Königstein* waren, wie schon ihre Namen besagen, Reichslehen, die zum Schutz der wichtigen Handelsstraße nach Köln errichtet wurden. Ihr Bau erfolgte im Zusammenhang des Aufstieges der Stadt *Frankfurt* unter den Staufern. Die Kronberg war Sitz einer kleinen reichsunmittelbaren Herrschaft, der einflußreichen Familie von Cronberg, die im 17. Jh. in den Reichsfreiherren- und Reichsgrafenstand erhoben wurde. 1704 erlosch die Familie im männlichen Stamm und Kronberg fiel an Kurmainz, später an Nassau, dann an Preußen und schließlich an Hessen. 1992 wurde die Burg von der Hessischen Hausstiftung an die Stadt Kronberg verkauft und zuvor vollständig leergeräumt; seitdem hat sich der Burgverein um eine Instandsetzung und Neueinrichtung der Räume bemüht.

Im Rittersaal der Burg findet sich die Abstammungsgeschichte der Kronberger bildlich dargestellt. Neben zahlreichen anderen Wappen des Geschlechts der Kronberger ist auch das Wappen des sog. „Ohrenstammes" zu sehen. Es zeigt deutlich zwei lange Esels-

Das Kronbergische Wappen mit den Eselsohren

ohren. Eine Sage erklärt die Entstehung des Wappens mit der historisch belegten Schlacht am Haderfeld beim heutigen Frankfurter Vorort *Eschborn*, die im Mai 1389 zwischen Kronbergern und Frankfurtern stattfand. Die Feste Kronberg soll zu dieser Zeit der Sitz wehrhafter Raubritter gewesen sein, vor denen kein Wagentroß sicher war. Die Frankfurter rückten mit großer Übermacht gegen Kronberg, verbrannten auf ihrem Weg Dörfer und Wald, nahmen viele Kronberger gefangen und schlugen die restlichen in die Flucht. Noch in der Nacht machten sich die Kronberger aber an die Verfolgung und stellten die Gegner in der Mainebene bei Eschborn, wo es zur erstaunlichen Niederlage der zahlenmäßig überlegenen Frankfurter kam. Während dieser Schlacht war einem Kronberger das Pferd tödlich getroffen worden. Zum Sterben führte der Ritter das Tier in den Wald in die Nähe eines Brunnens, wo es im Schatten einer uralten Esche verendete. Dort fand der Ritter einen grasenden Esel, schwang sich auf dessen Rücken und galoppierte in den Kampf zurück. Darüber sollen die Frankfurter so verwirrt gewesen sein, daß es den zahlenmäßig unterlegenen Kronbergern ein leichtes war, sie in die Flucht zu schlagen und die Schlacht doch noch zu gewinnen. Aus Dankbarkeit nannten die Kronberger den Weideplatz des Esels künftig „Eselsborn" – die Frankfurter aber bestanden, um ihre Niederlage zu vertuschen, auf Eschborn. Zum Gedächtnis an den Sieg, den er mit dem Esel gewann, soll der Herr von Kronberg die Eselsohren als Helm- und Wappenzier angenommen haben.

Die historische Schlacht zwischen Frankfurtern und Kronbergern ist auf einem Gemälde des 16. Jh. detailreich dargestellt; es ist heute in einem Nebenraum der

Die Schlacht bei Kronberg, 1389

Burgküche zu sehen. Das 150 × 215 cm große Gemälde greift in seiner Darstellung auf einen Bildteppich zurück, der kurz nach der siegreichen Schlacht im Jahr 1389 von den Kronbergern in Auftrag gegeben worden war, sich aber nicht erhalten hat. Durch ein Schriftband, das sich am unteren Bildrand fortsetzt, ist das Gemälde in zwei waagrechte Hälften geteilt. In der oberen Hälfte tobt die Schlacht: Von links nähern sich die Kronberger mit ihren Verbündeten, den Hanauern und den Kurpfälzern, jeweils an ihren Fahnen erkennbar. In der Mitte sticht ein Kronberger Ritter auf seinem Schimmel hervor, links hinter ihm weht das große Banner der freien Reichsstadt Frankfurt mit dem schwarzen doppelköpfigen Reichsadler auf rotem Grund. Hinter ihm flüchten die Frankfurter in Richtung ihrer Stadt, deren Dächer und Türme am rechten oberen Bildrand zu sehen sind. Im Vordergrund der rechten Bildseite bringt ein von vier Schimmeln gezogener Wagen mit der Fahne der Schreinerzunft Tote und Verwundete in Sicherheit. Auch die anderen Zünfte, Hufschmiede, Sporer, Schumacher und Schlosser, sind an ihren Zunftfahnen mit den Emblemen auf rotem Grund deutlich zu erkennen. Im unteren Teil des Bildes ist die Schlacht bereits entschieden. Über dem Blut der Toten und Verwundeten stehen sich rechts die Kronberger unter der Pfälzer Fahne und links die Frankfurter unter ihrem Stadtwappen gegenüber. Nach links macht sich ein Schimmelreiter auf, wohl ein Bote, vorbei an brennenden Häusern und an einigen Frankfurtern, die heimlich den kostbaren Kronberger Kastanienwald schälen. Auf der rechten Bildseite wird ein Gefangenenzug von zwei Rittern auf Schimmeln eskortiert; er zieht zur Stadt Kronberg hin, deren Ansicht im oberen rechten Eck, wenn auch

nicht topographisch genau, die älteste bis heute bekannte ist.
Politischer Hintergrund für die bedeutende Schlacht war die veränderte Stellung des Rittertums und auch der Städte, die zunehmend in Konflikt miteinander gerieten. Frankfurt war im Laufe des 14. Jh. zu einer bedeutenden wirtschaftlichen und politischen Macht herangewachsen und versuchte, diese Macht durch Bündnisse mit anderen Städten auszubauen. Es stand mit dem 1376 gegründeten „Schwäbischen Städtebund" wie auch mit dem „Rheinischen Bund" von 1381 in Verbindung. 1388 waren Kämpfe zwischen den Städtebünden und verschiedenen Fürsten ausgebrochen, in welche auch die Kronberger als Verbündete des Pfalzgrafen hineingezogen wurden. Die Streitigkeiten führten schließlich im Januar 1389 zu einem Fehdebrief, den drei Kronberger Ritter an den Frankfurter Rat erließen. Bis es zur großen Schlacht kam, wurde auf beiden Seiten gebrandschatzt; die Frankfurter zerstörten die wertvollen Kronberger Wälder, wie auf dem Gemälde festgehalten. Am 12. Mai holten die Frankfurter, deren Bundesgenossen sie im Stich gelassen hatten, zum großen Schlag aus: Ein 1500 bis 2000 Mann starker Heerzug aus Patriziern, Zünften und Söldnern machte sich nach Kronberg auf. Ohne die Hilfe der kriegserfahrenen pfälzischen und hanauischen Bundesgenossen wäre der Sieg der Kronberger Ritterschaft kaum möglich gewesen. Selbiger kam die Frankfurter teuer zu stehen: zur Auslösung der Gefangenen setzten die Sieger eine Gesamtsumme von 73 000 Goldgulden fest, 18 000 davon erhielten die Kronberger Bundesgenossen.
Das Bild, das der Kronberger Burgverein erst im Jahr 1997 durch Spenden aus dem Besitz der Hessischen Hausverwaltung für die Burg zurückerwerben und restaurieren lassen konnte, wurde nach dem Tod des letzten Kronberger Ritters im Jahr 1704 trotz seines historischen Wertes kaum geschätzt und erlitt in der langen Zeit der Vernachlässigung deutliche Schäden. Sehr viel besser erhalten und gepflegt ist eine Kopie im Historischen Museum Frankfurt, die eine leicht veränderte Fassung darstellt. Sie stammt aus Kurmainzer Besitz und wird ins 17. Jh. datiert. Ein drittes Bild befindet sich heute im Schloß zu *Assenheim* im Wetteraukreis, heute ein Ortsteil von *Niddatal*.
Ein Zusammenhang der Kronberger Schlacht mit dem Ohrenstammwappen ist allerdings eine Erfindung der Sage. Vielmehr entstand das Wappen etwa 30 Jahre vor der Schlacht: Um 1355 gab es zwei Stämme der

Kronberger, die nach ihrer Wappenzier „Kronenstamm“ und „Flügelstamm“ genannt werden. Als zu dieser Zeit Ritter Frank vom Flügelstamm Loretta von Reifenberg († 1367) ehelichte, wurde ein Allianzwappen der beiden Familien entwickelt. Es verzichtete auf die Kronberger Flügel und nahm dafür die Reifenberger Eselsohren auf. Fortan gab es einen dritten Kronberger Zweig, den „Ohrenstamm“. 1461 starb diese Linie nach drei Generationen aus. Woher allerdings die Reifenberger Eselsohren stammen, ist nicht bekannt. Möglicherweise waren die Eselsohren ursprünglich Büffelhörner. Franks Grabmal, das in der Burgkapelle erhalten ist, zeigt deutlich das Kronbergwappen und das der Reifenberger Frau mit Schrägbalken und Turnierkragen. Die Helmzier könnte ein sehr kleines Flügelpaar – oder zwei Büffelhörner? – darstellen. Andere Belege für das Ohrenstammwappen finden sich in der evangelischen Johanniskirche, die 1440 von Frank von Kronberg und seiner Frau Katharina von Isenburg († 1465) erbaut wurde. An einem Türsturzfragment, das 1966 per Zufall während Arbeiten an der Kirche gefunden wurde, wird ein geschlossener Helm mit Ohren von den Wappen Kronberg und Reifenberg flankiert. Es befindet sich heute in der Mauer am Treppenaufgang zur Kirche.
Ein weiteres Allianzwappen beider Familien, das die Eselsohren als Helmzier zeigt, ist im Kircheninneren auf dem Epitaph von Johann von Kronberg († 1488) und Katharina von Reifenberg († 1497) zu sehen. Über ihren Köpfen sieht man deutlich ein Allianzwappen mit der ausgeprägten Helmzier der Reifenberger.
→ Eschborn

Altkönig
Mitten im Naturschutzgebiet im Norden von Kronberg liegt der dritthöchste Taunusberg, der Altkönig (798 m). Wenn man nicht einem Fußwanderweg von Kronberg aus folgt, erreicht man den Altkönig am besten von *Oberursel* aus über die Hochtaunus-Transitroute, die auf den *Feldberg* hinaufführt: In der „Großen Kurve“, einer besonders ausgedehnten Serpentine auf dem Weg nach oben, befindet sich eine Bushaltestelle und ein Parkplatz mit Rundwanderwegen (in Richtung Waldgasthaus „Fuchstanz“).
Wie bei verschiedenen Bergen in der Umgebung sind auch am Altkönig Ringwälle, Zeichen keltischer Zivilisation, vorhanden. Der mächtige doppelte Ring aus Quarzit-Gestein könnte einem keltischen Stammesfürsten aus der Frühstufe der La-Tène-Zeit

(5. Jh. v. Chr.) als Fluchtburg oder Sitz gedient haben; am wahrscheinlichsten scheint aber die Annahme eines keltischen Kultplatzes, eines befestigten Heiligtums, das zum Zeitpunkt des Erscheinens der Römer im ersten nachchristlichen Jh. sicher schon längst verfallen war. Ein Modell der Anlage und die Funde vom Altkönig (Münzen, Schmuck, Waffen, Geräte u. a.) sind im Vortaunus-Museum in *Oberursel* zu sehen.

Zahlreiche Sagen ranken sich um diesen geschichtsträchtigen Berg. Ende des 18. Jh. erzählte ein Taunusbauer von dem ‚Berg des alten Königs', hier habe ein alter Heidenkönig seine Wohnstätte gehabt. Im 30jährigen Krieg (1618–48) sei er von den Schweden belagert und gefangengenommen worden. Man habe ihn nach Worms verbracht, wo ihn Dr. Martin Luther zum Christentum bekehrt habe. Die mundartliche Erzählung schließt allerdings mit der Feststellung, daß dies alles schon „grausom long her" sei und man nicht wüßte, „ob dess vor odder nooch de Sindflut war".

Nach einer anderen Sage werden die Ringwälle dem germanischen Heerführer Ariovist († um 54 v. Chr.), Häuptling der Sueben, zugeschrieben, der nach seiner Niederlage gegen Caesar auf dem Altkönig seinen Alterssitz errichtet haben soll. Ariovist siedelte germanische Stämme im Elsaß, in der Pfalz und im nahen Rheinhessen an. Im Zuge seiner Eroberung Galliens errang Julius Caesar in der Tat im Jahr 58 v. Chr. einen Sieg über Ariovist.

Im Bergesinnern soll inmitten unermeßlicher Schätze ein türkischer Sultan seine Grablege haben. Dies ist der Grund, daß eines Tages unweigerlich ein Türkenkrieg über das Land kommen wird, weil alle Nachfolger beim Bart des Propheten geschworen haben, den Altkönig zu erobern. Der Anführer wird jedoch den Krieg nicht überleben: spätestens in Köln erschlägt ihn eine ältere Dame mit dem Stock.

Zu den bekanntesten Sagen um den Altkönig gehört die Wandersage vom „Kind in der Schatzhöhle". Eine Frau, die Gras schneiden wollte, ging einst mit ihrem Töchterchen den Berg hinauf. In ihrem Korb befand sich – ohne daß sie es wußte – unter dem Gras ein Zauberkraut: jene sagenhafte Springwurzel, die alle verschlossenen Türen öffnet und vor allem den Zugang zu Schatzkammern ermöglicht. Die Frau stand plötzlich vor einer Tür, die in eine Höhle führte, in welcher sieben bärtige Männer saßen, Berge von Gold und Silber um sich herum. Rasch lehrte sie ihren Korb und füllte ihn mit den Schätzen. Als sie die Höhle verlassen wollte, sagte einer der Männer: „Frau, vergeßt das

Beste nicht!“ Sie hörte aber nicht darauf und ging; hinter ihr schloß sich der Berg unter gewaltigem Krachen, so daß das Kind in ihm gefangen war. Der Geistliche, bei dem die Mutter Rat suchte, sagte, sie werde es erst nach sieben Jahren zurückbekommen. Die Frau stieg nach Ablauf dieser Zeit zur selben Stunde wieder auf den Altkönig, wo sie ihr Kind schlafend und völlig unverändert fand. Der Eingang zur Schatzhöhle aber war spurlos verschwunden, da die Frau die Springwurz nicht mehr besaß.
→ Kelkheim-Eppenhain, → Laubach-Ruppertsburg, → Ranstadt-Dauernheim

Langgöns (Lkr. Gießen)

Burg Cleeberg
Etwa 6 km westlich von *Butzbach* liegt die Ortschaft *Cleeberg*, die heute zur Gemeinde Langgöns gehört. Die malerische Burg stammt aus dem 12. Jh.
Mit ihr soll es etwas Unheimliches auf sich haben: Obwohl sie oft von Feinden belagert wurde, blieb sie unzerstört. Die Phantasie der Menschen dichtete eine überirdische Macht hinzu, die über das Geschick der Burg wache. Darum spuke es hier, und einige wollen ein „Etwas“ gesehen haben, welches die Burg schützt. Zu Beginn unseres Jahrhunderts war die Schildmauer baufällig geworden, und man trug die Steine ab, um sie zu renovieren. Bei dieser Arbeit fand man mitten im Mauerwerk eine Art steinerne Kiste, in der das gebleichte, gut erhaltene Gerippe eines kleinen Menschen, wohl eines Kindes, zum Vorschein kam. In der Tat ist eine solche Art Menschenopfer aus ganz Europa überliefert. Katzen, Hunde, aber auch Menschen wurden beim Bau von Burgen und Brücken lebendig eingemauert, um so die Bauwerke gegen dämonische Kräfte zu schützen und ihnen Bestand, Schutz und Dauerhaftigkeit zu verleihen. Solche „beseelten“ Mauern galten als uneinnehmbar. Manchmal mauerte man zum Tode verurteilte Menschen ein, da deren Leben ohnehin verwirkt war. Am häufigsten tauchen in den Überlieferungen allerdings kleine Kinder auf. Das bekannteste historische Beispiel eines solchen Bauopfers stammt aus dem 10. Jh.: Um das Bollwerk gegen die Slawen zu sichern, ließ Kaiser Otto I. (936–73) in das Magdeburger Krökentor das Kind der kaiserlichen Kammerfrau, welches von seiner Mutter freiwillig geopfert worden sein soll, lebendig einmauern. Das Wissen um den Brauch des Menschenopfers lebte in

Volkserzählungen über Geister- und Spukerscheinungen fort.

Laubach (Lkr. Gießen)

Die Stadt Laubach liegt an der B 276 zwischen *Gießen* und *Schotten* an der Grenze zum Vogelsbergkreis. Im Schloß der Grafen zu Solms-Laubach befindet sich heute die größte Privatbibliothek Europas.

Friedhof
Friedhöfe gelten im Volksglauben als klassischer Spukort; um sie ranken sich viele Erzählungen, die meist vor der Begegnung mit Toten warnen. Der im Westen der Stadt gelegene Laubacher Friedhof befand sich ursprünglich außerhalb der Stadtmauern neben

Pflügende Bauern. Holzschnitt, 1486

dem Siechenhaus. Der Sage nach sollen sich früher zu bestimmten Zeiten die Gräber geöffnet haben. Ein Bauer war mit seinen Ochsen zum Pflügen aufs Feld gegangen und hatte dort länger als bis zum Schließen der Stadttore um zehn Uhr am Abend gearbeitet. Er wollte den Kreuzer für das Öffnen des Tores sparen und beschloß, mit seinen Ochsen im Schutz der Mauer des Siechenhauses zu übernachten. Kurz vor Mitternacht wachte er auf und sah, wie sich aus den geöffneten Gräbern die weißgekleideten Toten erhoben und singend zu einer Wiese zogen. Schlag zwölf verschwand die Totenschar wieder. Der Bauer eilte am nächsten Morgen nach Öffnung des Stadttores nach Hause, erzählte seiner Frau von dem nächtlichen Erlebnis und legte sich danach ins Bett mit den Worten: „Ich muß sterben." Tatsächlich trug man ihn acht Tage später zu Grabe. Die Witwe heiratete nicht nochmals, sondern nahm den Knecht in Diensten, den ihr Mann zuvor genannt hatte. Der war tüchtig und treu und erhielt jährlich etwas mehr Lohn und zu seiner Hochzeit die beste Kuh aus dem Stall als Hochzeitsgeschenk.
→ Grünberg, → Heuchelheim

Ruppertsburg

Hirschröder Wiesen: „Om Backeebche"
Zwischen Ruppertsburg und *Stornfels* lag früher eine Siedlung mit dem Namen Hirschdorf. Von ihr ist heute nichts mehr übrig, die Wiesen am Fuß einer kleinen Anhöhe aber tragen noch heute den Namen „Hirschröder Wiesen". Hier soll einmal einem Ruppertsburger Viehhirt eine weiße Jungfrau begegnet sein. Der Hirte hatte unter der Anhöhe ein Geräusch gehört, das wie das Scharren eines Kratzeises in einem hölzernen Backtrog klang. Beim Gedanken an frischen, warmen Brotkuchen war ihm das Wasser im Mund zusammengelaufen und er hatte halblaut gemurmelt: „Geab mer aach e Steck Kuche!" Sofort öffnete sich eine verborgene Tür im Berg und eine weiße Jungfrau deckte auf einem weißen Tuch einen frischgebackenen Kuchen. Daneben legte sie einen Strauß Schlüsselblumen, der sich in einen Schlüsselbund verwandelte. Sie forderte ihn auf, zu essen und dann mit dem Schlüssel die geheimnisvolle Kellertür im Berg zu öffnen. Der Viehhirt fürchtete sich aber so sehr, daß er schnell seine Kühe zurück zum Dorf trieb. Hinter sich hörte er das Klagen und Wimmern der Jungfrau. Weil man ihn im Dorf wegen seiner Dummheit verspottete, lief er zurück, aber die weiße Jungfrau war verschwunden und

mit ihr Kuchen, Tür und Schlüssel. Erst nach hundert Jahren soll sie wiederkehren und erneut auf ihre Erlösung durch einen armen, unschuldigen Jüngling hoffen. Die Stelle, an der sie erschien, wird von den Ruppertsburgern heute noch „Om Backeebche“ (am Backöfchen) genannt.
→ Glauburg, → Kelkheim-Eppenhain, → Ranstadt-Dauernheim

Freienseen

Weinhardsberg
Nördlich von Freienseen, rechts der B 276 nach *Stockhausen*, erhebt sich mit 300 m der Weinhardsberg, wo einst ein Werwolf sein Unwesen getrieben haben soll. Eine Bäuerin, die auf dem Weg zu ihren Feldern eine kleine Ruhepause eingelegt hatte, während ihr Mann schon weiterging, wurde plötzlich von einem mächtigen Wolf angefallen. Er zerriß ihr das Kleid, so daß sie ihren nackten Körper mit den Fetzen kaum noch bedecken konnte, und verschwand dann wieder im Wald. Nicht lange darauf kehrte der Mann zurück, wunderte sich aber eigentümlicherweise nicht über den Zustand seiner Frau. Während er ihr zufrieden vom guten Wachstum ihres Getreides berichtete, entdeckte die Bäuerin mit Schrecken zwischen den Zähnen ihres Mannes Stoffetzen von ihrem Kleid.
→ Greifenstein, → Lautertal-Hopfmannsfeld

LAUTERBACH (Vogelsbergkreis)

Die Kreisstadt Lauterbach liegt im Schnittpunkt zweier Bundesstraßen: an der B 254 (Deutsche Märchenstraße und Deutsche Fachwerkstraße) zwischen *Alsfeld* und *Fulda* und an der B 275.
812 zum erstenmal urkundlich erwähnt, gehörte Lauterbach zur reichsunmittelbaren Abtei Fulda und wurde von den Grafen von Ziegenhain als Vögte verwaltet. 1266 erhob der Fuldaer Abt Lauterbach zur Stadt und man begann mit dem Bau der Burg. 1433 ging die Stadt in den Besitz der Herren von Riedesel über. 1527 löste sich die Stadt durch die Reformation aus der Fuldaer Abhängigkeit, was einen langwierigen Rechtsstreit und zahlreiche Fehden zur Folge hatte. Erst 1684 wurde dieser Streit durch die Erklärung der Vogtei Lauterbach zum Lehen der Herren von Riedesel beigelegt. 1806 fiel Lauterbach an das Großherzogtum Hessen, 1866 an Preußen.

Lauterbach blieb im Zweiten Weltkrieg vor Zerstörungen bewahrt, weshalb sich das einheitliche Bild der Stadt mit den vielen engen Gäßchen und bunten Fachwerkhäusern erhalten hat, darunter der „Goldene Esel“, das größte Fachwerkhaus Oberhessens, in dem die Stadtbibliothek untergebracht ist.

„Lauterbacher Sänger“ (Strumpfdenkmal)
Am Berliner Platz im Stadtzentrum steht ein Brunnen mit einer sitzenden männlichen Figur, die sich einen Strumpf an ihren rechten Fuß zieht. Der Brunnen wurde 1976 nach einem Entwurf des Bildhauers Knut Knudsen errichtet. Hier setzte die Stadt Lauterbach jenem Strumpfmacher ein Denkmal, den es vor Fernweh wieder auf die Wanderschaft zog. In aller Eile verließ er gegen ihren Willen seine Meisterin und soll dabei einen Strumpf vergessen haben.
Auf einer Seite des achteckigen Brunnenbeckens ist der Anfang des Lauterbacher Strumpfliedes eingemeißelt, welches die Stadt bekannt machte:

Strumpfdenkmal

„In Lauterbach hab ich mein Strumpf verlorn,
und ohne Strumpf geh ich net heim.
So geh ich gleich wieder nach Lauterbach hin
und hol mir ein Strumpf an mein Bein.

Das Lied, das vor 1820 in Süddeutschland entstand, ist auch in Textvarianten aus Mitteldeutschland und vom Rhein überliefert. Der Strumpf ist hier wie der Schuh ein erotisches Symbol; eine Variante des Tanzliedes in bayrischer Mundart bringt dies in teilweise schlüpfrigem Inhalt zum Ausdruck. Nach Art der Schnadahüpfln können, wie in den Varianten aus Oberbayern und Tirol überliefert, spontane Zusätze angefügt werden. Auch im Vogtland, in Württemberg und auf der Insel Rügen gibt es einen Ort mit dem Namen Lauterbach. Das Städtchen im Vogelsberg hat Sage und Volkslied touristisch zu nutzen gewußt: Der „Lauterbacher Sänger" wird als Wahrzeichen der Stadt in verschiedenen Ausführungen zum Verkauf angeboten; auch der Verkehrsverein wirbt mit dem Strumpfmännchen.

Schloß Eisenbach
Auf B 275 gelangt man etwa 4 km südlich von Lauterbach zum Schloß *Eisenbach*. Zu Fuß ist das Schloß von Lauterbach aus über einen Wanderweg, den Brüder-Grimm-Weg, zu erreichen. Das Schloß, ursprünglich als Burg um 1200 gebaut, danach mehrfach baulich verändert und heute mit eindeutigem Schloßcharakter, liegt auf dem Höhenrücken, der in das Tal des gleichnamigen Baches vorspringt. Heute befindet sich das Schloß in Privatbesitz und ist für die Öffentlichkeit nicht zugänglich. Jedoch bieten sich Schloßhof und Park zum Spaziergang an; das Restaurant, die Burg-Post, ist ein beliebtes Ausflugsziel.

Schloß Eisenbach

Im Rittersaal gibt es eine zugemauerte Tür. Die Sage erzählt, durch sie sei des öfteren ein ungebetener Gast – der Teufel persönlich – erschienen; er trug vornehme Kleidung, war aber an seinem Pferdefuß deutlich zu erkennen. Der Dämon zeigte sich aber nur dann, wenn zwölf Leute im Saal zu Tisch saßen – innerhalb eines Jahres mußte dann stets einer aus der Gesellschaft sterben. Erst als man die Tür zumauerte, blieb der Unglücksbringer aus.
Der Glaube an die negative Bedeutung der Zahl 13 ist weit verbreitet; vor allem in der abendländischen Kulturgeschichte verknüpft sich mit ihr das Gefühl von etwas Verhängnisvollem. Heutige Beispiele sind die Zahl der Teilnehmer bei Tisch sowie Haus- und Zimmernummern – oft ein Grund, warum Hotels bei ihren Etagen- und Zimmernummern von 12 auf 14 springen, weil die Zimmer sonst leer blieben; das Gleiche gilt für Platznummern in Eisenbahnen und Flugzeugen.

LAUTERTAL (Lkr. Bergstraße)

Reichenbacher Felsenmeer
Von Reichenbach im Lautertal folgt man der Markierung blaues Dreieck in Richtung Norden aus dem Dorfkern hinaus bis zum Parkplatz „Felsenmeer". Hier informiert eine Schautafel über das Entstehen der Felsenmeere, die ein charakteristisches Landschaftselement des Vorderen Odenwaldes sind. Das Reichenbacher Felsenmeer ist das größte und bekannteste. Das Granitblockfeld entstand, als sich das glutflüssige Urgestein abkühlte; durch Erosion gelangten die wollsackähnlichen Gebilde an die Oberfläche und erhielten durch Verwitterung ihre abgerundeten Formen.
Eine Sage erklärt die Entstehung des Reichenbacher Felsenmeeres allerdings anders: Vor langer Zeit wohnten zwei Riesen in der Gegend, einer auf dem Felsberg, der andere auf dem gegenüberliegenden Hohenstein. Sie gerieten in heftigen Streit und bewarfen sich voller Wut mit mächtigen Steinbrocken. Der Riese auf dem Hohenstein hatte mehr Felsen zur Verfügung als der auf dem Felsberg. In kurzer Zeit war darum sein Widersacher unter den Blöcken begraben. Wenn man fest auf den Boden stampft, soll man ihn noch heute stöhnen hören.
Ein geologischer Lehrpfad führt weiter zu anderen markanten Granitformationen, die so phantasievolle Namen tragen wie *Krokodil*, *Riesensessel*, *Riesenkiste, Sarg, Teufelskanzel* oder *Gralsburg*. Am auffallendsten unter den rund 300 Zeugen römischer

Steinmetzkunst im Felsenwald, die aus dem 2.–4. Jh. stammen, ist die *Riesensäule* mit einer Länge von 9,35 m. Nahe dabei liegt der *Riesenaltar*, ein mächtiger Felsblock, an dem viele Bearbeitungsspuren zu sehen sind. Wie auch die Riesensäule soll er von den Riesen herrühren.

Hohenstein
Das Naturdenkmal Hohenstein, die größte einzeln stehende Felsformation des Vorderen Odenwaldes, liegt wenige Wanderminuten außerhalb von Reichenbach vis-à-vis des Felsbergs. Die steile Barytklippe wird wegen des rauhen, gut griffigen Gesteins mit zahlreichen Nischen von zahlreichen Kletterern besucht. Reizvoll ist auch das Waldstück mit Rotbuchen, Eichen und Edelkastanien, deren Anpflanzung im 19. Jh. auf die Grafen von Erbach-Schönberg zurückgeht.
Die Entstehung des Felsens erklärt die Sage mit dem Streit der beiden Riesen, die hier und auf dem Felsberg ihren Wohnsitz hatten und sich mit großen Felsen bewarfen. Deshalb gibt es auf dem Hohenstein nur wenige Felsblöcke – lediglich eine Wand vom Haus des Riesen, die Barytklippe, ist dort noch zu sehen. Eine Variante der Sage nennt den Felsberger Riesen als Sieger: Er soll einen riesigen Felsblock, die Felswand auf dem Hohenstein, zu seinem Widersacher geschleudert und ihn damit sogleich erschlagen haben.
→ Erbach-Ebersberg, → Zwingenberg

Teufelsbrücke in Knoden
Im Süden des Höhendorfes Knoden führt ein Wanderweg, der mit dem Symbol eines Striches in blauer Farbe ausgezeichnet ist, nach *Schannenbach*. Mitten im Wald führt eine Brücke über den Schliefenbach. Sie trägt den Namen Teufelsbrücke; hier soll es spuken.
Die Waldbauern aus Knoden stehen in dem Ruf, sich in Zeiten der Armut und des Hungers mit geheimnisvollen Kräften geholfen zu haben. Daß es an der Brücke nicht ganz geheuer ist, hängt auch mit diesen magischen Kräften zusammen. Im Dreißigjährigen Krieg, so weiß eine oft erzählte Sage, versuchten sie mit Erfolg, ihren Ort mit Zauberkraft vor den marodierenden Soldaten zu schützen. Einzig ein Offizier wurde nicht von dem Bann getroffen und erreichte das Dorf. Er wurde jedoch gefangen, mit Knüppeln erschlagen und von der Brücke in den Bach geworfen. Seitdem spukt er hier herum, besonders wenn ein nahendes Gewitter sich durch heftiges Donnergrollen so ankündigt, so daß man meinen könnte, die Schweden zögen wieder durch das Land.

Das Bannen, welches die Hexenmeister von Knoden so gut verstanden, ist heute noch als „Knodener Kunst“ bekannt. Der bekannteste Hexenmeister war der Bitschenickel, der sogar eine ganze Soldatenmannschaft festbannte und sie so daran hinderte, ihn als neuen Rekruten mitzunehmen. Der Bitschenickel wurde auch bei Krankheiten von den Menschen der umliegenden Dörfer um Hilfe gebeten. So auch von dem Metzger Winter aus *Balkhausen*, der an Auszehrung litt. Mit Hilfe seines Zauberbuches, welches er rückwärts las, beschwor der Bitschenickel eine Schar Raben. Die brachten ihm in ihren Schnäbeln Heilwurzeln, aus denen er eine Salbe kochte, welche der Metzger unter der Dachtraufe seines Hauses eingraben mußte. Als sie „verdrickelt“ (eingetrocknet) war, genas der Patient.

Auch hier handelt es sich um das Bannen: Wie der Kreis, so ist auch die Dachtraufe eine schützende Grenze. Dieser magische Grenzpunkt bezeichnet einen Bereich, innerhalb dessen der dort wohnende Mensch besonders geschützt ist. Im Volksglauben begegnet die Dachtraufe häufiger, so muß die Nachgeburt innerhalb der Dachtraufengrenze vergraben werden und die Wöchnerin darf diesen Bereich nicht verlassen. Wenn etwas Fremdes, z. B. ein Maulwurf, diese Schutzgrenze übertritt, bedeutet dies Tod im Haus. Die Salbe des Bitschenickels wird nicht auf den Körper aufgetragen, sondern soll die Krankheit des Hausherrn in den Topf ziehen, die Krankheit wird also in den Salbentopf gebannt. Ähnlich funktionierte auch das Bannen verschiedener Krankheiten in Bäume, von dem zahlreiche Sagen erzählen. Man bohrte ein Loch in einen Baum, bannte die Krankheit hinein, und verschloß das Loch mit einem Stopfen. Wurde der Stöpsel wieder entfernt, so konnte dies verheerende Folgen haben. Es gibt Sagen, die von dem erneuten Ausbruch der Pest berichten, nachdem der Stöpsel versehentlich entfernt worden war. Dieser Glaube wurde von Jeremias Gotthelf (1797–1854) im Roman „Die schwarze Spinne“ literarisch verarbeitet.

Diese und ähnliche Praktiken gehören in den Bereich des weltweit verbreiteten Sympathie- und Analogiezaubers, der durch magische Entsprechungen Einfluß zu nehmen sucht. Zauberbücher gab und gibt es tatsächlich; sie erschienen vor allem seit Erfindung des Buchdrucks häufig und stellen eine Mischung dar aus empirischem Wissen und Beschwörungs- und Zaubersprüchen. Noch heute bekannt ist das sog. „sechste und siebente Buch Moses“. Ein wichtiges

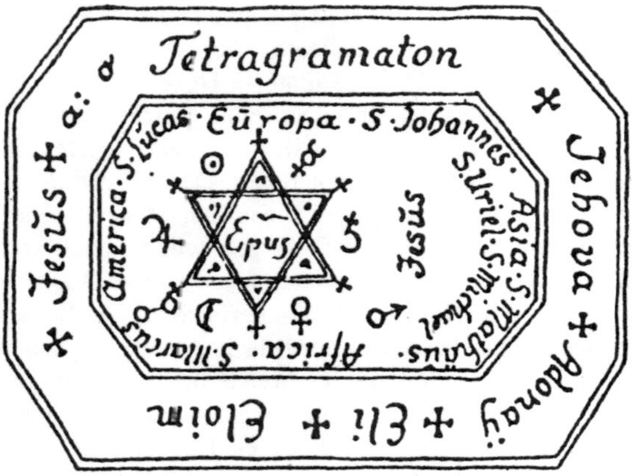

„Erdspiegel"

Hilfsmittel der Odenwälder Weisen Leute war der „Erd"- oder „Bergspiegel", ein viereckiger Glasspiegel, dessen Schiebedeckel mit magischen Zeichen wie den Planetensymbolen und dem Davidstern sowie jüdischen wie auch christlichen Gottesnamen beschrieben ist. Solche Spiegel dienten als Konzentrationshilfe für visionäre Erlebnisse, zeigten Erzgänge und verborgene Schätze und wurden zu wahrsagerischen Zwecken verwendet.

Lautertal (Vogelsbergkreis)

Die Gemeinde Lautertal, zu der seit der Reform Anfang der 70er Jahre sieben vormals selbständige Dörfer gehören, ist mit Sagen reich gesegnet.

Dirlammen

Ziegenberg
Im Vogelsberg gibt es eine ganze Reihe von Hügelgräbern aus keltischer Zeit, so auch auf den Bergen, die heute zu der Gemeinde Lautertal gehören. Es ist wohl der 534 m hohe Ziegenberg bei Dirlammen, von dem eine Sage erzählt, daß es hier nicht mit rechten Dingen zugehe. Eine Schneise, die Totenmannschneise, führte nach oben zu den Hügelgräbern. Einmal waren dort zwei Frauen beim Beerenpflücken, als ihnen ein Zug von sechs schwarz gekleideten Männern begegnete, die etwas auf ihren Schultern zu tragen schienen. Das war der Leichenzug, der hier in hellen Vollmondnächten mit Gesang zu hören ist. Stets verschwindet der

Der Leichenzug der Toten, 1519

Zug vor den Hügelgräbern und taucht dann zwischen *Eichelhain* und *Eichenrod* mit einem wilden Pferdegespann wieder auf, um in rasender Fahrt weiter zum Oberwald zu ziehen.
Das Ende des Zugs erinnert an die Sagen um die „Wilde Jagd", die typisch für die hessischen Mittelgebirgslandschaften sind.
→ Beerfelden, → Fränkisch-Crumbach

Hopfmannsfeld

Sühnekreuz
Im Dorf Hopfmannsfeld steht an der Kreuzung von Hauptstraße und Schlitzgasse ein steinernes Kreuz, dessen einer Arm abgebrochen ist. Es handelt sich um eines jener Sühnekreuze, die vor allem im 13.–16. Jh. zur Sühne für begangenen Mord am Tatort aufgestellt wurden.
Der Sage nach wurde das Kreuz von einer Bäuerin errichtet, die in Notwehr ihren Ehemann erstochen hatte. Die Frau hatte ihrem Mann die Mittagssuppe aufs Feld bringen wollen, als sie in der Schalksbach, einem Wiesengrund im Norden von *Herbstein*, von einem Wolf angefallen wurde. Wenig später kam ihr Mann aus dem Wald zurück – an den roten Fäden ihres Wollrocks, die er zwischen den Zähnen hatte, erkannte sie ihn als Werwolf (Mannwolf, von ahd. wer = Mann) und tötete ihn.
Die Vorstellung, gewisse Menschen besäßen die Gabe, sich in Wölfe oder andere Tiere zu verwandeln,

ist schon in der Antike bezeugt; auch in Westeuropa war sie bis in neuere Zeit verbreitet und wurde gern mit dem Vorwurf teuflischer Zauberei in Verbindung gebracht. Reale Grundlagen hat der Glaube an Werwölfe im Vorkommen wirklicher Wölfe, die Mensch und Tier gefährdeten, im Gebrauch bestimmter Halluzinogene, welche die Vorstellung hervorriefen, in ein Tier verwandelt zu sein, möglicherweise auch in mißdeuteten Symptomen von Tollwut.

→ Greifenstein, → Laubach-Freienseen

Hörgenau

Galgen

An der alten Frankfurter Fahrstraße zwischen *Hopfmannsfeld* und Hörgenau, etwa 2 km nordöstlich der Stadt *Herbstein*, sind zwei steinerne Säulen eines Galgens aus dem 16. Jh. erhalten geblieben. Sie lassen die oft grausame Rechtsprechung vergangener Zeiten ein Stück weit lebendig werden.

Der Galgen ist das Zeichen der Hochgerichtsbarkeit, weshalb er meist weit sichtbar auf einer Anhöhe oder an wichtigen Verkehrsstraßen stand und aus besonders dauerhaftem Material gebaut wurde. Die Todesstrafe des Gehängtwerdens – oft verschärft durch Hängenlassen des toten Körpers am Galgen bis zum Zerfall – galt als besonders schändlich; sie wurde vor allem gegen Diebe verhängt.

Die Richtstätte dachte man sich als einen mit magischen Kräften aufgeladenen Ort, von dem man sich gern auch mit Zaubermitteln (Teile von Galgenholz und -strick, Körperteile der Hingerichteten) versorgte. Im Volksglauben gilt der Galgen als Spukort: zu bestimmten Zeiten ist es hier nicht geheuer und will man weglaufen, werden Beine und Füße schwer wie Vogelsberger Basalt, so daß man zitternd vor Angst ausharren muß.

Unter dem Galgen soll die Alraune, eine der berühmtesten Zauberpflanzen, wachsen. Es handelt sich um ein im Mittelmeerraum heimisches giftiges Nachtschattengewächs, dessen rübenartige Wurzeln entfernt an die Gestalt eines Menschen erinnern. Nördlich der Alpen ersetzte man sie durch zurechtgeschnittene Zaunrüben und fertigte daraus Püppchen, im Volksmund „Alraun“-, „Heinzel“-, oder „Galgenmännchen“ genannt. Letztere Bezeichnung rührt her von dem Glauben, besonders wirksame Alraunwurzeln wüchsen unter dem Galgen aus dem Samen eines Gehängten. Da die Pflanze beim Ausziehen einen tödlich wirkenden Schrei ausstößt, muß man sich die Ohren verstopfen und sie von einem Hund herausziehen lassen, der dabei sein Leben läßt. Die Alraune wird prächtig gekleidet, an einem sicheren Ort in ein weiches Bettchen gelegt und hin und wieder mit besonderen Leckereien gespeist. Der Besitz eines solchen Fetischs soll dem Eigentümer Glück und Reichtum verschaffen und ihn vor Krankheit und anderem Übel schützen.

Die Galgensäulen

An den Hörgenauer Galgen knüpft sich eine Anekdote, die den Anlaß zum Bau dieser Richtstätte erklären will: Früher gab es hier noch keinen Galgen. Der wurde erst gebaut, als man einen Brotdieb gefangen hatte. Üblicherweise versahen die *Rixfelder* den Henkersdienst, diesmal aber verlangten sie übermäßig viel Geld dafür. Also sperrten die Hopfmannsfelder den Dieb ein, bis sie bemerkten, daß auch die Verpflegung des Gefangenen kostspielig war. Und nun folgt eine wahre Schildbürgeridee: Der Dieb bekam die 20 Dukaten, die man sonst für eine Hinrichtung zahlen mußte, und wurde mit der Auflage frei gelassen, sich am nächsten Galgen hängen zu lassen. Dann beschloß man, einen eigenen Galgen zu bauen, um sich in Zukunft ähnliche Geldausgaben zu ersparen.
→ Beerfelden

Meiches

Totenköppel mit Totenkirche
1,5 km südlich von Meiches liegt eine 560 m hohe Bergkuppe, auf der sich möglicherweise schon in vorchristlicher Zeit eine Kultstätte befand. Der Name „Totenköppel" leitet sich von der Funktion als Friedhof ab, „Totenkirche" bezeichnet die zugehörige Kirche. Schon um 1300 ist hier oben eine dem hl. Georg geweihte Kapelle bezeugt; die jetzige Kirche wurde 1729 erbaut. Rundum befinden sich bemerkenswerte Sippengräber und alte Grabsteine.
Die Legende weiß zu berichten, daß zur Zeit der Kreuzzüge Engel die Totenkirche aus dem Heiligen

Totenköppel bei Meiches

Land in das Gebiet des Vogelsbergs getragen hätten. Als sie nahe einem zwischen Meiches und *Engelrod* gelegenen Bergkopf müde wurden, erhielten sie vom Himmel den Befehl „Engel ruht!“, worauf sie die Kirche niedersinken ließen. Nach einer anderen Version ertönte kurz vor Meiches Glockengeläut und Gott rief: „Ihr Engel, hört genau!“ Volksetymologische Deutung leitet von diesen wunderbaren Ereignissen den Ursprung der Ortsnamen Engelrod und *Hörgenau* ab. Nach einer anderen Legende hatten die Einwohner von Meiches sich über den Standort der geplanten Friedhofskirche nicht einigen können. Da erschienen zwölf weiße Hirsche, die das bereitliegende Baumaterial zum Totenköppel trugen und so den von Gott gewollten Platz bezeichneten.
Im Innern der Kirche befindet sich ein Taufstein mit einem St. Georg als Drachentöter und der Jahreszahl 1501. Er stand ursprünglich außen neben der Kirchentür; das in ihm enthaltene Regenwasser galt als heilkräftig bei Augenleiden, so daß sich eine kleine regionale Wallfahrt entwickelte. Später soll das Wasser seine Wirkung verloren haben, wofür die Überlieferung einer sozialen Randgruppe die Schuld gibt: Als Zigeuner im Taufstein ein Feuer entzündeten, bekam dieser einen Sprung und seitdem war es mit der Heilkraft vorbei.

Liederbach am Taunus (Main-Taunus-Kreis)

Die 1971 im Zuge der Gebietsreform durch den Zusammenschluß von Niederhofheim und Oberliederbach entstandene Gemeinde Liederbach liegt unmittelbar an der westlichen Stadtgrenze *Frankfurts.* Die Gemeinde trägt den Namen des Baches, der von *Kelkheim-Hornau* her kommend sich hier verbreitet, bevor er bei Frankfurt-Höchst in den Main mündet.
Eine Sage erklärt den Namen des Liederbaches mit dem sagenhaften Minnesänger Heinrich von Ofterdingen, der in einer Felsenhöhle bei *Kelkheim-Hornau* Zuflucht fand. Heinrich soll sich nach seiner Niederlage beim Sängerstreit auf der Wartburg in das Liederbachtal zurückgezogen haben. Die Lieder, die er hier zur Harfe sang, vermischten sich mit dem melodischen Geplätscher des Baches und die Bevölkerung lauschte ihnen andächtig. Zur Erinnerung an die herrlichen Weisen Heinrichs von Ofterdingen hat man dem Bach den Namen „Liederbach“ gegeben.
Bei dieser vermeintlich uralten Volksetymologie handelt es sich um eine Geschichte, die Mitte des vergan-

genen Jahrhunderts erfunden wurde. Tatsächlich ist der Name „Liederbach" viel älter: schon 780/802 wird er erstmals urkundlich erwähnt. Er leitet sich von dem althochdeutschen „hlidor" = rauschen ab.
Die Geschichte des Heinrich von Ofterdingen, die Richard Wagner in seiner Oper „Tannhäuser und der Streit auf der Wartburg" (1845) aufgriff, war allerdings im 19. Jh. äußerst populär.
→ Kelkheim

LIMBURG (Lkr. Limburg-Weilburg)

Dom und Stadtgeschichte
Limburg, Verkehrsknotenpunkt und wirtschaftlicher Mittelpunkt für das mittlere Lahntal, den Westerwald und den nördlichen Taunus, liegt an einer breiten Furt der Lahn. Hier kreuzen sich wichtige Straßen: Die BAB 3 Frankfurt-Köln, B 49 und B 54. Erstmals urkundlich erwähnt wird ein Burgsitz im Jahre 912 als „Lintpurc". Seit der Mitte des 11. Jh. entwickelte sich eine Kaufmannssiedlung um ein Stiftsgelände auf dem Lahnfelsen, das von Konrad Kurzbold um 910 gegründet worden war. 1130 ist die erste Stadtmauer belegt, 1195 findet Limburg Erwähnung als Markt, Stadtrechte sind seit 1214 bezeugt. Erste Herren in Limburg waren die Konradiner, seit dem frühen 13. Jh. die Isenburger, deren Geschlecht 1407 in der männlichen Linie ausstirbt. Es folgte eine wechselvolle Geschichte, an deren Ende sich Limburg im Besitz Kurtriers befand. 1806, bei der Aufhebung des Fürstbistums Trier, ging Limburg an Nassau über und 1866 schließlich an Preußen. Limburg hatte schon im 14. Jh. einen eigenen Geschichtsschreiber, der die berühmte „Limburger Chronik" verfaßte. Sie ist deswegen so bedeutsam, weil der Verfasser, Tilemann Elhen von Wolfhagen, neben politischen Ereignissen die Vielgestaltigkeit des Lebens seiner Zeit wiedergibt: Lieder, Musik, Waffen, Kleider, Kunst und Religiösität werden beschrieben und wachsen so zu einer Kulturgeschichte des 14. Jh. zusammen. Das Bistum Limburg ist recht jung: erst als man 1821 für das Herzogtum Nassau ein neues Bistum gründete, wurde Limburg Bischofssitz; der erste Bischof residierte seit 1827.
Das Wahrzeichen Limburgs ist der Dom, der mit seinen sieben Türmen schon von weitem vom hohen Lahnfelsen herabgrüßt, aus dem er herauszuwachsen scheint. Er ist der Inbegriff des Kirchenbaus am Übergang von der Romanik zur Gotik. Etwa zwischen 1190 und 1235 wurde der Dom auf den Grundmauern

zweier Vorgängerkirchen als Stiftskirche St. Georg und St. Nikolaus erbaut. Zuvor stand hier ein Stift, das durch Graf Konrad, genannt der Kurzbold, aus dem Geschlecht der Konradiner wohl im Jahr 910 gegründet worden war; Mitte des 11. Jh. erfolgte ein zweiter Bau. Die Weihe des Hochaltars der neuen Kirche fand 1235 statt, in dem Jahr, in dem mit dem Baubeginn der Marburger Elisabethkirche die Hochgotik in Deutschland einzog. Eindrucksvoll ist auch die rekonstruierte Farbigkeit besonders im Außenanstrich, der von 1968 bis 1670 wiederhergestellt wurde und international zu Diskussionen um historische Farbigkeit führte. Auch im Kircheninnern wurden bedeutende Bemalungen aus dem 13. Jh. freigelegt. Bedeutsam sind der Taufstein und das Grabdenkmal des Stiftsgründers Konrad Kurzbold († 948), die beide aus dem 13. Jh. stammen. An der Südseite des Doms schließt sich das hochmittelalterliche Schloß an. Es stammt aus dem 13. und 14. Jh.; sein nördlicher Flügel erhielt um 1600 einen Fachwerkaufbau im Stil der Limburger Bürgerhäuser. Das Schloß beherbergt heute das Stadtarchiv. Das Diözesanmuseum ist im Haus Domstraße 12 untergebracht; hier ist der bedeutende Domschatz mit einem Reliquiar, das einen Splitter aus dem Holz des Kreuzes Christi zeigt, zu bewundern.
Limburg gilt neben Marburg als bedeutendste Fachwerkstadt Hessens. Es sind vor allem Bürgerhäuser, die diesen Ruhm begründen. Unweit des Domes stehen einige der ältesten Fachwerkhäuser Deutschlands, die Ende des 13. Jh. gebaut wurden. In der Zeit der Renaissance erlebte das Limburger Fachwerk eine zweite Blütezeit; es entstanden zahlreiche neue Giebel mit geschweifter Kontur, die im Fachwerkbau selten ist.

Alte Lahnbrücke
Die alte Lahnbrücke wurde anstelle einer hölzernen Brücke aus dem 12. Jh. ab 1315 aus Stein erbaut und 1341 vollendet. Sie wurde 1945 teilweise zerstört, 1946–47 wiederaufgebaut und verbreitert. Hier kreuzten sich fast alle Straßen der Region, und der Brückenzoll stellte fast 500 Jahre lang eine lukrative Einnahmequelle dar. Die Hallenhäuser der Altstadt mit ihren hohen Einfahrten für die Fuhrwerke geben noch heute Zeugnis für den blühenden Handel um die Brücke.

Brückenmännchen
Im Brückenturm, der noch aus dem 13. Jh. stammt, ist ein steinernes Männchen eingemauert. Es befindet sich am Kämpfergesims einer Gewölberippe auf der

linken, zur Stadt liegenden Seite, so daß das fratzenartig verzogene Gesicht den zur Stadt Einfahrenden ansieht. Vermutlich handelt es sich um einen jener sog. „Neidköpfe", die man als Abwehrzauber gegen feindliche Mächte gern an Häusern und anderen Bauwerken anbrachte.
Die Sage bietet für das Vorhandensein der Steinfigur folgende Erklärung: Das Brückenmännchen soll ein Zöllner sein, der zu seinem eigenen Vorteil den Passierenden mehr Zoll abforderte, als festgesetzt war. Ein Fremder hatte sich zur Wehr gesetzt und ihn verflucht, daraufhin war der Zöllner sofort zu Stein erstarrt. Da er so den Verkehr behinderte, mauerte man ihn in den Brückenturm ein. Von hier blickt er auf die Vorüberziehenden und ist allen eine Warnung, die mit fremdem Gut liebäugeln.
Historische Tatsache ist, daß Kaiser Karl IV. die Stadt 1356 von allem Zoll befreite (1510 durch Kaiser Maximilian erneuert) und ihr 1357 erlaubte, den Brückenzoll zu erheben. Das trug nicht unerheblich dazu bei, den wirtschaftlichen Aufschwung der Stadt voranzutreiben.

Marienbild unter dem Brückenturm
In einer Nische im Torbogen des Brückenturms steht ein etwa 500 Jahre altes holzgeschnitztes Marienbild, welches wohl aus einer im Pestjahr 1494 auf der Brükke errichteten Marienkapelle stammt. Eine Legende erzählt, wie dieses Bild auf wunderbare Weise seinen Platz gegenüber feindlichen Soldaten behauptete: Als nach einem Krieg feindliche Söldnerheere in der Brückenvorstadt lagerten (wohl im 30jährigen Krieg), machten sich Kosaken, die die Brücke bewachten, über den Glauben der „Brücker" lustig. Sie entfernten in der Nacht das von den Besetzten verehrte Bild, vor dem diese täglich eine Kerze aufstellten, und warfen es in die Lahn. Am nächsten Morgen stand das Bild, mit einer dünnen Eiskruste überzogen, wieder an seinem Platz. Die Kosaken warfen das Marienbild abermals in die Lahn, aber auch nach dieser Nacht stand es wieder in der Nische. Daraufhin versuchten die Frevler, das Bild zu verbrennen, doch zischend erlosch das Feuer. Das Bild war nur an der Rückseite leicht angesengt und wurde von den Verehrern wieder auf seinen alten Platz gestellt, wo es noch heute steht.

Hl. Nepomuk
Auf der Mitte der alten Lahnbrücke steht die steinerne Statue des hl. Johannes von Nepomuk. Laut Inschrift

Der Limburger Dom von der alten Lahnbrücke aus: mit Statue des hl. Nepomuk

wurde sie 1714 von Johann Philipp Scheurer, kaiserlicher Postverwalter in Heilbronn, gestiftet. Heute steht hier der barockisierende Neuentwurf des Limburger Bildhauers Karl Matthäus Winter, der die Skulptur 1966 geschaffen hat. Der häufig an Brücken anzutreffende Heilige trägt einen Talar, ein mit Knöpfen vorne geschlossenes Schultermäntelchen mit Zierkapuze (Mozzetta), die ihn als höheren Geistlichen zu erkennen gibt, und ein Birett als Kopfbedeckung. In den Händen hält er ein Kruzifix. Moderne Zugaben des Bildhauers sind die Dornenkrone, die Nepomuk als Märtyrerzeichen trägt, sowie die von Händen getragenen lodernden Fackeln in den Gewandfalten, Zeichen der Folter.

Johannes von Nepumuk, um 1350 in Böhmen geboren, studierte Theologie und Rechtswissenschaften. Der Legende zufolge war er der Beichtvater der Frau König Wenzels in Prag und verweigerte dem König, der seiner Frau nachspionieren wollte, den Bruch des Beichtgeheimnisses. Nach Gefangennahme und Folter wurde Johannes von Nepomuk 1393 von der Moldaubrücke in den Fluß gestoßen. Bei der Öffnung seines Grabes im Prager Dom im Jahr 1719 fand man Gebeine und Zunge unversehrt. Schon vor der Heilig-

sprechung im Jahr 1729 setzte die Verehrung als Brückenheiliger ein, wovon zahlreiche Darstellungen Zeugnis geben. Häufig trägt Johannes von Nepomuk statt des Kruzifixes seine Zunge oder hält die Finger im Schweigegestus an den Mund.
→ Hadamar

Lahninsel und Skulptur „Die Tanzenden“ an der Rütsche

Direkt unter dem Domfelsen, nahe der alten Mühle, in der sich heute eine Gaststätte befindet, liegt eine kleine Insel in der Lahn. Hier soll vor etwa 500 Jahren ein Barfüßermönch, Bruder Siechentrost genannt, gelebt haben. Als die Pest zum drittenmal in Limburg ausgebrochen war, kümmerte er sich aufopfernd um die Siechen (Pestkranken) in ihren Hütten. Weil er täglich mit den Kranken in Berührung kam, glaubten die Limburger, er sei selbst „unrein“ und verbannten ihn aus der Stadt. Bruder Siechentrost zog sich auf die Lahninsel zurück. Von dort hörte man ihn zur Geige die Lieder singen, mit denen er die Siechen getröstet hatte. Viele Limburger, die ihm für seine Hilfe dankbar waren, standen am Ufer und lauschten oder sangen mit.
Limburg ist in den Jahren 1249 bis 1395 von fünf großen Pestepidemien heimgesucht worden. Täglich fielen dieser Seuche durchschnittlich 30 Menschen zum Opfer. Die Welle, die 1351 über Limburg kam, wurde zudem von schweren Erdbeben und Mißernten begleitet. So ist es nicht verwunderlich, daß sich diese besonders im Gedächtnis der Menschen festgesetzt hat und in der Sage vom Bruder Siechentrost bis in die heutige Zeit lebendig gehalten wurde.
An der Rütsche, unweit des Fischmarktes, steht eine 1990 von dem Mainzer Künstler Karlheinz Oswald geschaffene abstrakte Bronzeskulptur mit dem Namen „Die Tanzenden“. Ihr zur Seite ist ein Zitat aus der Limburger Chronik zum Jahr 1351, nach der Pest, gestellt: „da huop die Welt wider an zu leben unde frolich zu sîn“. Die Skulptur soll an die Limburger Pestwellen erinnern.

Haus Brückengasse 9: „Haus der Sieben Laster“

In der Brückengasse unweit der Lahn steht an der Ecke zur Altstadt ein 1567 erbautes Fachwerkhaus, an dessen Fassade sieben geschnitzte Balkenköpfe zu sehen sind. Sie symbolisieren (von rechts nach links) die Laster Hochmut, Geiz, Neid, Unkeuschheit, Völlerei, Zorn und Trägheit.

Balkenkopf am Haus der Sieben Laster

Es handelt sich um eine Personifizierung ethischer Grundbegriffe – seit dem 12. Jh. ein häufiger Gegenstand der christlichen Kunst, vor allem in der Plastik an Kirchenportalen. Grundlage war die Anfang des 5. Jh. entstandene „Psychomachie“ des spanischen Dichters Prudentius, die den Kampf der Tugenden und Laster um die menschliche Seele schildert. Sie werden teils in männlicher, teils in weiblicher Gestalt dargestellt. Bei den Tugenden unterscheidet man Glaube, Hoffnung, Liebe sowie Klugheit, Mäßigkeit, Gerechtigkeit und Stärke. Ein beliebtes Motiv ist die Gegenüberstellung, der Kampf der Tugenden mit den Lastern. Charakterisiert sind sie meist durch bestimmte Attribute, Symboltiere oder Handlungen. Die Laster am Limburger Haus hingegen sind fratzenhafte Menschenköpfe; sie sollten die damaligen Menschen, von denen die meisten ja nicht lesen und schreiben konnten, in anschaulicher Weise vor den sieben Todsünden warnen.

Haus Rütsche 5: „Werner-Senger-Haus“
Das um 1250 erbaute gotische Hallenhaus ist im Rahmen der umfangreichen Altstadtsanierung der 70er Jahre umfassend saniert worden; für den originalgetreuen Wiederaufbau verwendete man alte Balken und restaurierte auch die im 16. Jh. eingestellte, farbig gestaltete Fachwerkfassade. Benannt ist das Haus nach seinem früheren Besitzer, einem reichen Limburger Kaufmann des 13. Jh. Er starb ohne Erben und hatte neben anderen Besitztümern auch sein Handelshaus der Stadt vermacht, die ihm mit einem Skulptur-Brunnen vor dem ehemaligen Wilhelmitenkloster und späteren Bürgerhospital ein ebenfalls von Karl M. Winter geschaffenes Denkmal gesetzt hat. Das Gebäude wur-

de in der Folge unterschiedlich genutzt und beherbergt heute das Restaurant „Die Gabel“.
Einer Sage nach soll sich im Werner-Senger-Haus einmal der berühmte Räuberhauptmann Schinderhannes aufgehalten haben. Johannes Bückler – so sein bürgerlicher Name – wurde 1777 als Sohn eines Abdeckers geboren und am 21. Nov. 1803 zusammen mit neunzehn seiner Genossen in Mainz hingerichtet, nachdem man ihn und seine Bande als vielfache Diebe, Straßenräuber und Mörder überführt hatte. Dennoch war der Schinderhannes bereits zu Lebzeiten bei der einfachen Bevölkerung sehr populär; entsprechende Sagen zeigen ihn als Sozialrebellen vom Typus „edler Räuber“, der lediglich die Reichen schädigt, die Armen aber an der Beute teilnehmen läßt. Gelegentlich trägt er auch mythische Züge und man schreibt ihm zauberische Fähigkeiten zu.
In Verbindung mit dem Limburger Senger-Haus wird erzählt, Schinderhannes habe, als er bereits polizeilich

Schinderhannes. Passierschein, um 1800

gesucht wurde, ein bürgerliches Leben beginnen wollen. Um nicht in die Hände der Franzosen zu fallen, begab er sich nach Limburg, um sich von den kaiserlichen Truppen rechts des Rheins anwerben zu lassen. Im Senger-Haus, das damals als Werbehaus diente, wurde er jedoch erkannt und bis zu seinem Abtransport nach Mainz eingekerkert. Eine Variante weiß allerdings, daß der Schinderhannes sich befreien und durchs Fenster entkommen konnte. Eine dritte erzählt, die Werber (Amtsverwalter und Hauptmann) hätten sich zunächst nichts anmerken lassen und den Schinderhannes unter dem Namen Jakob Schweichard in kaiserliche Dienste aufgenommen. Beim Abmarsch wurde dem neuen Rekruten dann klar, daß er verraten worden war: An der Stelle der heutigen Pallotinerkirche, wo die Wege nach Frankfurt und nach Wiesbaden sich kreuzen, waren nicht, wie verabredet, seine Kumpane über den marschierenden Zug hergefallen, um den Angeworbenen das Werbegeld abzunehmen. Historisch belegt ist ein Aufenthalt des Schinderhannes im Werner-Senger-Haus jedoch nicht.

Walderdorfferhof

Ein Prachtbau mit mittelalterlichem Steinturm und barocken Flügeln, die 1665–81 von dem italienischen Architekten Giovanni Angelo Barella Freiherr von Walderdorff geschaffen wurde, ist der Walderdorffer Hof. Er liegt an der Ecke Löhrgasse/Fahrgasse, die seit dem 13. Jh. den Handelsweg Frankfurt-Köln markiert. Heute befinden sich in dem alten Adelshof Büros.

Eine Sage erzählt vom „Wiener Schmied zu Limburg“, der hier einst sein Handwerk versah und als Kunstschmied weit über die Grenzen des Lahngaus bekannt gewesen sein soll. Nach seiner Lehrzeit in Wien war er in die väterliche Schmiede zurückgekehrt und geriet, weil er alles besser wissen wollte, in Streit mit seinem Vater. Durch diesen Ärger und durch Neider zu Spiel und Trunk verleitet, hatte er sich bald in den Ruin gewirtschaftet. Ein Pakt mit dem Teufel sollte ihm wieder zu Geld verhelfen. Damit dieser ihm seine Seele nicht abnehmen konnte, überwand ihn der Schmied mit einer List: Er schmiedete ein glühendes Eisen mit drei Zinken, und als der Teufel riet, dies solle eine Heugabel werden, schlug er die Zinken mit einem Schlag krumm und verwandelte sie in einen Karst, ein früher im Feld- und Weinbau gebräuchliches Gerät. Darüber war der Teufel so erbost, daß er den versprochenen Sack Geld stehen ließ und sich unter großem Gepolter davonmachte. Der Schmied

soll nach diesem Erlebnis wieder fleißig und sparsam geworden sein.
Den Hintergrund dieser Sage bildet die Tatsache, daß die Schmiedekunst wegen ihrer großen wirtschaftlichen Bedeutung und der hohen Kunstfertigkeit, die sie erforderte, als Zauber galt. In Mythos, Volksglauben, Märchen und Sage wird sie vor allem von übernatürlichen Wesen ausgeübt – doch auch der irdische Schmied ist zauberkundig: er gilt sowohl als Teufelsbündner wie als Teufelsbanner, der den Bösen für seine Zwecke zu benutzen versteht, ohne daß ihm selbst ein Leid geschieht.
→ Vogelsberg

Hattstein-Brunnen
Auf der Plötze, einem der alten Marktplätze der Altstadt, steht ein Brunnen aus rotem Sandstein in Form einer monumentalen Ritterskulptur. Er wurde 1987 von Karl M. Winter angefertigt. Der Ritter hält mit kräftigen Armen ein Faß über seinen Kopf und läßt sich seinen Inhalt genüßlich über den geöffneten Mund in den feisten Leib laufen. Eine Inschrift auf der Rückseite – in Spiegelschrift – gibt Auskunft, daß hier dem Ritter von Hattstein ein Denkmal gesetzt ist.
Wirtschaftliche und soziale Umbrüche des 14./15. Jh. (wachsende Bedeutungslosigkeit der Ritterheere, allmähliche Zurückdrängung ländlicher Natural- durch städtische Geldwirtschaft, Aufstieg des Bürgertums) führten dazu, daß entwurzelte Angehörige des Ritterstandes ihre materielle Notlage durch Straßenraub und das Erpressen von Lösegeldern zu bessern versuchten. Auch Ritter Hattstein von der Burg Eichelbach soll der Sage nach ein berüchtigter Raubritter gewesen sein, bis die Limburger ihn zum Freund gewannen, indem sie ihn 1357 in den Rang eines Stadthauptmanns erhoben. Er fiel 1363 bei der Verteidigung der Stadt gegen die Reiffenberger.
Die Sage erzählt über ihn folgendes: Der Ritter von *Runkel* hatte alle befreundeten Ritter der Gegend zu einem Fest eingeladen, bei dem der „Runkeler Rote“, ein begehrter Rotwein, kredenzt wurde. Der Gastgeber wollte den guten Wein nicht verkaufen – jedoch wurde eine Wette abgeschlossen, daß derjenige ein volles Ohmfaß (150 Liter) bekomme, der ein solches hochheben und austrinken könne. Ein Limburger schlug den Stadthauptmann Hattstein vor: der hob das Faß freischwebend auf und trank es tatsächlich ohne abzusetzen aus.

Weinhaus Schultes

Unweit des Hattstein-Brunnens steht an der Ecke Plötze/Böhmergasse ein Fachwerkhaus aus der Mitte des 16. Jh., in dem sich das „Weinhaus Schultes“ befindet. An dem zum Marktplatz zeigenden Erker sind Holzschnitzereien zu sehen, auf denen in zwei Szenen die Geschichte des alttestamentarischen Propheten Jonas dargestellt ist.

Die Bibel erzählt von ihm, daß Gott ihn beauftragte, der sündhaften Stadt Ninive den drohenden Untergang zu verkünden. Jonas suchte sich aber dieser unliebsamen Aufgabe zu entziehen, indem er auf einem Schiff nach Tarsis floh. Da ließ Gott einen schweren Sturm aufkommen; in der Bedrängnis bot der Prophet sich zur Sühne an und ließ sich von den Schiffsleuten ins Meer werfen, wo er von einem riesigen Fisch verschlungen wurde. Hier blieb er drei Tage und Nächte und betete zu Gott, worauf der Fisch ihn ans trockene Land spie. Jonas erfüllte nun seinen Auftrag und es gelang ihm, die Bewohner von Ninive zu Buße und Umkehr zu bewegen, so daß das angedrohte Übel nicht eintrat. Die Geschichte von Jonas im Fischbauch – in der Erinnerungen an den Brauch des Menschenopfers weiterleben – ist in Werken der bildenden Kunst häufig dargestellt worden. Mittelalterliche Bibelauslegung verstand sie als Vorausdeutung auf Christus: der vom Fisch verschlungene Prophet wird Tod und Grablegung, der ans Land Gespiene der Auferstehung zugeordnet.

Dietkirchen

Stiftskirche St. Lubentius

Verläßt man Limburg über die alte Lahnbrücke in nördlicher Richtung, sind es 3 km bis zum heute eingemeindeten Dorf Dietkirchen. Sein Wahrzeichen ist die rund 1000jährige Stiftskirche St. Lubentius, die auf einem steilen Kalkfelsen über der Lahn emporragt. Der Blick auf die bedeutende romanische Kirche ist von der Lahnseite aus, wie er sich jedem Zugreisenden auf der Strecke Frankfurt-Limburg bietet, besonders eindrucksvoll. Als die Kirche in den 50er Jahren gründlich untersucht und restauriert wurde, grub man unter dem Kirchenbau und auf dem Friedhof archäologische Funde aus der Jungsteinzeit und der bronzezeitlichen Urnenfelderkultur aus. In einer Felsspalte unterhalb der Stiftskirche fand man Knochen und Keramikscherben aus keltischer Zeit (Funde im Museum Wiesbaden). So ist wahrscheinlich, daß sich an dieser

exponierten Stelle über der Lahn bereits in vorchristlicher Zeit ein Heiligtum befand. Im Kirchenschiff entdeckten die Archäologen Reste einer Steinkirche aus der Mitte des 8. Jh.
Dietkirchen war Keimzelle des seit dem 6. Jh. vom Bistum Trier aus vordringenden Christentums. 841 befand sich hier ein Kollegiatsstift, seit 1021 urkundlich belegt als Sitz des rechtsrheinischen Bezirks des Bistums Trier. Ende des 10. Jh. begann man einen Neubau in Form der heutigen dreischiffigen Basilika; aus der selben Zeit stammt die Michaelskapelle, die sich südlich des Chores anschließt. In der zweiten Hälfte des 11. Jh. wurden zwei neue Westtürme gebaut, die als selbständige architektonische Einheit die Kirche überragen, Vorbild für die späteren frühgotischen Westtürme des Limburger Doms. In der ersten Hälfte des 13. Jh. wurden Vierung und Querschiff gewölbt, Ende des 16. Jh. erhielt das Mittelschiff seine neue Flachdecke.
In der kleinen Kapelle im nördlichen Westturm befindet sich ein silbervergoldetes Kopfreliquiar von 1270, das 1477 um das Bruststück ergänzt wurde. Es enthält ebenso wie der Altar Gebeine des Kirchenpatrons Lubentius, einem Schüler des hl. Bischofs Maximin von Trier. Lubentius wirkte als Priester in Kobern an der

Reliquiar des hl. Lubentius

Mosel, wo er um 370 starb. Seine Gebeine sind vor 841 nach Dietkirchen übertragen worden, was das Ansehen des Stiftes beträchtlich erhöhte.
Die Legende erzählt, der Leichnam des Heiligen habe am Ort seines Todes keine Ruhe finden können. Man legte ihn daher auf einen Ochsenkarren und ließ die Zugtiere frei laufen. Als diese an der Moselmündung stehenblieben, schloß man, Lubentius wolle die Reise zu Schiff fortsetzen und brachte den Sarg auf einen Kahn. Wie von magischer Kraft gezogen fuhr dieser an Koblenz vorbei rheinaufwärts, bog in die Lahn ein und hielt unterhalb des steilen Felsens an. Auf dem Sarg fand man einen Zettel mit der Aufschrift „Die Kirche!“ und setzte Lubentius auf der Höhe bei. Seitdem ist der hl. Lubentius der Schutzpatron des ehemaligen Archidiakonates sowie der Patron der Lahnschiffer. Diese kennen den „Lubentiuswind“, wenn der Wind lahnaufwärts weht, sowie den „Lubentiusstrom“, eine Strömung der Wellen gegen Lauf des Flusses.
Für den Ursprung des Namens Dietkirchen bietet volkstümliche Überlieferung mehrere Erklärungen an. Nach einer lokalen Legende soll Lubentius der Apostel der Nassauer gewesen sein und sich den Lahnfelsen, eine alte Thingstätte, zur Kanzel erwählt haben, um von hier aus das Evangelium zu predigen; er errichtete eine kleine Kapelle, die man Dietkirchen (Volkskirche von germ. thiuda = Volk) nannte.
Eine andere Version führt Namen und neuen Kirchenbau auf einen Ritter namens Dietrich von *Dehrn* zurück. Dieser war während eines Kreuzzugs in Gefangenschaft geraten und gelobte, im Fall der Heimkehr auf dem Felsen über der Lahn eine Kirche zu bauen. Daraufhin versank er in tiefen Schlaf und fand sich beim Erwachen im Wald von Dehrn. Der Ritter hielt Wort und ließ auf der Höhe die „Dietrichskirche von Dietkirchen“ errichten.
Eine dritte Variante nennt als Stifter einen Diedger von Dehrn, der um 500 das Christentum annahm und einen nach ihm benannten Kirchenbau stiftete.

Limeshain (Wetteraukreis)

Im Zuge der Gebietsreform schlossen sich 1972 die Gemeinden *Hainchen, Himbach und Rommelhausen* zur Gemeinde Limeshain zusammen. Im Wald der Gemarkungen Rommelhausen und Himbach verläuft der Limes, der römische Grenzwall, der das im Jahre

11 v. Chr. besetzte germanische Gebiet sichern sollte und der neuen Gemeinde ihren Namen gab. Auf einer Länge von etwa 30 m wurde der Limespfahlgraben im Wald südlich von Rommelshausen originalgetreu aufgebaut; er ist auf einem Archäologie- und Waldlehrpfad zu erreichen. Beide Ortsteile entstanden in einer zweiten Siedlungsperiode 500–800 n. Chr., Hainchen in der großen Rodungsperiode zwischen 800 und 1300 n. Chr.

Barbarossabrunnen in Rommelshausen
Als ein weiteres Zeugnis aus der Zeit der römischen Besetzung gilt der Römerbrunnen, auch Barbarossabrunnen genannt. Er liegt an der Durchgangsstraße in Rommelshausen, der Hofgartenstraße.
Der Brunnen wurde in den Jahren 1993/94 saniert. In der Mitte einer quadratischen, etwa 4 qm großen Sandsteinmauer ragt der Brunnenschacht, zu dem vier Stufen hinunterführen, 72 cm aus dem Boden. In die Brunnenmauer wurde ein Reliefkopf von Kaiser Friedrich I., geschaffen von Heinz Hess, eingemauert.

Der Hohenstauferkaiser Friedrich I. (um 1125–1190) ist eine der bedeutendsten Herrschergestalten der europäischen Geschichte. 1152 zum deutschen König gewählt, betrieb er eine imperiale Politik mit dem Ziel, die Größe des römischen Kaisertums wiederherzustellen. Bei seinem ersten Italienfeldzug im Jahr 1154/55 wurde er zum König von Italien und vom Papst zum Kaiser des Sacrum Imperium (Heiligen Reiches) gekrönt; in zweiter Ehe mit Beatrix von Burgund vermählt, ließ sich Friedrich im Jahr 1178 in Arles zum König von Burgund krönen. 1189 brach er als Führer des 3. Kreuzzugs zur Befreiung Jerusalems auf, das 1187 von Sultan Saladin eingenommen worden war.

Am 10. Juni 1190 ertrank Friedrich I. auf dem Weg dorthin im Fluß Saleph in der heutigen Türkei.
Der Beinahme Barbarossa (Rotbart) stammt aus Italien, wohin Friedrich insgesamt sechsmal gezogen ist. Schon die Zeitgenossen haben seine erfolgreichen Anfänge als Friedensfürst und Erneuerer des Reiches sowie als Verkörperung ritterlicher Ideale verherrlicht. In der Reformationszeit und dann wieder im 19. Jh. wurde die bekannte Sage vom bergentrückten Kaiser, den man sich in einem Berg schlafend dachte und der in besonders schwierigen Zeiten seinem Volk zu Hilfe kommen wird, auf Friedrich Barbarossa übertragen.
Vom Barbarossabrunnen in Rommelshausen wird erzählt, der Kaiser sei einst auf einem Jagdausflug, den er von der Pfalz *Gelnhausen* unternahm, durstig geworden. Die Bewohner reichten ihm in einem irdischen Töpfchen Wasser; der Kaiser, den ihre Armut rührte, gewährte zum Dank dem Ort Steuerfreiheit, solange er lebte.
→ Büdingen, → Gelnhausen

LINDEN (Lkr. Gießen)

Leihgestern
Die Stadt Linden im südwestlichen Grüngürtel der Stadt Gießen setzt sich zusammen aus einer Siedlungseinheit der beiden Stadtteile *Großen-Linden* und Leihgestern. Schon in der Jungsteinzeit war der Raum besiedelt. 790 wird Großen-Linden im Lorscher Codex erstmals erwähnt, Leihgestern im Jahr 805. Während Großen-Linden von 936 bis 1265 im Besitz der Grafen von *Gleiberg* war, danach zur Landgrafschaft Hessen gehörte, war Leihgestern 1246 dem Gerichtsbezirk *Hüttenberg* zugeordnet und kam 1703 an Hessen-Darmstadt. 1977 wurden beide Orte zur Stadt Linden zusammengelegt.
Leihgestern hat der Sage nach seinen seltsamen Namen auf die folgende Weise erhalten: Früher befand sich hier, allerdings etwas weiter südlich gelegen, das Dorf *Hainchen*, von dem auch der heute noch gebräuchliche Name *Hainbrunnen* herrührt. Das Dorf wurde so vollständig von Kriegshorden niedergebrannt, daß ein Reiter, der am vorhergehenden Tag am Dorf vorbei geritten war, keine Spur mehr von ihm fand und verwundert sagte: „Da lag's gestern".
→ Lautertal-Meiches, → Ulrichstein

Linsengericht (Main-Kinzig-Kreis)

Die Gemeinde Linsengericht, die südlich von Gelnhausen und der A 66 Hanau–Fulda im Naturpark Spessart liegt, trägt einen seltsamen Namen. 1970 schlossen sich die Dörfer *Altenhaßlau, Eidengesäß, Geislitz* und *Großenhausen* zur Großgemeinde Linsengericht zusammen, ein Jahr später folgte *Lützelhausen.* Die fünf Gemeinden bildeten schon seit Jahrhunderten ein gemeinsames Kirchspiel und teilen sich noch heute den „Gerichtswald Altenhaßlau" als „unteilbares Gemeindegliedervermögen". Der Sitz der Gemeindeverwaltung ist in Altenhaßlau, ein Gerichtssitz, der 1240 erstmals als „Hasela" urkundlich erwähnt wurde. Im 13. Jh. gehörte das Gebiet zum Herrschaftsbereich des Bistums Würzburg. Die Ritter von Trimberg erhielten vom damaligen Bischof das Gericht zu Lehen. Ursprünglich war das Gericht freies Reichsgut und hatte nur dem Kaiser unterstanden. Nun gingen die Rechte und Freiheiten der Gerichtsbewohner, abgesehen vom Gerichtswald, an die Herren von Trimberg, dann an die von Eppstein und von Hanau verloren. Ein frei gewählter Zehntgraf übte die niedere Gerichtsbarkeit auf der Gerichtsstätte in Altenhaßlau aus. Das Gericht ist auch unter dem Namen der heutigen Gemeinde bekannt.

Zur Entstehung des Namens gibt es verschiedene Deutungen. Einmal könnte der Name Linsengericht eine Abänderung von „Lindengericht" sein. Es war damals üblich, unter der Dorflinde Gericht zu halten. Der Name könnte auch einen inhaltlichen Bezug zu dem freien Gericht haben: Nach dem Ausspruch eines Richters sollte bei der Rechtssprechung ‚um keiner Linse Wert' vom Recht abgewichen werden – eine Anspielung auf die biblische Geschichte von Esau und Jakob, der beiden Söhne Isaaks, die im Alten Testament im 1. Buch Mose Kapitel 25, Verse 29–43 nachzulesen ist: Als sein älterer Bruder Esau müde und hungrig von der Jagd kommt, kauft Jakob ihm das Erstgeborenenrecht für einen Teller warmer Linsen ab.

Eine dritte Erklärung, die als die wahrscheinlichste erscheint, zieht noch heute vorhandene Flurbezeichnungen wie *Linsenacker, Linsenrain* und *Linsengraben* heran. Demnach wäre der Name dadurch entstanden, daß man früher sehr viel Linsen in den Gemarkungen der Gerichtsgemeinde anbaute.

LOLLAR (Lkr. Gießen)

Hangelstein
Etwa 2 km südöstlich von Lollar erhebt sich im Naturschutzgebiet in der Gabel von BAB 485 und BAB 480 der 305 m hohe Hangelstein. Er ist der letzte Ausläufer des Vogelsberges am Nordostrand des Gießener Beckens. Die Basaltkuppe ist gut auf dem alten Studentenpfad erreichbar, der südlich von Lollar hinter dem Tennisplatz durch den Wald und über die Autobahn in Richtung Aussichtspunkt „Gnauth-Eiche" unweit der alten Wallanlagen führt. Der Studentenpfad geht hier in einen gut beschilderten Wanderweg über, der von Süden von *Gießen-Wieseck* ins Naturschutzgebiet Hangelstein führt. Verschiedene Funde auf dem bizarren Basaltfelsen weisen eine Besiedlung von der Jungsteinzeit (Michelsberger Kultur, ca. 6. Jh. bis 1800 v. Chr.) über die Urnenfelderzeit (späte Bronzezeit, ca. 1200–700 v. Chr.) zur keltischen Hallstatt- und La-Tène-Kultur (Eisenzeit, ca. 750–400 v. Chr., bzw. ca. 450 v. Chr.-Christi Geburt) nach. An der Westflanke ist ein verschliffener Wallrest aus dem Mittelalter sichtbar.
Im Bergesinneren haben der Sage nach seit Menschengedenken Zwerge ihren Wohnsitz. Sie sollen Bergleute gewesen sein und Silber und Gold gegraben haben, woraus sie in ihren Zwergenschmieden wundersame Waffen und Spielzeug machten. Auch die Glaskunst beherrschten sie und fertigten feine, durchsichtige Stiefel und andere kunstvoll gestaltete Dinge. Von einer besonderen Leidenschaft der Hangelsteiner Zwerge wird berichtet, die sie jedes Jahr zur Herbstzeit nach *Alten-Buseck* trieb, wo man gerade den „Hoink", das Zwetschenmus, kochte. Die Zwerge setzten sich still unter die Ofenbank, genossen den herrlichen Duft und warteten bis Mitternacht. Dann kletterten sie mit einer gläsernen Leiter auf den Rand des Kessels und schmatzten und alberten um die Wette. Erst frühmorgens verschwanden sie wieder und kehrten in den Hangelstein zurück.
→ Breitscheid, → Königstein

LORSCH (Bergstraße)

Ehemaliges Kloster mit Torhalle (Königshalle)
Zwischen BAB 67 und BAB 5, im Schnittpunkt von B 47 und B 460, liegt Lorsch, im Früh- und Hochmittelalter ein bedeutendes monastisches Zentrum. Von dem ehemaligen Reichskloster Lorsch, der größ-

ten Benediktinerabtei nördlich der Alpen, sind nur noch die karolingische Torhalle, die große Zehntscheune und ein Teil der Ringmauer sowie der Basilika erhalten. Durch das Klostergelände führt ein heimatkundlicher Lehrpfad; nach Ausgrabungen in den Jahren 1926–32 wurden die Fundamente der unter der Erde liegenden Mauerzüge mit einer Heckenbepflanzung markiert.

Während der Regierungszeit König Pipins des Jüngeren (741–68) gründeten der fränkische Gaugraf Cancor und seine Mutter Williswinda auf einer kleinen Insel der Weschnitz, direkt am Schnittpunkt der großen Heer- und Handelsstraßen, ein Kloster, welches von Erzbischof Chrodegang von Metz um 746 mit Benediktinermönchen aus dem Kloster Gorze bei Metz besetzt und mit Reliquien des hl. Nazarius beschenkt wurde. Diese erste Anlage – Altenmünster – gewann schnell an Bedeutung und ein größerer Neubau wurde nötig, den man weiter westlich auf der Höhe der Flußdüne errichtete. Schon 772 erhielt das Kloster durch Karl den Großen (747–814) die Reichsunmittelbarkeit und das Recht der freien Abtwahl. Die Abtei hatte sich durch zahlreiche Schenkungen rasch von einem kleinen adeligen Eigenkloster zu einem bedeutenden monastischen Zentrum entwickelt, dessen Grundherrschaft von der Nordsee bis zu den Alpen reichte; der „Codex Laureshamensis", die Chronik und das Urkundenbuch der Abtei, nennt mehr als 3800 Stiftungen.

Karl der Große. Holzschnitt, 1493

Sittenverfall und Mißwirtschaft führten dazu, daß 1228 Papst Gregor die Verwaltung des Klosters an den Mainzer Erzbischof übergab. Mit dem Verlust der Selbständigkeit und dem Ende der benediktinischen Ära begann der langsame Niedergang des Klosters: 1226 wichen die Benediktiner, 1248 zogen Prämonstratenser ein, 1463 verpfändete Kurmainz Lorsch an Kurpfalz und 1555 ließ Kurfürst Ottheinrich die reichen Bestände der Klosterbibliothek nach Heidelberg bringen; 1556 wurde das Kloster im Zuge der Reformation aufgehoben. Bis auf wenige Reste wurden die Klostergebäude während des Dreißigjährigen Krieges 1621 in Schutt und Asche gelegt und abgetragen. 1648 fiel das Kloster an Mainz zurück, 1803 gelangte es an Hessen.
Die Torhalle, auch Königshalle genannt, ist eine Art Triumphbogen und gilt mit ihren Arkaden, Pilastern und Halbsäulen und den beiden Treppentürmen als Juwel karolingischer Renaissance; seit 1992 zählt sie zum Weltkulturerbe der UNESCO. Zur Einweihung der Klosterbasilika durch Erzbischof Lullus von Mainz kam im Jahr 774 auch Karl der Große nach Lorsch. Man nahm an, daß die Torhalle aus diesem Anlaß, dem König zu Ehren, erbaut wurde; nach jüngsten Forschungen entstand sie jedoch Mitte des 9. Jh., vielleicht durch König Ludwig III. den Jüngeren gefördert. Lediglich die Erhöhung des oberen Stocks und das steilere Dach des bedeutenden Gebäudes der Vorromanik in Europa sind spätgotisch und stammen aus dem 14. Jh.; seit dieser Zeit befindet sich hier eine Kapelle. Einzigartig ist die Wanddekoration: Im Untergeschoß werden drei Torbogen durch Halbsäulen mit Kompositkapitellen flankiert, das obere Geschoß ist durch schmale Pilaster mit spitzen Dreiecksgiebeln geordnet; die freien Mauerflächen sind durch weiße und rote Tonplatten in einem Fliesenmuster aus Rauten und Sechsecken gestaltet.
In Lorsch starb 794 Herzog Tassilo III. von Bayern, ein politischer Gegenspieler Karls des Großen. Der um 741 geborene letzte Sproß der Agilolfinger hatte für sich und sein Land erhebliche Selbständigkeit erworben mit dem Ziel, eine vom Frankenkönig unabhängige Herrschaft zu errichten. 788 kam es auf der Pfalz Ingelheim anläßlich eines Hoftages zu einer Zusammenkunft beider Potentaten mit dem Ergebnis, daß Karl Tassilo gefangennehmen und blenden ließ, worauf er ihn auf Lebenszeit ins Kloster verbannte. Der erzwungene förmliche Verzicht Tassilos auf seine frühere Würde beseitigte das letzte Stammesherzog-

tum und machte Bayern zu einer von einem Statthalter verwalteten fränkischen Provinz.
Eine im Kloster Lorsch lokalisierte Legende erzählt in diesem Zusammenhang: Als der König auf einer seiner Reisen nach Süddeutschland einmal im Reichskloster Lorsch weilte und im Münster sein Nachtgebet sprach, sah er im Kreuzgang einen greisen Mönch, der sehr unsicheren Schrittes war und von einem Engel gestützt wurde. Der Mönch kam ihm bekannt vor, aber selbst der Abt kannte ihn nur mit seinem geistlichen Namen, und so wurde der Bruder vor ihn geführt und gebeten, dem König seine Identität zu enthüllen. Der Blinde gab sich als Tassilo von Bayern zu erkennen – der König erkannte die schlimme Buße, die er seinem Feind auferlegt hatte und versöhnte sich mit dem Blinden. Tassilo küßte den Ring seines Königs, fiel zu Boden und starb, so, als hätte seine Seele erst jetzt Frieden gefunden.

„Langer Sarg"

Von der früheren Basilika steht heute nur noch ein Teil des Mittelschiffs der Vorkirche, die ein reichhaltiges Lapidarium (Steinsammlung) beherbergt. Hier befinden sich u. a. auch zwei Sarkophage aus karolingischer Zeit. In dem einen ist vermutlich der erste deutsche König, Ludwig der Deutsche (843–876) beigesetzt worden. Ein zweiter Sarkophag von 2,40 m Länge, dessen Innenseite mit Kreuz und Runen behauen ist, enthielt der Sage nach die sterblichen Überreste Siegfrieds von Xanten, des berühmten Helden des Nibelungenlieds, von dem es heißt, Kriemhild habe seine Gebeine von Worms nach Lorsch mitgenommen.
An das Nibelungenlied erinnern in Lorsch zudem eine „Nibelungenstraße" und eine „Nibelungenhalle". Entgegen der allgemeinen wissenschaftlichen Meinung gibt es Forscher, die als den unbekannten Dichter des Nibelungenlieds Sigehart von Schauenburg annehmen, der von 1167 bis 1198 dem Kloster als Abt vorstand. Auffallend ist im mittelalterlichen Epos jedoch der vielfache örtliche Bezug zu Lorsch und Umgebung, so daß es naheliegt, in dem Dichter zumindest einzelner Teile des Nibelungenlieds einen Ortskundigen anzunehmen.
→ Grasellenbach, → Mossautal-Hüttenthal

M

MICHELSTADT (Odenwaldkreis)

Die sehenswerte Odenwaldstadt an der B 45, touristischer Mittelpunkt des Odenwaldes, liegt im Tal der Mümling. Der Name der Stadt, der sich vom altdeutschen „michil, michel" ableitet, was soviel bedeutet wie „groß", verrät bereits ein hohes Alter. In der Tat war Michelstadt schon zur Römerzeit besiedelt. 741 wird die Stadt in einer Schenkungsurkunde erstmals erwähnt. Die weitere Entwicklung der Ortschaft ist eng mit dem Bau der 827 vollendeten Einhard-Basilika verbunden. 840, nach dem Tod Einhards, wurde die Mark Michelstadt eine Lorscher Grundherrschaft; sie diente dem Kloster als Verwaltungssitz für den östlichen Odenwald und entwickelte sich als deren Marktsiedlung vom 12. Jh. an zu einer kleinen Stadt. Als Besitz der im 16. Jh. aufgeblühten Grafschaft Erbach, die Ende des 14. Jh. mit der Ummauerung der Stadt begonnen hatte, kam Michelstadt mit ihr 1806 an das Großherzogtum Hessen.

Der Marktplatz zu Michelstadt

Marktbrunnen
Vor dem markanten Rathaus mit den zwei Erkertürmen über einer großen, offenen Halle, einem der ältesten Eichenholzbauten in Deutschland aus dem Jahr 1484, steht der Marktbrunnen. Er wurde 1575 von Graf Georg III. gestiftet und zeigt in rotem Sandstein ein Standbild des geharnischten Erzengels Michael. Deutlich erkennbar sind die Flügel auf dem Rücken. Der Engel trägt Schwert und Seelenwage, zu seinen Füßen windet sich Luzifer in menschlicher Gestalt mit verzerrtem Gesicht.
Michael soll während des „Krieges im Himmel", der den Sturz des Lichtengels Luzifer zur Folge hatte, die Engelarmee Gottes angeführt haben. Seine Darstellung als Krieger in Rüstung ist in der christlichen Kunst ein populäres Motiv. Die Waage als Attribut zeichnet den Erzengel als Seelenwäger aus, der am Tag des Jüngsten Gerichtes zur linken Hand Christi sitzend die Seelen aller Menschen begutachten hilft: Wer als zu leicht befunden wird, dem ist die ewige Verdammnis bestimmt. Mit der hier zur Justitia umgestalteten Figur, die frontal auf das Rathaus blickt, werden die dort beratenden Stadtoberen zur Gerechtigkeit gemahnt; auch die weltlichen Richter unterstehen einer höheren, göttlichen Gerichtsbarkeit, die am Ende der Zeiten Gerechtigkeit für alle bringen wird.

Kiliansquelle
Verläßt man Michelstadt in südöstlicher Richtung auf der Friedhofstraße, so gelangt man etwa nach 200 m hinter dem Friedhof an die Kiliansquelle. Unweit der gefaßten Quelle sind die Grundmauern der alten Michelstädter Friedhofskapelle, der Heilig-Kreuz-Kapelle, zu sehen, die 1995 freigelegt wurden. Das Wasser der Kiliansquelle, das im sog. Kiliansfloß den Wiesengrund unterhalb der „Stockheimer Eiche" durchfließt, speiste früher den doppelten Graben, den die Erbacher Schenken Conrad V. und Eberhard X. um 1390 zusammen mit einem Schutzwall und einer neuen Ringmauer mit Toren und Türmen um die Stadt herum errichten ließen.
Gegen Ende des 7. Jh. soll hier an der Quelle der hl. Kilian von Würzburg die ersten Taufen in der Gegend vorgenommen haben.
Kilian war ein iroschottischer Mönch von vornehmer Abstammung. Er bekannte sich zur Klosterregel des hl. Kolumban (540–615), erhielt später die Bischofsweihe und pilgerte schließlich nach Rom, um sich dort Bestätigung zur Berufung als Glaubensbote ein-

Der Schotte St. Kilian und seine Schüler St. Kolonat und St. Totnan, Prediger in Würzburg

zuholen. Die Predigterlaubnis zur Ausbreitung des Glaubens wurde ihm für das ostfränkische Gebiet um Würzburg erteilt. Gemeinsam mit seinen Schülern Kolonat und Totnan zerstörte Kilian heidnische Altäre und Götterbilder, bekehrte und taufte eine große Zahl an Menschen, darunter auch Herzog Gozbert, von dem er die Auflösung seiner nach kirchlicher Auffassung unrechtmäßigen Ehe mit seiner Schwägerin Geilana verlangte. Die erzürnte Herzogin ließ daraufhin Kilian und seine Gefährten heimlich ermorden und unter einem Pferdestall verscharren. Die zur Strafe vom Wahnsinn befallenen Mörder gestanden jedoch die Tat. Über dem Grab der Märtyrer wurden zunächst Teile des älteren *Würzburger* Dombaus und nach Erhebung der Gebeine 752 über diesem die Neumünster-Kirche als Grablege errichtet.
Das Christentum wurde im Odenwald zuerst durch diesen Missionar verbreitet; auch die Stadtkirche in Michelbach ist dem hl. Kilian geweiht.

Einhard-Basilika
Nordseits am alten Ortsrand von *Steinbach*, mit kurzer Zufahrt von der B 47 zu erreichen und mit einem Parkplatz an der Einhardstraße ausgestattet, steht leicht erhöht die Einhard-Basilika, benannt nach ihrem Erbauer Einhard (um 770–840), dem vielseitig begabten Berater und späteren Biographen Karls des Großen. Ein rekonstruierendes Steinmodell zeigt die ursprüngliche Außenarchitektur der Kirche, die in den Jahren

zwischen 823 und 826/827 erbaut wurde und eines der seltenen Dokumente karolingischer Baukunst in Deutschland, zugleich die älteste Basilika nördlich der Alpen, darstellt. Nach dem Tod Einhards ging Michelstadt in den Besitz des Klosters *Lorsch* über. In den folgenden beiden Jh. wurde die Basilika wohl als Pfarrkirche genutzt. Im Jahr 1073 gründeten einige Mönche des Klosters Lorsch hier die Probstei Steinbach, die Anfang des 13. Jh. in ein Benediktinerinnenkloster umgewandelt wurde. Im Laufe der Jahrhunderte erfuhr die Basilika verschiedene bauliche Veränderungen, so wurde etwa 1182 der karolingische Vorbau im Westen abgebrochen und durch zwei Westtürme ersetzt, im 13. und 14. Jh. die jeweils sechs Arkaden der Seitenschiffe vermauert. Im Zuge der Reformation wurde das Kloster im Jahr 1535 geschlossen und die Klostergebäude 1542 an die Grafen von Erbach verkauft, deren Grablege sich hier schon seit dem 13. Jh. befand. Seit etwa 1600 stand der Torso der Basilika nach dem Verlust des romanischen Turmpaares im Westen nahezu unberührt, bis nach seiner Nutzung als Jagdzeughaus und mehreren Teileinstürzen im Jahr 1873 der Darmstädter Kunsthistoriker Georg Schaefer nachwies, daß es sich bei dem alten Kirchenbau um das Bauwerk Einhards handelte. Im Inneren sind vor allem die Reste der ursprünglichen Wandmalerei bedeutsam, ein Konsolenfries über den Fenstern, das sich im Mittelschiff erhalten hat, sowie Spuren von figürlicher Bemalung in der Apsis. Diese noch an ihrem ursprünglichen Ort erhaltene karolingische Wandmalerei ist eine äußerste Seltenheit und von großem Wert. Einhard, der Gelehrte adliger Abstammung, der im Maingau geboren und im Kloster Fulda erzogen wurde, kam etwa 794 an den Hof Karls des Großen nach Aachen. Neben seiner Tätigkeit als Hofschreiber war Einhard die Oberaufsicht über die königlichen Bauten in Aachen übertragen. Auch in politischen Dingen zog Karl der Große ihn ins Vertrauen: 806 reiste Einhard mit dem Testament des Kaisers nach Rom, um dort die Zustimmung und Unterschrift des Papstes zum Reichsteilungsplan, der sog. *Divisio regnorum*, einzuholen. Berühmt ist Einhards Fürstenbiographie, die „Vita Caroli Magni“, in der er als Augenzeuge manche Einzelheiten über das Leben am Hof Karls des Großen mitteilt.

Nach dem Tod des Frankenkaisers bekam Einhard von dessen Sohn Ludwig dem Frommen 815 die Dörfer Unter- und Ober-Mülheim im Maingau (heutiges *Seligenstadt*) und die Mark Michelstadt zum Dank für seine Dienste geschenkt. Zu dieser Zeit lebten in „Michilunstat“ etwa 150 Menschen in halb in die Erde eingegrabenen Holzhäusern. Einhard errichtete die steinerne Basilika, die sich sowohl durch ihre Größe als auch durch ihr Material völlig von den Häusern der Bauern unterschied, in einer abgelegenen Lichtung auf einem flachen Hügelrücken dicht über den sumpfigen Ufern der Mümling. Einhard wählte sich diesen einsamen Ort fern allen Verkehrs als Alterssitz, „für die Zeit seiner Muße“. Um die Basilika weihen zu können, benötigte er Reliquien, deren Erwerb ihm so wichtig war, daß er ihn in seiner Schrift „Translatio et miracula SS. Marcellini et Petri“ (Übertragung und Wunder der Heiligen Marcellinus und Petrus) der Nachwelt überliefert hat. Im März des Jahres 827 schickte Einhard seinen Sekretär Ratleic mit einem Diener nach Rom, damit sie dort mit Hilfe des römischen Diakons Deusdona Reliquien besorgten. Schon auf dem Weg befiel Ratleics Diener ein schlimmes Fieber, in dem er eine Traumerscheinung hatte: er sah Rom und die Kirche, in der sie fündig werden könnten. Die Heilung des Fieberkranken erscheint als Wahrheitsbeweis der Vision. In der heiligen Stadt angekommen, hielt Deusdona sein Versprechen nicht – Ratleic vertraute aber auf den Traum seines Dieners und schließlich fand man die Basilika des Märtyrers Tiburtius an der Via Labicana, drei Meilen außerhalb von Rom. Sie brachen nachts in die Kirche ein; weil es aber nicht gelang, den schweren Deckel der Altartumba zu heben, stiegen sie hinab in die Krypta der Kirche und fanden dort die Grablege der Märtyrer Marcellinus und Petrus. Nach dreitägigem Fasten entschloß sich Ratleic, ein zweites Mal bei Nacht in die Kirche einzubrechen und die Gebeine beider Märtyrer aus dem Doppelgrab zu entnehmen. In versiegelten Schreinen schickte Ratleic diese und ein anderes Bündel mit einer Menge von Heiligen-Reliquien voraus und blieb selbst noch einige Zeit zurück, um sich zu versichern, daß von dem Raub der Reliquien nichts bemerkt worden sei. Ab dem Genfer See (St. Maurice an der Rhône) wurden die Reliquien unter großer Beteiligung der Gläubigen, welche die Schreine Loblieder singend begleiteten, über Solothurn und Straßburg weitergetragen, bis sie im Herbst 827 in Michelstadt in der neuen, noch nicht geweihten Kirche zu dauerhaftem Verbleib aufgestellt wurden. Wieder hatte jedoch Ratleics Diener eine Erscheinung und hörte eine Stimme, die mahnte, daß die heiligen Märtyrer eine andere Stelle auserwählt hätten und so bald als möglich dorthin überführt zu werden wünsch-

ten. Einhard, dem man davon berichtete, zweifelte zunächst und erst als einem Priester im Traum ein weißgekleideter Mann erschien, der Einhards Hartherzigkeit und Starrsinn tadelte und erneut die Forderung nach einer Überführung der Gebeine erhob, ließ dieser alles vorbereiten. Am 16. und 17. Januar 828 wurden die Gebeine der Heiligen Marcellinus und Petrus über *Groß-Ostheim* und *Stockstadt* nach Ober-Mühlheim, dem heutigen *Seligenstadt*, getragen, wo sie bis heute ruhen.
In seinem Bericht von den Begebenheiten greift Einhard auf die Wundergläubigkeit seiner Zeit zurück; es ist typisch, daß der Heilige selbst den Ort anzeigt, an dem seine Reliquien zu finden sind. Auch die diebische Aneignung der Reliquien, die bei Nacht und in aller Heimlichkeit erfolgte, stellt für diese Zeit keine Besonderheit dar. Weder Ratleic noch Einhard fühlten sich als Diebe schuldig, mehr noch: Einhard rühmt sich des Besitzes wie auch der Erwerbung der Reliquien, sah er sich doch durch die Heiligen selbst dazu ermächtigt.
1993 und 1994 wurde das historische Ereignis der Überführung der Reliquien nach Seligenstadt nachvollzogen. Der 60 km lange „Einhardweg" ist auf zwei Routen ausgeschildert: als anspruchsvoller Wanderweg über die Höhen östlich des Mümlingtals sowie als kürzerer Rad- und Wanderweg über Höchst und die alte „Frankfurter Straße". Im Ort *Mosbach*, für den Einhard ein Nonnenkloster erwähnt, vereinigen sich beide Wege und führen über Groß-Ostheim, dem Ort, in dem nach Einhard die Reliquienprozession übernachtete, nach Seligenstadt.
→ Seligenstadt

Mossautal (Odenwaldkreis)

Lindelbrunnen

Die Gemeinde Mossautal inmitten einer sehr wald-, wild,- wasser- und wiesenreichen Landschaft ist eng mit der Nibelungensage verwoben: sie liegt mitten im „Jagdrevier der Burgunder". Befährt man die Siegfried-Straße vom Himbächl-Viadukt kommend, vorbei am Marbach-Stausee, weiter nach Westen (hier B 460), so gelangt man durch den langgestreckten Ort *Hüttenthal*. An dessen Ortsausgang, direkt an der Siegfried-Straße, zweigt nach rechts ein schmales Waldtal mit dem Lindelbrunnen ab. Der Brunnen ist ausgeschildert, nahe dabei ein Parkplatz eingerichtet. Die Quelle ist von aufgetürmten Blöcken umfriedet,

das klare Wasser läuft in einem dünnen Strahl aus einer runden Steinfassung.
Hier soll sich eine der wichtigsten Szenen aus dem Nibelungenlied zugetragen habe: Hagen von Tronje erschlug den Helden Siegfried. Eine Tafel auf dem obersten, mittleren Block teilt mit, daß die Quelle schon um das Jahr 773 n. Chr. in einer Beschreibung der Mark Heppenheim genannt werde. Um den Brunnen herum sind einige Linden gewachsen, ganz wie im Nibelungenlied erwähnt:

> „Den starken Spieß lehnt' er [Siegfried] an den Lindenast.
> Bei des Brunnens Flusse stand der herrliche Gast."
> (Strophe 918b)

Nach dem Kampf mit dem Drachen hatte Siegfried in dessen Blut gebadet, wodurch er unverwundbar wurde – nur ein zwischen die Schultern gefallenes Lindenblatt hatte die Panzerung verhindert. Der ahnungslose, auf einen Jagdausflug in den Odenwald gelockte Siegfried soll an diesem Brunnen an seiner einzigen verwundbaren Stelle von Hagen hinterrücks erstochen worden sein. Das Gebiet von *Worms* bis nach *Würzburg* gilt schon seit langem als Jagdgebiet der Nibelungen. Zahlreiche alte Karten verzeichnen bereits die Siegfried- und die Nibelungenstraße, die die Naturparks Bergstraße-Odenwald, Bayerischer Odenwald und Madonnenländchen durchqueren. So kommt es, daß verschiedene Orte im oder am Odenwald in Anspruch nehmen, ihr Brunnen sei der ‚Mordbrunnen' aus dem Nibelungenlied.
→ Beerfelden-Airlenbach, → Grasellenbach

MÜCKE (Vogelsbergkreis)

Vom Tümmelberg im Westen bis zum Häberich im Osten reicht das weiträumige Gebiet der Gemeinde Mücke. Eine dichte Besiedlung findet sich vor allem im Ohmtal. Älteste Urkunden bezeugen bereits eine frühe Besiedlung der Ortsteile *Nieder-* und *Ober-Ohmen*, *Groß-Eichen* und *Merlau*. Grundherren waren die von Eisenbach und die von Rodenstein sowie für eine lange Zeit die einflußreichen Herren von Riedesel. Im 18. und 19. Jh. wanderten viele Einwohner nach Ungarn, Siebenbürgen, Rußland, Polen und Amerika aus, nachdem hier in den Kriegen des 17. und 18. Jh. viele Truppen hindurch marschiert waren und die Wirtschaft erheblich gelitten hatte.

„Kretschmann-Buche"

An der Straße von Ober-Ohmen nach *Höckersdorf* steht eine alte Buche, die von den Einheimischen „Kretschmann-Buche" genannt wird. Sie soll nach den Stiefbrüdern Kretschmann aus Höckersdorf benannt sein. Als diese beiden eines Abends gemeinsam mit ihrem Vater von Ober-Ohmen angetrunken nach Hause gingen, gerieten sie in heftigen Streit, in dessen Verlauf die beiden Söhne ihren Vater erschlugen. Um die Tat zu verschleiern, hängten sie ihn mit seinem Wollschal an den Ast der breitausladenden Buche, so daß es aussah, als habe der Vater Selbstmord begangen. Das Verbrechen wurde jedoch entdeckt. Während der Jüngere mit zehn Jahren Zuchthaus davonkam, wurde der Ältere mit dem Tode bestraft. Seither ist es an der „Kretschmann-Buche" nicht geheuer: Ohne Kopf geht hier der ältere Bruder umher und schreckt die Vorübergehenden.

→ Schmitten: Großer Feldberg

Schloßruine Merlau

Im Garten von Robert Keller in der Schloßgasse 11 sind auf einer Größe von etwa 20 qm Mauerreste des einst bedeutenden Merlauer Schlosses zu sehen. Es wurde in den Jahren 1584–1592 von Landgraf Ludwig IV. als prachtvolles Jagdschloß im deutschen Renaissancestil mit gotischen Elementen erbaut. Unter den nachfolgenden hessischen Landgrafen geriet das Schloß etwas in Vergessenheit. Bereits im 30jährigen und im 7jährigen Krieg von Soldaten heimgesucht, nahmen die französischen Truppen im Revolutionskrieg im Schloß Quartier und zerstörten Möbel und Einrichtungen. Die Soldaten drangsalierten die Einwohner Merlaus so sehr, daß diese schließlich das Dach des Schlosses abdeckten, um eine Einqartierung unmöglich zu machen. Damit war der Verfall des Gebäudes besiegelt. 1851 wurde die Restruine ab-

Schloß Merlau. Kupferstich, um 1620

getragen. Einzig das Doppelwappen vom Schloßtor, welches links im Eingangsbogen der Kirche eingemauert wurde, zeugt neben den bereits erwähnten Mauerresten noch heute von den glanzvollen vergangenen Zeiten.

In der Überlieferung hat sich die Erinnerung an das prachtvolle Jagdschloß in zahlreichen Sagen niedergeschlagen. Es soll von drei weißen Jungfrauen erbaut worden sein, von denen sich eine gelegentlich den Menschen zeigte. Ein alter Schäfer ging einst in der Adventszeit am Schloß vorbei und wurde plötzlich so müde, daß er sich am hellichten Mittag zum Schlafen hinlegte. Da ertönte unter ihm in der Erde liebliche Musik und er sah eine weißgekleidete Frauengestalt mit dunklen Augen und schwarzem Haar, die ihm mit flehender Gebärde einen Schlüsselbund entgegenhielt. Der erschrockene Hirte lehnte diesen jedoch dreimal ab, worauf die Erscheinung mit einem furchtbaren Knall veschwand.

Einer Gruppe von Merlauer Konfirmandenkindern, die in den Ruinen Verstecken spielten, ist die Weiße Frau ebenfalls erschienen. Unter ihnen befand sich ein Waisenmädchen, das sich als Versteck einen großen alten Ofen aussuchte. Schlag elf Uhr öffnete sich eine bisher unsichtbare Tür: eine weiße Frau trat heraus, schwebte auf das vor Schreck erstarrte Kind zu und bot ihm ein paar Schlüssel an. Das Mädchen konnte jedoch entwischen, woraufhin die Erscheinung ihm zornig die Schlüssel nachwarf und es so heftig am Kopf traf, daß es ohnmächtig zu Boden fiel. Von dem unheimlichen Vorfall blieb eine Narbe zurück.

In einem der zahlreichen Zimmer des ehemaligen Schlosses soll es früher gespukt haben: einmal im Jahr hörte man hier ein Kleinkind fürchterlich schreien. Die Sage erzählt, dies sei der Geist eines unehelich geborenen Kindes, das von seiner Mutter getötet worden war und nun klagend Zeugnis von dem an ihm begangenen Unrecht gibt. Das betreffende Zimmer soll eine doppelte Giebelöffnung gehabt haben, die sich nur mit Erbsenstroh verschließen ließ und durch welche der Teufel freien Zugang ins Schloß hatte.

→ Dillenburg-Nanzenbach, → Glauburg

MÜHLTAL (Lkr. Darmstadt-Dieburg)

Burgruine Frankenstein

10 km südlich von *Darmstadt*, im Westen des Dorfes *Nieder-Beerbach*, ragen auf dem 397 m hohen Schloßberg, einem Ausläufer des Langen Bergs, die Ruinen

der Burg Frankenstein empor. Man erreicht das beliebte Ausflugsziel von der Straßenbahnhaltestelle „Frankenstein“ in Darmstadt-Eberstadt über einen steil ansteigenden Wanderweg oder per Auto über einen kurvenreichen Fahrweg, welcher von der B 426 zum Parkplatz vor der Ruine hinaufführt. Von der Höhe hat man einen schönen Blick auf Bergstraße und Rheinebene.

Der Ursprung der heutigen Burgruine liegt im 13. Jh.: Nach einer Urkunde von 1252 wurde wahrscheinlich um 1240 eine Festung erbaut, welche unter Konrad II. Reiz von Breuberg den Namen Frankenstein erhielt, benannt nach dem bereits in einer Urkunde aus dem Jahr 948 belegten Namen des Berges, den von nun an auch die Burgherren führten. Im Jahr 1292 traten die Frankensteiner in ein Lehensverhältnis mit den mächtigen Herren von Katzenelnbogen, wodurch sich ihr Einflußbereich nach Zwingenberg, Darmstadt und Groß-Gerau vergrößern ließ. Als es im Jahr 1582 um die Einführung der Reformation zu harten Auseinandersetzungen zwischen dem Landgrafen von Hessen und Hans von Frankenstein kam, konnten sich die Frankensteiner Ritter behaupten; nachdem aber 1602 und 1606 die beiden Hauptlinien ausgestorben waren, verkauften sie 1662 ihre Stammburg samt der umliegenden Dörfer an die Landgrafen von Hessen. Von der großen Verkaufssumme erwarben sie in Ullstadt/Mittelfranken eine Herrschaft mit Barockschloß, wo das Geschlecht noch heute lebt. Ihre Stammburg wurde in der Folgezeit als Militärinvalidenanstalt, als Zufluchtsort für Flüchtlinge und als Militärstrafanstalt genutzt und verfiel seit dem Beginn des 18. Jh. zusehends. 1765 wurde in den Ruinen ein Forsthaus mit einer ersten Gastwirtschaft errichtet, nach 1775 nutzten die umliegenden Dörfer die Mauerreste als Steinbruch und erst 1835 begann man mit Wiederherstellungsarbeiten, die 1893 abgeschlossen wurden; letzte große Umbaumaßnahmen fanden in den 60er Jahren unseres Jahrhunderts statt. Heute bietet die Burg informative Führungen zur Geschichte und Lebensweise der Ritter an und ist mit einem Kiosk sowie einem Restaurant ausgestattet.

Internationale Bekanntheit erlangte die Frankenstein als Stätte des Monsterkultes: In den 80er Jahren kamen bis zu 40 000 Menschen hierher, um im Oktober nach amerikanischem Vorbild „Halloween“ zu feiern. 1990 wurde die Veranstaltung abgesagt, seit 1993 finden wieder Gruseltreffen in der Ruine statt, allerdings in wesentlich kleinerem Rahmen. Die Phantasie der

Monsterfans folgt einem der bedeutendsten Schauerromane des 19. Jh. „Frankenstein oder der Neue Prometheus“. Dieser Vorläufer der Science-Fiction-Literatur thematisiert das Faustsche Problem des Wissenschaftlers, der die Grenzen der menschlichen Natur zu sprengen sucht: Der ehrgeizige Naturwissenschaftler Viktor Frankenstein setzt aus Leichenteilen einen riesigen menschenähnlichen Körper zusammen, dem er mittels eines Blitzableiters durch Elektrizität Leben verleiht. Das Ungeheuer, das wegen seiner Häßlichkeit überall Abscheu erregt, entartet allmählich zum Dämon, der tötet, weil er nicht lieben darf und schließlich haßerfüllt seinen Schöpfer und dessen Familie vernichtet. Amerikanischen „Tatsachenbüchern“ zufolge haust das Monster in einem Verlies unter der Burg Frankenstein. Obwohl sich unter den Frankensteiner Rittern keiner mit biographischen Ähnlichkeiten mit dem fiktiven Dr. Frankenstein finden läßt, scheint es einen Bezug zur Burgruine tatsächlich zu geben.

Die Autorin, Mary Godwin Shelley (1797–1851), hatte 1814 gemeinsam mit ihrem Geliebten und späteren Ehemann, dem englischen Dichter Percy Bysshe Shelley, und ihrer Stiefschwester Claire Clairmont den Rhein bereist, und es wird angenommen, daß sie auch die Burgruine Frankenstein besuchte; die Beschreibung einer entsprechenden Burgsilhouette in Mary Shelleys Tagebuchaufzeichnungen legt dies nahe. Mary Shelley schrieb den Roman im „Genfer Sommer“ 1816, als die Gesellschaft am Genfer See in der Villa des großen englischen Romantikers Lord Byron (1788–1824) zusammentraf. In einer Gewitternacht im Juni rauchte man gemeinsam Opium und las sich deutsche Geistergeschichten vor, um sich zu eigenen Spukgeschichten kreativ anregen zu lassen. Mary Shelleys Beitrag zu diesem Wettbewerb wurde weltbekannt; „Frankenstein“ wurde besonders durch die Verfilmung mit Boris Karloff in der Rolle des Monsters zum Synonym für das Schreckliche schlechthin. Neueste Literatur zitiert einen geheimen Brief, den Jacob Grimm im Jahr 1813 an Mary Jane Clairmont, die Stiefmutter von Mary Shelley, geschrieben hatte. Hierin beschreibe Jacob Grimm eine Schauergeschichte, welche die Bewohner des Beerbacher Tals ihren Kindern erzählten, um sie davon abzuhalten, abends und vor allem zur Herbstzeit im Wald um die Ruine zu spielen: Danach soll auf der Frankenstein ein Zauberer gehaust haben, der von den Friedhöfen im Tal und an der Bergstraße Leichen stahl und daraus ein

Monster schuf, welches er ins Burggefängnis steckte. Weil es aber eines Tages im November ausbrechen konnte und den Zauberer erschlug, lebe es noch heute einsam in den Wäldern um die Burg und raube kleine Kinder, spiele mit ihnen, um sie dann in siedendes Wasser zu tauchen und zu fressen. Mary Jane Clairemont übersetzte die Sammlungen der Brüder Grimm ins Englische, darunter auch die Sage vom Frankensteiner Ritter Georg, und es klingt nicht unwahrscheinlich, daß auch ihre Stieftochter mit diesen Stoffen bekannt war.
In der Grimmschen Sage klingt eine Persönlichkeit an, die im 17. Jh. auf dem Frankenstein gelebt haben soll: Johann Konrad Dippel, ein Alchimist, der hier im ehemaligen Burgkerker ein Labor unterhielt, in dem er neben Experimenten mit dem hochexplosiven Nitroglyzerin auch Versuche mit Blut von Jungfrauen und Kindern gemacht haben soll; man soll ihm auch nachgesagt haben, mit menschlichen Gliedmaßen experimentiert zu haben, weshalb er mit dem Teufel im Bunde gewesen und keines natürlichen Todes gestorben sein soll.
Als Vorlage für ihren Dr. Frankenstein dürften Mary Shelley vor allem aber zwei Wissenschaftler gedient haben, die Versuche zur Elektrizität machten: Erasmus Darwin (1781–1802), der Großvater des berühmten Evolutionstheoretikers Charles Darwin, sowie Benjamin Franklin (1706–1790). Darwin arbeitete an der Universität von Ingolstadt, an welcher Shelley auch ihren Romanhelden studieren läßt, und machte die Ingolstädter Experimente, die mit Leichen und Leichenteilen vorgenommen worden, in England bekannt. Franklins Forschungen über Blitzableiter und Kondensator waren in Shelleys Elternhaus mit großem Interesse aufgenommen worden.
Zahlreiche andere Sagen ranken sich um die Burg Frankenstein. Unter den Fundamenten soll eine Reihe labyrinthartiger Gewölbe liegen, in denen man Schätze vermutet, von denen allerdings bisher noch nichts gefunden wurde. Am Dunkelbach, am Weg von der Burg hinab nach Nieder-Beerbach, soll es nicht geheuer sein. Hier will man in der Nacht das Lachen von Frauen und wüste Scherze von Männern gehört, dazu lodernde Feuer gesehen haben, um die sich Landsknechte in schwedischen Uniformen lagerten. Im Dreißigjährigen Krieg, als die Schweden in den Wäldern des Beerbacher Tales ihre Zelte aufgeschlagen hatten, soll nahe dem Katzenborn ein großer Goldschatz, der Sold der Soldaten, im Boden versenkt wor-

den sein. Weil plötzlich Angreifer aus dem Wald brachen und alle Soldaten mitsamt ihren Weibern getötet wurden, weiß niemand die genaue Lage des Schatzes.

Rittergrabmal in der Dorfkirche
Die bekannteste der Frankensteiner Sagen ist die Geschichte vom Ritter Georg von Frankenstein, der im 16. Jh. die Menschen von einem schrecklichen Lindwurm befreite, wobei er allerdings selbst den Tod fand. Sein Grabmal in der Nieder-Beerbacher Kirche zeigt ihn in Lebensgröße, geharnischt, mit Schwert und Steinhammer. Mit den Füßen steht er auf einem Drachen, dessen Schweif sich um sein linkes Bein windet, so daß die Spitze die Kniescheibe berührt.
Die Sage berichtet, daß am nahen Katzenborn ein Drache lebte, welcher die Bevölkerung in Angst und Schrecken versetzte und nur durch das alljährliche Opfer des schönsten Mädchens des Tales zu besänftigen war. Im Jahr 1531 war als einzige Jungfrau die

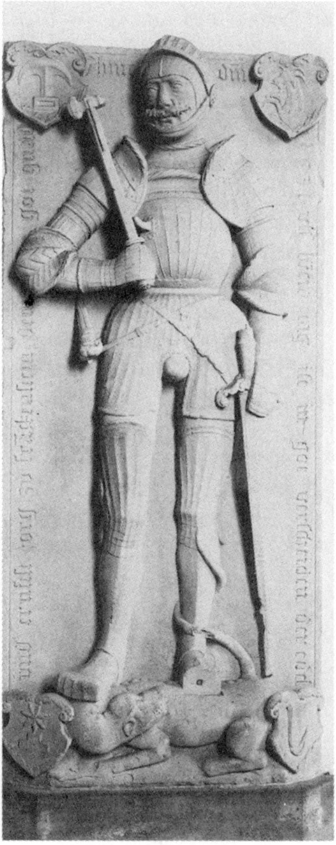

Grabmal des Georg von Frankenstein, gest. 1531

schöne Försterstochter Annemarie, die heimliche Geliebte des Ritters Georg, übriggeblieben. Annemarie betete um ein Wunder, denn Georg, der ihr hätte helfen können, war auf Kreuzzug im Heiligen Land. Da leuchteten drei brennende Kerzen von der Burg hinab, das Zeichen, mit dem sich die Verliebten immer verständigt hatten, denn genau in diesem Moment war Georg zurückgekehrt. Nach einem langen Kampf konnte er das Untier erlegen, doch dieses umschlang im Todeskampf ein Bein des Ritters und spritzte ihm sein todbringendes Gift an der ungeschützten Kniescheibe in den Körper. Beide erlagen ihren Verletzungen, und vor lauter Schmerz starb auch Annemarie wenig später. Das Wasser des Katzenbornes soll sich vom Blut des Drachens schwarz gefärbt haben und seit diesem Tag Dunkelbach heißen. In der Nacht zum 1. Advent, dem Tag, an dem Annemarie um das Wunder gebetet hatte, leuchten nun jede Nacht im alten Forsthaus drei Kerzen und Annemaries bleiches Gesicht erscheint hinter dem Fenster; ihre Seele schwebt als Nebelstreif hinauf ins Turmzimmer der Burg, wo sie um ihren Geliebten klagt. Um Schlag ein Uhr endet der Spuk.

MÜNZENBERG (Wetteraukreis)

Münzenberg liegt an der A 45 Gießen-Hanau, etwa 20 km von Gießen entfernt (Abfahrt Münzenberg). Das Wahrzeichen des Städtchens und der gesamten Wetterau ist eine der größten deutschen Burganlagen mit zwei gewaltigen Rundtürmen, zu deren Füßen sich die Häuser des Stadtteiles Münzenberg wie Burgmannen gruppieren. Wegen ihres Aussehens wird die

Münzenberg. Kupferstich von Matthias Merian

Burgruine „Wetterauer Tintenfaß" genannt. Burg und Ort Münzenberg entstanden 1160, 1244 wird der Ort erstmals als Stadt erwähnt. Die Falkensteiner erweiterten 1304 die Bürgerrechte und verliehen Münzenberg die gleichen Stadt- und Marktrechte, wie sie *Frankfurt* besaß. Damit hatte Münzenberg die Funktion eines Residenz-, Markt- und Handelsortes.

Wetter-Bach

Die Ruine blickt herunter auf den silberklaren Bach Wetter, von dem auch die Wetterau ihren Namen hat. Eine ätiologische Sage führt den Namen des Baches auf das Wirken eines tiergestaltigen Wasserdämons, eines riesigen Fisches, zurück, den sie als „Forellenbock" bezeichnet. Dieser lebte in einem Bach in den benachbarten Taunusbergen, wo er durch regelmäßige Zerstörung der Uferböschung den Quellnymphen das Leben schwer machte, bis ihn die Fee des Baches mit silberner Kette an eine gewaltige Erle fesselte. In einer

Ein merkwürdiger Fisch. Aus Gesners Fischbuch

Neumondnacht gelang es dem Fisch jedoch sich loszureißen; samt Kette fegte er die Berge hinunter bis in die Gegend von Münzenberg, wo er sich in einen kleinen tiefen See stürzte. Dadurch brach das Ufer und das Wasser des Sees floß in eine von der Silberkette gezogene tiefe Furche. Als der Münzberger Nachtwächter am Morgen von den Zinnen der Stadtmauer blickte und den neuen silberglänzenden Wasserlauf erblickte, rief er erstaunt: „Alle Wetter!", und so erhielt der Fluß seinen Namen. Der wilde Forellenbock soll noch heute in der Wetter leben – allerdings ist er sehr menschenscheu geworden.

→ Haiger-Langenaubach

„Kräpplstein"

Zwischen Münzenberg und *Trais*, unweit der Autobahnbrücke, biegt von der K 116 ein kleiner Fahrweg nach rechts ab. Hier steht, leider nicht völlig frei, sondern von allerlei „Fremdkörpern" umgeben, ein gro-

ßer Steinbrocken aus Taunusgeröll und Quarzsand. Wegen des Baus der BAB 45 wurde der Stein neu aufgestellt; über seinen ursprünglichen Standort herrscht Ungewißheit. Vermutlich handelt es sich um einen Kultstein, einen Menhir, welcher in der Jungsteinzeit mutmaßlich als Ruhesitz für die Seelen Verstorbener aufgestellt wurde. Aus diesem Stein, über dessen Herkunft und Funktion so wenig bekannt ist, machte die Volksüberlieferung einen „Zwölfuhrstein“: Um Mitternacht soll er sich einmal um die eigene Achse drehen; zieht man vor ihm den Hut, verneigt er sich langsam und hörbar knirschend.
→ Nidda-Schwickartshausen

„Götzenstein“ und „Mühlsteine“ am Steinberg
Am östlichen Ortsrand von Münzenberg steht der Steinberg, nicht ganz so hoch wie der Burgberg. Der Fußpfad schlängelt sich unter alten Kirschbäumen zwischen niedrigen Steinblöcken, den für den Berg typischen Konglomeratsandsteinen, hinauf auf die Hügelkuppe, welche von einer großen horizontal gestellten Sandsteinplatte gekrönt ist. Biegt man rechts um diesen Aussichtspunkt und steigt hinunter auf den Waldrand zu, sieht man zwei auffallende Felsen, eine etwa 6 m lange bis ungefähr 2 m hohe glatte Bruchwand, die auf den ca. 4 m hohen und breiten „Götzenstein“ zuläuft. Dieser ist von sechs und einem halben „Mühlstein“ umgeben, ein siebter liegt bereits rechts von dem Fußpfad, welcher unter den Kirschbäumen auf den Steinberg hinaufführt. Bei den „Mühlsteinen“ handelt es sich um runde Steine mit etwa 1,20 m Durchmesser und unterschiedlicher Oberflächenbeschaffenheit, in deren Mitte von beiden Seiten ein kleines, etwa 20 cm tiefes Loch gebohrt ist.
Die Funktion der merkwürdigen Steine ist ungewiß: Um Mühlsteine kann es sich nicht handeln, denn diese hätten ein durchgehendes Astloch. Vielleicht handelt es sich um Kultsteine, wie sie auch aus Irland, der Bretagne und Tirol bekannt sind. Von ihnen wird angenommen, daß sie in der Volksmedizin eingesetzt wurden: Wasser aus den Vertiefungen diente zur Herstellung einer Salbe gegen schmerzende Augen und Hautkrankheiten. Gegen verrenkte Glieder sollte ein Pendel helfen, zu dem man Steinchen aneinander band, welche zuvor in den Vertiefungen gelegen hatten.
Die etymologische Analyse des Namens der Mühlsteine, mundartlich „Mulsta“, führt zu einer weiteren Vermutung: mundartlich müßte ein Mühlstein nämlich „Minnsta“ (Minn = Mühle) heißen, der Name könnte

sich aber von dem altdeutschen „Mul“, was soviel bedeutet wie „Erhebung“ oder „Hügel“ ableiten und damit schlicht „Steine, die auf einem Hügel liegen“ bedeuten. Interpretiert man das Relief des Götzensteines als ein Pferd, welches sich von Ost nach West bewegt, so könnte dies auf die keltische Muttergöttin Epona hinweisen, deren Symboltier das Pferd ist.
Eine weitere Deutung des Namens führt über „Mühle“ – Müller – Mueller – Mul-Eller zu „Eller“, einem volkstümlichen Namen der Keltengöttin. Vielleicht handelt es sich also bei den Münzenberger Mühlsteinen um Kultsteine für die Verehrung der Epona? Bei Suhl in Thüringen gab es früher einen würfelartigen Stein, genannt „Mueller“, auf dem man Blumen und Heidelbeeren opferte.
Was die Münzenberger Steine betrifft, so ist interessant, daß zwischen Mühlsteinen, Götzenstein und Bruchwand sowie der 6 m dicken horizontalen Sandsteinplatte, dem Dachstein des vorgenannten Aussichtspunktes, astronomische Zusammenhänge festgestellt wurden: Sie sind auffallend nach Sonnenauf- und -untergang an Sommersonnenwende bzw. Tag- und Nachtgleiche ausgerichtet; dies könnte in der Tat auf eine vorchristliche Kultstätte hinweisen. Jedoch bewegen sich diese Interpretationsversuche im Bereich der Spekulation, weil die Fundstelle der Steine im Laufe der Zeit geplündert wurde, die Lage der Steine also durchaus willkürlich verändert worden sein könnte. Um 1950 sollen sich etwa noch 14 Mühlsteine hier befunden haben; 1874 wurden Steine zur „Ausschmückung des Palmengartens in Frankfurt“ versandt, in Münzenberg selbst wurde einer hinter dem Rathaus am Weg zur Burg aufgestellt.

NIDDA (Wetteraukreis)

Stadtgründung und Burg

Nidda, im Tal des gleichnamigen Flusses an der B 457 gelegen, hat als besondere Sehenswürdigkeit die älteste Saalkirche Hessens. Nicht weit vom Zentrum liegt der Stadtteil *Bad Salzhausen*, eines der ältesten Solebäder Deutschlands. 1218 wird Nidda zum erstenmal urkundlich erwähnt, 1234 erscheint der Ort als Stadt. 1806 wurde die Grafschaft Nidda dem Großherzogtum Hessen angeschlossen.
Eine Stadtgründungssage erzählt folgendes: Zur Zeit Friedrich Barbarossas (um 1122–1190) lebte auf der Burg Altenburg bei *Ranstadt-Dauernheim* der Raub-

ritter Bertold, Graf zu Nidda. Er raubte Kauf- und Wandersleute aus, richtete durch sein Umherschweifen großen Schaden an und führte seine Verfolger gründlich in die Irre, indem er die Hufeisen seiner Pferde umgekehrt anbringen ließ. Kaiser Friedrich wollte dem Treiben ein Ende setzen und schickte sein Heer aus, um die Raubritterburg zu belagern. Obwohl Bertold gegen das Heer des Kaisers keine Chance hatte, wollte er sich nicht ergeben. In der Not verhandelte seine Frau mit den Belagern und erreichte, daß sie mit einem beladenen Maulesel und dem, was sie auf ihren Schultern tragen könne, freien Abzug aus der Burg haben sollte. Ausdrückliche Bedingung war, daß nicht der Graf selbst auf dem Maultier ritte. Die Gräfin nahm hierauf ihre drei Söhne und setzte sie auf den Rücken des Tieres, ihren Mann aber packte sie auf ihre Schultern und trug ihn unbehelligt den Berg hinab. Die Gräfin gelobte, an der Stelle, an der der Esel stehen bleiben würde, eine Burg zu bauen. Mitten im sumpfigen Niddatal mußte sie selbst müde anhalten und auch der Esel blieb im Sumpf stecken. Verzweifelt rief sie „Nit da, nit da!“, aber der Esel rührte sich nicht von der Stelle. So baute die Gräfin hier eine Burg für ihre drei Söhne, und auch der Ort, der um die Burg entstand, trug den Namen „Nitda“.
Diese namensdeutende Sage von der „Weibertreu“ ist eine weit verbreitete Wandersage, die ganz ähnlich auch von anderen belagerten Burgen erzählt wird. Bekannteste Variante ist die Sage von den Weibern von Weinsberg. Die Deutung des Stadtnamens muß jedoch von Fremden stammen, denn in der Mundart der Einheimischen heißt es nicht „nit da“, sondern „nait do“, der Ortsname lautet im Volksmund „Näid“. Einen wahren Kern mag die Sage trotzdem haben: Es wird vermutet, daß Graf Bertold als Landfriedensbrecher Nidda als Lehen von Kaiser Friedrich I. nehmen mußte. Die Staufer, welche die Wetterau als Reichsland ausbauen wollten, betrieben eine zielbewußte Burgen- und Städtepolitik: Sie reihten die neue Wasserburg in Nidda in die Sperrkette der Burgen *Gelnhausen, Büdingen, Glauberg, Ortenberg, Lißberg, Bingenheim, Staden, Friedberg* und *Münzenberg* ein. Die Wasserburgen Staden und Nidda sicherten die linke Niddastraße. Bei Umbauten sollen im 19. Jh. Reste der alten Hohenstaufenburg gefunden worden sein, welche die gleichen Steinmetzzeichen wie die Burg Gelnhausen trugen. Heute steht hier ein 1600 erbautes Schloß, in welchem das Amtsgericht untergebracht ist.
→ Glauburg, → Ranstadt

Schwickartshausen

Teufelsstein

An der Kreisstraße 199 von Schwickartshausen nach *Unter-Lais* liegt direkt neben der Straße, versteckt im Gestrüpp am Goldberg, ein schreibtischgroßer Basaltblock.

Wie der gewaltige Stein hierher gekommen ist, berichtet eine Sage, die erkennen läßt, daß der Teufel, der hier als Bildner der Landschaft fungiert, Wesenszüge der Riesen übernommen hat. Er war auf dem Weg vom hohen Vogelsberg nach *Frankfurt*, wo er eine Menge Kundschaft hatte. In der Nähe von Schwickartshausen drückte ihn etwas in seinem Schuh. Er zog ihn aus, drehte ihn um, und heraus fiel der Stein. „Aha“, sagte der Teufel, „jetzt waaß ich aach, wos maich die ganz Zeit so gedreckt hatt!“

Seit dieser Zeit liegt der Stein hier, und an der Stelle ist es nicht geheuer. Schlag Mitternacht dreht er sich so schnell einmal um sich selber, daß man ganz genau hinsehen muß, um es wahrzunehmen. Gelegentlich ist auch ein goldener Hahn zu sehen, der auf dem Felsbrocken sitzt und dreimal in die Nacht hineinkräht.

Steine, die zur mitternächtlichen Stunde „waanern“ (wandern), gibt es in Oberhessen des öfteren. Sie liegen an vormals einsamen Wegen zwischen zwei Ortschaften. Auf dem nächtlichen Heimweg von der Wirtschaft oder von einem Fest mag es manchem Zecher tatsächlich so vorgekommen sein, als drehte sich der große Felsblock. Überhaupt wird die ‚tote‘ Natur in der Nacht häufig als bedrohlich und lebendig wahrgenommen.

→ Büdingen, → Dillenburg-Niederscheld, → Münzenberg

Die langen Birken

Wandert man von Schwickartshausen nach *Bobenhausen (Wallernhausen)*, so ist rechts ein mit hohen Buchen bestandener Höhenrücken zu sehen, der von Feldern und Wiesen umgeben ist. Es führt kein direkter Wanderweg hierhin, jedoch in der Nähe bei den Orlitzhöfen vorbei. Die Buchen weisen ein Alter von 40 bis 120 Jahren auf.

Nach ihrem ursprünglichen Baumbestand heißt der Platz, der zur Försterei Finkenloch gehört, aber immer noch „Die langen Birken“. Hier geht der Sage nach nachts eine Weiße Frau um, die unter lautem Wehklagen nach ihrem verlorenen Geliebten sucht. Es ist gefährlich, sich dann am Ort aufzuhalten, denn die

Frau hält jeden jungen Mann für ihren Freund, umschlingt ihn und läßt ihn nicht wieder los. Wer von ihr gepackt wird, muß ihr in alle Ewigkeiten folgen.

Das auffallende Phänomen hat mittlerweile eine natürliche Erklärung erfahren: Ein junger Forstbeamter, der in den 1950er Jahren in der Abenddämmerung auf einem Hochsitz saß, wurde Zeuge des lauten Schreiens und Wehklagens. Plötzlich erschien am Rand der „langen Birken" ein Dachs. Dieses Tier hat im Juli/August seine Ranzzeit (Paarungszeit) und stößt Schreie aus, die dem lauten Wehklagen eines Menschen in höchster Not sehr ähnlich sind.

→ Antrifttal, → Grünberg

Niedernhausen (Rheingau-Taunus-Kreis)

Der in landschaftlich schöner Lage zwischen der Idsteiner Senke und dem „Blauen Ländchen" gelegene Ort wurde zuerst 1283 urkundlich erwähnt, im 30jährigen Krieg (1618–48) völlig entvölkert und durch Landgraf Johann von Nassau-Idstein mit Siedlern aus der Gegend von Lüttich neu besiedelt. 1691 wurde ein im 19. Jh. wegen Unrentabilität eingestelltes Hüttenwerk zur Ausbeutung von Eisenerzen angelegt.

Brunhildenstein an der Hohen Kanzel

Südlich des Ortsteils *Engenhahn* erhebt sich mitten im Wald die Hohe Kanzel (592 m). An ihrer Südseite befindet sich ein großer Quarzitfelsen, Brunhildenstein genannt. Beide sind von Sagen umwoben.

Hier soll einst der Wohnplatz des Berggeistes Wode und dessen Gattin Frau Holle gewesen sein. Beide Namen weisen auf germanische Gottheiten, die zu Sagengestalten geworden sind. Ältere mythologische Forschung sah in ihnen den Göttervater Wodan (Odin) und Hludana (auch Hulda oder Holde), eine Erd- und Fruchtbarkeitsgöttin. Während in der Sage Frau Holle ein dämonisches Wesen mit vielerlei mythischen Funktionen ist, erscheint sie im gleichnamigen Märchen der Brüder Grimm als Hüterin bürgerlicher Häuslichkeit, die fleißige Mädchen belohnt und faule bestraft.

Der Brunhildenstein bei Engenhahn verdankt seine Entstehung, so wird erzählt, einem Streit zwischen dem Wode und seiner Frau: Frau Holle kochte jedes Jahr, wenn die Höhen des Taunus mit Heidelbeeren bedeckt waren, Unmengen von Marmelade, die in zwei im Inneren der Hohen Kanzel befindlichen riesigen Kellern aufbewahrt wurden; hier befand sich also der größte Vorrat an Heidelbeermarmelade in ganz Hessen. Zum Verdruß seiner Frau war Wode recht naschhaft. Als sie ihn eines Tages dabei erwischte, wie er gerade mit einem Löffel von der kochenden Marmelade probierte, da verschluckte er die Marmelade mitsamt dem Löffel. Dabei verbrannte er sich Zunge und Gaumen und wurde so wütend, daß er den gesamten Hausrat polternd vom Gipfel der Hohen Kanzel hinabwarf: darunter auch eine Schublade der Frau Holle, die zu einem Quarzitfelsen versteinerte.

Eine andere Sage bringt den Namen „Brunhildenstein" mit dem Nibelungenlied in Zusammenhang. Diese berühmte, um 1200 im Donauraum entstandene Dichtung ist aus verschiedenen Stoffkreisen erwachsen, die erst nach und nach miteinander in Verbindung gebracht und schließlich literarisch zusammengefaßt wurden; die wichtigsten Stoffkreise sind die von Siegfrieds Tod und Kriemhilds Rache. In der deutschen und nordischen Heldendichtung ist Brunhild Gemahlin des Königs Gunther von Burgund. Auf der Werbungsfahrt um die isländische Königin wird dieser von dem niederländischen Königssohn Siegfried begleitet, der, bevor er zu den Burgunden kam, mit Brunhild verlobt war, sie aber durch Zauber vergaß und später als Ehemann von Gunthers Schwester Kriemhild um sie wirbt. Da Gunther die von Brunhild aufge-

gebenen Kraftproben nicht besteht, tritt Siegfried unter dem Schutz einer unsichtbar machenden Tarnkappe für ihn ein. Nachdem bei einem Rangstreit der beiden Königinnen Kriemhild dieses Geheimnis verraten hat und Siegfried von Hagen, einem Verwandten der Burgunderkönige, erschlagen wurde, tötet Brunhild sich selbst.
Vom Brunhildenstein bei der Hohen Kanzel wird erzählt, Brunhild sei auf ihrer Reise vom heimatlichen Island an den Burgundenhof zu Worms in Begleitung von Siegfried hier vorbeigekommen und beide hätten hier eine Rast eingelegt.
→ Breitscheid-Erdbach, → Grasellenbach, → Mossautal, → Schmitten

O

OBERURSEL (Hochtaunuskreis)

Oberursel liegt am Rande der „Höhe" und der Mainebene als Tor zum Taunus, am Beginn einer uralten Straße, die in den hohen Taunus führt. Bereits in keltischer Zeit befand sich hier eine „Großstadt": Sie lag auf beiden Hängen des Heidetränktals, das sich hinter der Stadt in den Taunus hinaufzieht. Aus den „Altenhöfen" westlich des Baches und der „Goldgrube" im Osten, zwei frühkeltischen Festungen, hatte sich etwa 100 v. Chr. (späte La-Tène-Zeit) ein Oppidum, eine große Siedlungsanlage nach dem Vorbild der Mittelmeerstädte, entwickelt. Seine Ringwälle sollen eine Fläche in der Größe von etwa 260 Fußballplätzen umschlossen haben, auf der bis zu 30 000 Einwohner lebten. Damit war das Heidetränk-Oppidum die größte Keltensiedlung im Rhein-Main-Gebiet. Man hat hier zahlreiche keltische Fibeln und Votivtiere aus Bronze sowie Münzen gefunden, die heute im Oberurseler Vortaunus-Museum in einer anschaulichen Dokumentation der Keltenstadt zu sehen sind. Das Museum zeigt auch die keltischen Funde und ein Modell der Bebauung des nahegelegenen Altkönigs.
Erstmalig wird Oberursel im Jahr 791 erwähnt. Zu dieser Zeit stand dort, wo sich heute die Stadt erstreckt, ein frühmittelalterlicher Kirchenbau, der von irischen Wandermönchen errichtet wurde. Er ist allerdings nur urkundlich belegt, Reste sind bislang nicht entdeckt. 1444 erhielt Oberursel von den Grafen von Eppstein Stadtrechte und entwickelte sich dank der Stadtbewässerung durch den Urselbach zu einem blühenden Gewerbezentrum. Heute ist Oberursel zweitgrößte Stadt des Hochtaunuskreises.

Katholische Pfarrkirche St. Ursula

In der Zeit um 1450/60 erhielt die Kirche St. Ursula ihre heutige Erscheinungsform, 1497–89 wurde der Westturm gebaut. Zwischen Chor und Turm und dem Langhaus ist ein merkwürdig starker Achsenwechsel zu bemerken, der für die Einbeziehung älteren Mauerwerks spricht. Im Inneren zeigt sich die Kirche als asymetrische Hallenkirche mit einem breiten Hauptschiff unter einem Holzrippengewölbe aus dem 17. Jh. und einem gewölbten gotischen Nordseitenschiff, vermutlich war sie ursprünglich dreischiffig. Nach einem Brand im Jahr 1645 wurde der Umbau notwendig. Bis auf einen spätgotischen Taufstein, ein Kruzifix und ein Glasfenster der hl. Ursula aus dem 15. Jh. ist die Innenausstattung barock. Interessant ist die Kanzel aus der zweiten Hälfte des 17. Jh., die von den Büsten wilder Männer gestützt wird.

Von Oberurseler Kirchenglocken sind verschiedene Sagen überliefert: Die Stadt besaß einst eine 52 Tonnen schwere Glocke, die sog. „Große Glocke". Die Bürger von *Frankfurt*, welche diese Glocke gerne besitzen wollten, boten einen hohen Kaufpreis: die Glocke mit Silbertalern zu füllen oder die von Frankfurt nach Oberursel führende Straße mit Talern zu bedecken. Die Oberurseler wollten sich jedoch von ihrer

Glocke nicht trennen – bis diese beim großen Stadtbrand von 1654 vom Kirchturm stürzte. Bei einer gründlichen Überprüfung – für die zwei Männer, Ekart und Wiederhold, sich eingesetzt hatten – stellte man überrascht fest, daß die „Große Glocke" beim Fall keineswegs gelitten hatte und beschloß, sie zu behalten. Zum Dank läutete die Glocke seitdem stets von ganz allein, wenn jemand aus der Familie ihrer Retter starb.

Von einer anderen Oberurseler Glocke erzählt diese Sage: Bei *Altweilnau* im Weiltal (Gemeinde *Weilrod*), nahe der Landsteiner Mühle, soll eine Kirche gestanden haben, die durch Krieg zerstört und auf merkwürdige Weise wiederentdeckt wurde. Als ein Schweinehirt dort seine Herde hütete, wühlte eine Sau mit ihrem kräftigen Rüssel in der Erde und brachte damit eine reichverzierte Kirchenglocke zum Vorschein, die sehr alt aber unbeschädigt war. Die Glocke wurde dann nach Oberusel verschenkt, wo man noch heute beim Läuten aus ihrem Klang das folgende Sprüchlein heraushören kann:

„Osanna, so haaß ich, Saurüssel fand mich,
Hätte mich Saurüssel net gefunne,
Wär ich net nach Urschel kumme.“

Der Name der Glocke leitet sich von dem auf Kirchenglocken häufig eingravierten Preislied „Hosanna!“ beim Einzug Jesu in Jerusalem ab; der Volksmund hat daraus häufig Personennamen wie „Anna“ und „Susanna“ gemacht.
Glocken nehmen im Volksglauben eine ganz besondere Stellung ein. Dies ergibt sich aus ihrer wichtigen Funktion, die sie im Zusammenleben der Dorf- und auch der klösterlichen Gemeinschaften in früherer Zeit hatten: Glocken strukturierten den Tag, läuteten bei Feuer- und Kriegsgefahr und warnten in Pestzeiten. Die nahezu persönliche Beziehung der Menschen zur Glocke, der böse Mächte abwehrende Kräfte zugesprochen wurden, zeigt sich an dem Weihezeremoniell nach dem Guß, bei dem die Glocke, ähnlich der menschlichen Taufe, einen Namen bekam. In Kriegszeiten wollte man verhindern, daß die Glocken in Feindeshand fielen, und nahm sie zu diesem Zweck aus dem Turm und vergrub sie. Wurde das Dorf verwüstet, was insbesondere im Dreißigjährigen Krieg ein häufiges Schicksal war, gerieten sie unter der Erde in Vergessenheit. Sagen vom Auffinden einer solchen Glocke gibt es häufig.
Die heutigen Glocken in St. Ursula dürften kaum mehr identisch sein mit denjenigen, um die sich Sagen ranken; ältere Glocken sind in Kriegszeiten häufig eingeschmolzen und umgegossen worden.
→ Dietzhölztal

R

Ranstadt (Wetteraukreis)

Ranstadt und seine Ortsteile, im Schnittpunkt der Bundesstraßen 275 und 457 gelegen, zählt zu den ältesten Siedlungen der Wetterau. Hier zwischen Vogelsberg und Wetterau befand sich schon früh landwirtschaftliches Siedlungsgebiet. Wegen seiner Sandsteinvorkommen, die zum Kirchenbau genutzt wurden, war Ranstadt weithin bekannt und vorübergehend auch Sitz einer bedeutenden Münzwerkstätte. Im 10. Jh. wurde das Kollegiatstift im Ortsteil *Mockstadt* gegründet; bis 1556, als Ranstadt im Gefolge der Reformation eine eigene Pfarrei erhielt, blieben die Kirchen von *Dauernheim*, Mockstadt und Ranstadt als Teile des Bezirkes des Archidiakonats des Mariengreden-Stifts in Mainz einander verbunden. Bis zum 30jährigen Krieg, der für Ranstadt verheerende Folgen hatte, waren neben der Landwirtschaft auch der Weinbau sowie das Handwerk von Bedeutung.

Altenburg

Nordöstlich des Dorfes *Dauernheim* im Niddatal, das knapp westlich von Ranstadt unweit der A 45 liegt, erhebt sich mit 199 m der kleine Berg Altenburg. Er ist in etwa einer Viertelstunde Fußweg von Dauernheim aus zu erreichen: Man geht auf der Straße nach *Bad Salzhausen*, den Burgberg zur Linken, und nimmt dann die zweite Abzweigung.

Auf diesem Berg, der zwar nicht hoch, dafür aber umso steiler ist, soll, so weiß es die Sage, einst ein Schloß gestanden haben, was archäologische Untersuchungen allerdings nicht bestätigen.

Im Bergesinnern soll noch heute der Schatz der „Schloßherren“ verborgen sein. Einmal gelang es einem Bauern aus Dauernheim durch Zufall, Zugang zu den unermeßlichen Schätzen zu bekommen. Er fand am Berg eine wunderschöne, seltene Blume, die er abpflückte und an seinen Hut steckte, wo sie sich in einen großen, schweren Schlüssel verwandelte. Plötzlich sah der Bauer vor sich eine bisher unbekannte Tür, die in den Berg hinein führte; sie ließ sich mit dem Schlüssel öffnen. So gelangte der Bauer in einen Raum, der mit Schätzen aller Art gefüllt war; davon stopfte er sich in seine Taschen. Als er den Berg aber wieder verlassen wollte, hörte er zweimal eine Stimme: „Vergiß das Beste nicht!“, was der Bauer als Aufforderung verstand, noch mehr Kostbarkeiten an sich zu raffen. Als die Stimme die Warnung zum dritten Mal hören ließ, rannte der Bauer so schnell er konnte, zurück zur Tür. Diese schlug mit solcher Gewalt hinter ihm zu, daß sie ihm beide Fersen abschlug, wodurch er in der folgenden Zeit nur noch humpeln konnte. Trost in seinen Schmerzen war ihm das viele Gold, das er aus dem Bergesinnern mitgenommen hatte. Erst nachdem seine Füße geheilt und ein Großteil des Goldes verbraucht waren, erkannte er, was die

Stimme wirklich gemeint hatte: In seiner Habgier hatte er vergessen, den Schlüssel mitzunehmen. Nun war ihm die Tür zum Altenburger Schatz für immer verschlossen. Auch die schöne Blume, die ihm die Tür geöffnet hatte, ließ sich nicht wieder finden.
An die Altenburg knüpft sich außerdem die bekannte Wandersage von der Weibertreu. Die von der Altenburg berichtete Version ist zugleich die Stadtgründungssage von Nidda.
→ Glauburg, → Kelkheim-Eppenhain, → Kronberg: Altkönig, → Laubach-Ruppertsburg, → Nidda

„Der Wilden Frau Gestühl" auf dem Hohenberg
Auf der anderen Seite der Autobahn (A 45 Gießen-Hanau), im Südwesten von *Dauernheim*, erstreckt sich das Waldgebiet des 216 m hohen Hohenbergs. Auf der östlichen Bergseite liegen inmitten einer Lichtung mehrere Basaltsteine, welche „Der Wilden Frau Gestühl" genannt werden. Der Platz gilt als über tausend Jahre alte Kultstätte. Man erreicht ihn, wenn man von *Blofeld* kommend nach Dauernheim fährt und unmittelbar von der Autobahnbrücke rechts in den Waldweg einbiegt. Am Ende dieses Weges liegt linker Hand das Naturdenkmal.
Hier, so weiß es eine Sage, haben sich vor langer Zeit drei in Felle gekleidete Menschen aufgehalten: Mann, Frau und Kind. Von ihnen sollen die Vertiefungen auf dem großen Stein herrühren, in denen man drei Sitze mit Eindrücken von den Handballen sowie im unteren Bereich Eindrücke der Fersen sehen kann. Unterhalb des großen Felsens liegen kleinere Steine, die etwa in einer Rundung an den großen Sitzstein anschließen. Sie werden „der Feuerherd" genannt und sollen ebenfalls als Sitze gedient haben. In der Mitte habe früher ein steinerner Tisch gestanden, den man aber nach *Bingenheim* (Gemeinde *Echzell*) unter die Linde vor dem Rathaus gebracht habe, um dort unter freiem Himmel Gericht abzuhalten.
Das Verschwinden der wilden Leute wird damit erklärt, daß die Einwohner Dauernheims einst Jagd auf sie machten, wobei der Mann entkommen konnte; das Schicksal des Wildweibchens und seines Kindes ist ungewiß. Nur einmal, im Sommer 1604, will man bei „der wilden Frau Gestühl" am hellichten Tag drei weiße Gestalten gesehen haben.
Unter Wilden Leuten versteht der Volksglaube tierhaft behaarte Naturdämonen beiderlei Geschlechts, die sich vor allem in Wäldern und Bergen aufhalten, wo sie einzeln oder in Familien leben. Bildliche Darstel-

lungen zeigen die Wilden Leute mit Fellen, mit Eichenlaub umgürtet und bekränzt, oder mit einem ausgerissenen Baum in der Hand. Häufig sind auch heute noch (Wald-)Gasthäuser nach ihnen benannt. Über den Ursprung der Wildleute-Vorstellung gibt es verschiedene Theorien. Denkbar sind u. a. Begegnungen mit Aussätzigen, Geisteskranken oder Vogelfreien, die man aus der dörflichen Gemeinschaft ausgestoßen hatte, so daß sie gewzungen waren in der Einsamkeit zu leben, wo sie mehr und mehr verwilderten.
Merkwürdige Felsformationen werden von der Phantasie des Volkes in den sog. aitiologischen Sagen (gr. aitia = Grund) gedeutet. Neben den wilden Leuten wird die besondere Ausprägung eines Felsens auch den Riesen zugeschrieben.
Bei „De Welle Fraa Gstoihl“, wie die Dauernheimer sagen, soll es sich zudem um einen alten Gerichtsplatz handeln. Der große Sitzstein wird als der steinerne Richtstuhl mit drei Sitzkuhlen angesehen, links und rechst davon nimmt man in kreisförmiger Anordnung die Sitzsteine der acht Schöffen an, von denen nur noch drei erhalten sind. Auf einem Stein links der Richter soll der Beklagte, auf einem Platz den Richtern gegenüber die Kläger gesessen haben. Der Gerichtstisch, auf dem die richterlichen Insignien ausgelegt wurden, soll mit der Verlegung des Gerichtes nach Bingenheim dorthin verbracht worden sein.
Urkundliche Beweise für einen solchen überörtlichen Gerichtsplatz gibt es nicht, dafür aber zahlreiche Sagen. Eine erzählt von einer armen Witwe, die betrogen worden war, Geld und Ansehen eingebüßt hatte. Auf die Frage, warum sie diesen Ort aufsuche, erklärte sie, am Wildfrauenstein werde jedem Gerechtigkeit zuteil, der hier reinen Herzens seine Klage vorbringe.
Auch sollen Brautpaare hier ihr stilles Verlöbnis und Zigeuner am Himmelfahrtstag ihre Schwüre bekräftigt und an verborgenen Stellen ihre Schätze vergraben haben. Die Gemeinde Dauernheim feierte an diesem Tage hier oben bis wenige Jahre vor dem 1. Weltkrieg ihre Kirmes; seit ein Gewitter die Festzelte zerstörte, wird diese Tradition von der Gemeinde Blofeld fortgesetzt.
→ Breitscheid-Erdbach, → Büdingen, → Haiger-Langenaubach, → Schlangenbad, → Zwingenberg

ROTHENBERG (Odenwaldkreis)

Steinkreuz

Außer einer Reihe historischer Grenzsteine gibt es im Ortsteil Rothenberg zwei steinerne Kreuze. Sie stehen

dicht hintereinander am südlichen Ortsausgang in Richtung *Eberbach* kurz vor dem Segelfluggelände und sind auf einem Wanderweg bequem zu erreichen. In unmittelbarer Nachbarschaft befindet sich auch ein Naturparkplatz. Beide Kreuze sind tief im Boden versunken, von einem ist nur noch der Kopf zu sehen. Das andere ist stark angeschlagen an Kopf und Armen, ein Arm ist verkürzt und gerundet.
Hier soll, so geht die mündliche Überlieferung, im 16. Jh. im Streit ein Mann erschlagen worden sein. Nach einer anderen, schriftlich festgehaltenen Version sollen sich hier zwei Zimmerleute gegenseitig umgebracht haben.
Solche „Sühnekreuze“ stellte man zur Erinnerung an den plötzlich und unvorbereitet Verstorbenen auf. Durch die Gebete der Passanten erhoffte man sich eine Erlösung der Seele des Verstorbenen aus dem Fegefeuer. In Sühneverträgen des 13.–16. Jh. ist das Aufstellen eines solchen Sühnekreuzes ein fester Bestandteil der Wiedergutmachung. Steinerne Sühnekreuze sind in ganz Hessen bis in unsere Zeit zahlreich zu finden.
→ Beerfelden, → Lautertal-Hopfmannsfeld

RUNKEL (Lkr. Limburg-Weilburg)

Burg Runkel

Folgt man der Lahn von *Limburg* flußaufwärts, gelangt man nach etwa 6 km nach Runkel. Der malerische Ort mit seinen engen Gassen und Winkeln zeichnet sich durch die mächtige Burg aus, die im 12. Jh. gegründet wurde und sich noch heute im Besitz der Fürsten zu Wied befindet. Seit dem 30jährigen Krieg (1618–48) ist die Kernburg nur noch als Ruine erhalten, die neueren Bauten beherbergen ein Museum. Imposant ist auch die kürzlich restaurierte steinerne Lahnbrücke, die um 1440 gebaut wurde. Runkel liegt an einem alten Lahnübergang und besitzt seit dem 14. Jh. Stadtrechte.
Eine Stadtgründungssage erklärt den Namen Runkels folgendermaßen: Ein deutscher Ritter war mit Karl dem Großen nach Spanien gezogen und hatte dort in den Pyrenäen in der legendären Schlacht von Ronceval (778) an der Seite Rolands gegen die Mauren gekämpft. Als er aus maurischer Gefangenschaft entlassen worden war und in sein Vaterland zurückkehrte, schlug er den Weg über den Rhein ein und zog weiter die Lahn hinauf. Das enge Tal der Lahn erinnerte ihn an die Pyrenäengegend und er beschloß, sich hier nie-

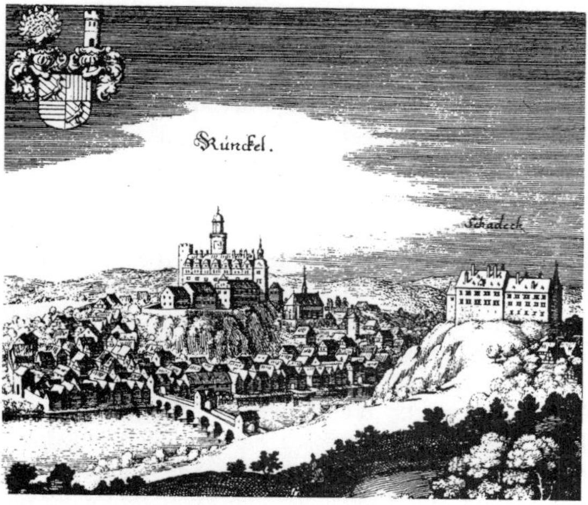

Burg Runkel

derzulassen und eine Burg zu bauen. In Erinnerung an die Schlacht nannte er seine Burg Ronceval, woraus dann später der Name Runkel geworden sein soll.

SCHLANGENBAD (Rheingau-Taunus-Kreis)

Stadtwappen

An der B 260, die von *Mainz* nach Norden durch das Nassauer Land bis nach *Nassau* (und von dort aus weiter Lahnabwärts) führt, liegt das kleine Kurstädtchen Schlangenbad. Sein Name wurde im 17. Jh. geprägt, nachdem an den neu entdeckten Heilquellen besonders häufig Schlangen beobachtet worden waren. 1716 wurde Schlangenbad Staatsbad, wenig später hatte der Kurort seinen ersten Badearzt und war bald ein hochfeudales Mode- und Luxusbad, in das im 19. Jh. so bekannte Persönlichkeiten zum Kuren kamen wie der Herzog von Wellington, Ferdinand Lassalle, Johanna Schopenhauer, Friedrich Carl von Savigny und auch die russische Zarin Alexandra, deren Besuch im Jahr 1852 dem Bad zu einem ungeahnten Aufschwung verhalf. Der Leibarzt des dänischen Königs Friedrich, der hier ebenfalls gerne kurte, sah in den Schlangen den Grund für die Heilwirkung der Quellen: sie zögen „die giftige Ausdünstungen aus dem Wasser und Erde“ – eine damals sehr verbreitete Vorstellung. Im 18. und 19. Jh. war es unter den Kurgästen üblich, lebende Schlangen als Souvenir mitzunehmen. Der große Bestand der Tiere wurde im 19. Jh. dadurch gefährlich dezimiert, daß man die gelehrigen

Schlangen einfing und zur Erheiterung der Kurgäste abrichtete. Erst Mitte des 19. Jh. konnte man nachweisen, daß es sich bei den Schlangenbader Schlangen nicht um Ringelnattern, sondern um die sonst in Mitteleuropa äußerst seltene Gattung der berühmten Äskulapnatter handelt. Der Lebensraum dieser Tiere erstreckt sich auf den Mittelmeerraum und das vordere Asien, lediglich im Rheingau-Taunus und im südlichen Odenwald findet sich eine isolierte nördliche Verbreitung. Diese zoogeographische Besonderheit wurde im 19. Jh. damit erklärt, daß römische Legionäre die Äskulapnatter aus ihrer Heimat mitgebracht und im vorderen Taunus angesiedelt hätten, wo sie als göttliches Tier verehrt wurde und die Thermalbäder der Römer von Mäusen freihielt. Heute weiß man jedoch, daß nach der letzten Eiszeit vor wenigen tausend Jahren so günstige Klimabedingungen in Mitteleuropa herrschten, daß die Äskulapnatter von Südeuropa her unter Umgehung der Alpen nach Norden, sogar bis etwa zur Ostsee, vordringen konnte. Belegt wird diese Ausbreitungsgeschichte durch subfossile Knochenfunde. Eine allmähliche Klimaabkühlung über die folgenden Jahrhunderte hinweg führte dann dazu, daß die Schlange in Mitteleuropa weitgehend ausstarb. Die Äskulapnatter bevorzugt als Lebensraum sonnige, felsige Böschungen und Waldränder. Im milden windgeschützten Tal des Wallufbaches, an dessen Oberlauf Schlangenbad liegt, konnte die Äskulapnatter die Klimaverschlechterung überdauern. Das Tal wird von drei Seiten durch steil abfallende Berge des Südhanges des Taunusgebirges begrenzt, dessen bewaldete Berghänge die Trennlinie sind zwischen dem „unteren“ Taunus mit den Höhen des Hinterwaldes und der südlich des Kamms liegenden milden und fruchtbaren Kulturlandschaft des Rheingaus. Dieser Taunuskamm bildet die natürliche Verbreitungsgrenze der Äskulapnatter.

Die ungefährlichen Tiere, die eine schlanke Körpergestalt und eine gelbbraune bis dunkel olivbraune Rückenfärbung haben, gehören zur Gattung der Kletternatter. Die Äskulapnatter ist die bei weitem größte einheimische Schlangenart: Weibchen können bis zu 140 cm, Männchen sogar bis etwa 180 cm lang werden. Der Volksglaube schrieb den Tieren eine mythische Bedeutung als Hüterin der Schlangenbader Heilquellen zu: Die Äskulapnatter soll den Quellen ihre Heilkraft verleihen und sie so lange nicht versiegen lassen, wie die Schlange selbst in der Gegend vorkommt. Die Äskulapnatter steht auf den Roten Listen

der vom Aussterben bedrohten Tiere. Demzufolge besteht also hinreichend Grund, das Symboltier Schlangenbads, das auch das Wappentier der Gemeinde Schlangenbad ist, zu schützen und vor der Ausrottung zu bewahren.
Die Schlange ist in verschiedenen Kulturkreisen wegen des Abstreifens ihrer Haut ein Symbol der Verjüngung und des ewigen Lebens. Die Äskulapnatter wurde im Altertum als Symbol der wohltätigen Gottheit verehrt und ist als Attribut des Gottes der Heilkunde Aeskulap (gr. *ascalapos* = Schlange) um dessen Stab gewunden. Bis heute ist dieser Äskulapstab das Wahrzeichen der Medizin, die Äskulapnatter das Symboltier der Ärzte und Apotheker. Sie soll auch die Tempelschlange der Römer gewesen sein, die in den antiken Naturheilbädern von Priester-Ärzten gehalten

Schlange mit Krönlein. Holzschnitt aus Konrad Gesners Tierbuch, 1563

wurde, weil man der Berührung mit ihr eine heilende Wirkung zuschrieb. Daß die Römer das Schlangenbader Heilwasser bereits kannten und nutzten, ist eine weitverbreitete, aber unbewiesene Behauptung. Wie im Schlangenbader Wappen zu sehen, trägt das Tier ein goldenes Krönlein auf dem Kopf. Zahlreiche Sagen aus verschiedenen Gegenden erzählen von einem Schlangenkönig, der die Güte und Hilfe der Menschen mit seiner goldenen Krone belohnt.

Schlangenbader Quellen
Die Thermalquellen Schlangenbads liegen unweit der Quarzfelsgruppe „Wilde Frau“ am Bärstädter Kopf. Das Wasser verteilt sich im Steinschotter und entspringt schließlich in unmittelbarer Nähe des Kur-

hauses und des Römerbades in insgesamt neun Quellen. Eine wissenschaftlich exakte und allgemein anerkannte Erklärung für die Wirkung, die das Wasser auf verschiedene Beschwerden hat, darunter rheumatische Erkrankungen, gibt es bis heute nicht. Die heilende und verschönende Wirkung des Wassers auf die menschliche Haut begründete Schlangenbads weltweiten Ruf als „Schönheitsbad". Weitere Indikationen sind Nerven- und Kreislauferkrankungen sowie Frauenleiden.

Eine Sage erzählt, daß die Schlangenbader Heilquellen vor gut 350 Jahren durch Zufall entdeckt wurden. Das kranke Tier eines Kuhhirten, der seine kleine Herde hier weidete, war eines Tages verschwunden. Nach einiger Zeit tauchte es plötzlich wieder auf: mit dikkem Fleisch auf den Rippen, glänzenden Augen und einem prallen Euter. Der erstaunte Hirte entdeckte, daß die Kuh jeden Abend in den Wald zu einer bislang unbekannten Quelle lief und dort trank. Als wenig später ein junges Mädchen in der Nachbarschaft schwer erkrankte, erinnerte sich der Hirte an die Quelle und erzählte davon. Man brachte die Kranke dorthin und ließ sie von dem Wasser trinken, worauf sie wieder genas. Die wunderbare Heilung soll den Ruhm der Schlangenbader Heilquellen begründet haben.

→ Haiger

„Felsenburg" oder „Dreiherrenstein"

Mitten im Ort, direkt gegenüber vom Café Felsenburg, ist eine merkwürdige Gesteinsformation zu sehen. Sie wird auch „Dreiherrenstein" genannt. Hier sollen, legte man eine Platte auf den Fels, die drei Landesherren von Nassau, Kurmainz und Kurhessen (Hessen-Kassel) an einem Tisch, jedoch zugleich jeder auf seinem eigenen Grund und Boden, zusammensitzen. Hintergrund dieser merkwürdigen Vorstellung ist die wechselvolle, von politischen Streitigkeiten geprägte Geschichte des Kurorts. Tatsächlich lag Schlangenbad im Schnittpunkt dreier Landesherrschaften. Seit seiner Gründung im Jahr 1694 durch Kurfürst Karl von Hessen-Kassel (1670–1730), der die Quellen fassen und ein Badehaus sowie einen großen Bau mit 14 Logierzimmern errichten ließ, versuchten die Mainzer Kurfürsten, denen das Territorium jenseits des Warmen Baches gehörte, wie auch der dritte Landesherr, der Fürst von Nassau-Idstein, ihre Macht in Schlangenbad auszubauen. Der Mainzer Kurfürst und Erzbischof Lothar Franz von Schönborn ließ auf seinem Teil Schlangenbads nach Quellen suchen, und obwohl diese Suche ohne Erfolg blieb, errichteten die Mainzer zwischen 1700 und 1703 ein dreistöckiges Logierhaus, das dem hessischen Haus unmittelbar gegenüberstand. Fürst Georg August Samuel von Nassau-Idstein gründete im Jahr 1694 als politisch-strategisches Gleichgewicht den nach ihm benannten Ort *Georgenborn*, heute Ortsteil von Schlangenbad. 120 Jahre nach seiner Gründung, im Jahr 1818, fiel den Nassauern durch den endgültigen Verzicht Hessens der gesamte Ort Schlangenbad zu und sie bildeten die Gemeinde gleichen Namens. Erst 1939 wurde Georgenborn mit Schlangenbad zusammengelegt.

„Wilde Leute“-Felsen am Bärstädter Kopf

Im Nordwesten Schlangenbads erhebt sich mit 490 m der Bärstädter Kopf. An seinem Südhang liegt die „Wilde Frau“, eine Felsgruppe aus zerklüfteten Quarzsteinen. Auf einer Waldpromenade mit wenig Steigung ist sie durch die Nassauer Allee, einen mit alten Hainbuchen gesäumten breiten Weg, über das Adelheidtal zu erreichen. Der Weg führt vorbei am Gebückbaum, einem Rest des jahrhundertealten Rheingauer Grenzwalles aus verschnittenen und steinhart verwachsenen Hainbuchen, der um 1200 angelegt und 1770/71 aufgegeben wurde und um den ganzen Rheingau führte. Die nebeneinander gepflanzten Buchen wurden solchermaßen gezogen, daß ihre Äste am Boden und die Äste benachbarter Bäume untereinander befestigt werden konnten. So wuchsen sie waagerecht dem Feind entgegen und es entstand ein „lebender“ Astverhau, der mit den Angriffsmitteln früherer Zeiten nicht zu durchbrechen war. Am Rundwanderweg S 1, der am Warmen Bach entlang über den Josephsplatz zum Gebückbaum führt, liegt deutlich sichtbar, in etwa 120 m Luftlinie von der „Wilden Frau“, der „Wilde Mann“. Auch dies ist ein Felsbrocken aus Quarzitgestein, der durch Wildwässer hierher getragen wurde. Folgt man von hier aus dem Bachbett mit seinen vielen Felsblöcken aufwärts, über eine Brücke, so sieht man auch die „Wilden Kinder“, zwei größere Felsblöcke.

Auffallende Felsformationen, in denen volkstümliche Überlieferung den Wohnsitz „Wilder Leute“ sieht, gibt es in ganz Hessen. Man denkt sich diese als tierhaft behaarte Naturdämonen männlichen und weiblichen Geschlechts, die vor allem Wälder und Berge bevölkern. Sie leben einzeln, im Kollektiv oder in Kleinfamilien, die in ihrer Struktur den menschlichen ähneln.

Von Gestalt sind sie riesig, manchmal aber auch zwergenhaft klein. Ihr Wesen ist ambivalent; Menschen gegenüber sind sie oft gutmütig, helfen bei der Arbeit, geben Ratschläge für Saat und Ernte, hüten das Vieh, kennen heilkräftige Pflanzen. Gelegentlich knüpfen sie Liebesbeziehungen an und verheiraten sich mit einem menschlichen Partner. Der Umgang mit ihnen ist jedoch durch Tabus beschränkt und nicht ungefährlich, da sie nicht selten dem Menschen nach dem Leben trachten bzw. ihn so zu schädigen wissen, daß er zeitlebens gezeichnet ist.
Zur „Wilden Familie" am Bärstädter Kopf sind keine eigenen Sagen überliefert. Sicher ist, daß sie ihren Namen erst seit den 1930er Jahren trägt. So wollte man den Eindruck erwecken, es handle sich hier um „uralte", mythisch belegte Plätze, an denen die germanischen Vorfahren Berggeister vermuteten.
→ Breitscheid-Erdbach, → Haiger-Langenaubach,
→ Laubach-Ruppertsburg, → Ranstadt

SCHMITTEN (Hochtaunuskreis)

Großer Feldberg
Der Große Feldberg ist mit 779 m die höchste Erhebung im Taunus. Er liegt knapp südlich des Limes; wegen seiner Attraktivität als Wintersportgebiet ist

Das Wilde Heer. Holzschnitt, 1557

er sowohl mit Parkplätzen und Gastronomie als auch mit gut begehbaren Wanderwegen ausgestattet. Das unbewaldete Plateau trägt neben dem Feldberghotel einen Aussichts- und einen Fernmeldeturm. Nahe des Aussichtsturmes befindet sich die älteste Falknerei Hessens.
Wie am Vogelsberg und im Odenwald, so ist auch im Taunus der „Wilde Jäger“ anzutreffen. Sein Geisterheer macht sich in den ‚Zwölfnächten‘ zwischen dem Thomastag (25. 12.) und Dreikönig (6. 1.) durch Hornsignale und Hundegekläff über den Feldberg in den umliegenden Dörfern bemerkbar. Schon von weitem hört man dann mit hessischem Zungenschlag: „Haltet die Mittelgass’ ein!“
Die Vorstellung von der Wilden Jagd und dem Wilden Jäger hat verschiedene Deutungen teils mythologischer, teils brauchgeschichtlicher und sagenkundlicher Art erfahren. In den einschlägigen Sagen um den Großen Feldberg verbindet sich die akustische Erfahrung heulender Winterstürme mit der schon von der Antike bekannten Vorstellung von einem herumziehenden Totenheer, das mit lautem Getöse die Lebenden erschreckt.
→ Beerfelden, → Brensbach, → Driedorf-Waldaubach,
→ Fränkisch-Crumbach, → Lautertal-Dirlammen,
→ Münzenberg

Brunhilden- oder Bettstein
Auf der nordöstlichen Seite der kahlen, nur mit Heidekraut bewachsenen flachen Kuppe erhebt sich ein zerklüfteter Fels aus Quarzgestein, der „Brunhilden- oder Bettstein“, auch „Teufelskanzel“ genannt. Er gilt ebenfalls als ein Schauplatz der Nibelungensage und ist benannt nach Brunhild: in der deutschen und nordischen Heldendichtung Königin von Island und spätere Gemahlin König Gunthers von Burgund. In der hessischen Überlieferung wird Brunhild die Gründung der Stadt *Frankfurt* zugeschrieben. Auf dem Großen Feldberg soll sie viele Nächte verbracht haben, um bei Sonnenaufgang auf ihr großes schönes Reich hinunterzuschauen. Hier hatte sie ein Schloß gebaut, das sie ihr „Bett“ nannte. Im Felsen sind noch heute die Stellen erkennbar, die Brunhild als Sitz und Bett dienten; unter ihm soll sie auch begraben sein.
Für die Brunhild der Nibelungensage gibt es ein historisches Vorbild: die fränkische Königin Brunichild († 613). Die Tochter des Westgotenkönigs Athanagild heiratete 567 Sigibert von Austrasien. Nachdem ihre Schwester Galswintha von ihrem Gemahl Chilperich

Hinrichtung der Brunhilde durch Vierteilen. Kupferstich, 15. Jh.

zugunsten einer Nebenfrau, Fredegunde, verstoßen und wenig später ermordet worden war, kam es zu einem jahrzehntelangen Rachekrieg zwischen Brunichild und Fredegunde, in welchen auch ihre Gatten und Söhne verwickelt wurden. Nach der Ermordung Chilperichs (575) konnte Brunichild, die energisch für die Rechte des Königstums gegenüber der Aristokratie eintrat, sich zunächst behaupten. Während aber Fredegunde 597 eines natürlichen Todes starb, wurde Brunichild im Jahr 613 von den Großen des Reiches gestürzt und Fredegundes Sohn Chlotar II. ausgeliefert. Dieser ließ sie grausam foltern, zum allgemeinen Gespött auf einem Kamel herumführen und schließlich von einem Pferd zu Tode schleifen bzw. von mehreren Tieren vierteilen; ihr Leichnam wurde verbrannt. Diese Ereignisse im merowingischen Königshaus, vor allem die Feindschaft der beiden Königinnen, sind teilweise in die spätere Nibelungensage eingeflossen.

→ Niedernhausen

Schotten (Vogelsbergkreis)

Die Stadt Schotten liegt mitten im Naturpark „Hoher Vogelsberg“. In das Gebiet fallen die beiden höchsten Erhebungen des Vogelsberges, der Taufstein mit 773 m und der Hoherodskopf mit 764 m. Das Gebiet wurde im 8. Jh. von iro-schottischen Mönchen christianisiert, eine erste Nennung der Stadt datiert allerdings erst auf das Jahr 1293. In der wechselvollen Geschichte Schottens lösten sich mehrere Adelsgeschlechter ab. 1354 wurde Schotten das Stadtrecht verliehen, 1382 wurde sie wegen Raubritterei der Ritter von Rodenstein vom „Rheinischen Städtebund“ zerstört. 1470 ging Schotten in hessischen Besitz über. Nach verheerenden Schäden im 30jährigen Krieg erholte sich die Stadt nur langsam, im 18. Jh. führte die schlechte wirtschaftliche Situation zu Auswanderungen.

Taufstein

Zur Stadt Schotten gehört auch der Taufstein, mit seinen 774 m der höchste Berg im Vogelsberg. Von *Breungeshain* aus ist er über Wanderwege zu erreichen. Seinen Namen soll er daher haben, daß hier auf seinem Gipfel der hl. Bonifatius die ersten Christen taufte. Die Getauften hatten es in dieser Zeit nicht leicht: Sie wurden von den ansässigen Heiden verfolgt und kurzerhand vom benachbarten Bilstein (665 m) in den Tod gestürzt.

Bonifatius wurde 675 als Sohn eines Angelsachsen geboren und auf den Namen Wynfreth getauft. Seine missionarische Tätigkeit begann er im Jahr 715 von Utrecht aus, kehrte aber erfolglos in sein Kloster zurück. Von Bischof Willibrord wurde er 718 nach Rom geschickt, wo Papst Gregor II. ihn beauftragte, als Heidenapostel nach Hessen und Thüringen zu gehen. 722 wurde Wynfreth bei einem erneuten Aufenthalt in Rom zum Bischof geweiht und erhielt den Namen Bonifatius. 732 erhob ihn Papst Gregor III. zum Erzbischof und päpstlichen Vikar für das deutsche Missionsgebiet. 744 wurde Bonifatius päpstlicher Legat für das Frankenreich, 747 zum Erzbischof von Mainz ernannt. Am Pfingstfest 754 wurde er von heidnischen Friesen erschlagen.

Um sein Wirken ranken sich zahlreiche Legenden, am bekanntesten ist die Fällung der Donar-Eiche in Geismar.

→ Frankfurt-Kalbach

Bilstein

Der von einem reichen Sagenkranz umwobene 666 m hohe Bilstein ist von *Busenborn* oder *Breungeshain* aus über Wanderwege zu erreichen. Volkstümliche Erklärungsversuche bringen den Namen – sicher fälschlich – mit mythologischen Vorstellungen in Zusammenhang. Die eine will wissen, hier habe ursprünglich ein riesiges Götzenbild gestanden, an dem man am Mittsommerfest, dem Johannistag, zu Ehren des keltischen Landgottes Lug Feuer anzuzünden pflegte. Die Statue hatte angeblich einen Ochsenkopf aus Kupfer, der innen hohl war und nachts mit einem Feuer weithin sichtbar zum Leuchten gebracht wurde. Der Name des Berges soll nach diesem Götterbild vormals „Bildstein" gelautet haben.

Nach einer anderen Version war der Bilstein einer weiblichen Gottheit – Bille oder Billa – geweiht. Eine dritte nimmt die kultische Verehrung eines keltischen Himmelsgottes Bel/Belenos an, nach dem auch andere sog. „Bilsteine" in Hessen benannt wurden. Das 19. Jh. hat mit seinen unzähligen Sagensammlungen auch zahlreiche wissenschaftlich umstrittene Sagen ‚ans Tageslicht gebracht'. Zu Recht sieht man in diesen Sagen Neuschaffungen des vergangenen Jh., das allzu besessen war von der Idee genuiner Kultplätze der germanischen oder keltischen Mythologie. Vielfach wurden hier von einem Flurnamen allzu schnelle Rückschlüsse auf eine große, kultische Vergangenheit gezogen und mit viel Phantasie entstand eine schöne Sage.

Im Nordosten des Bilstein-Rückens gab es noch vor etwa 50 Jahren eine heute nicht mehr auffindbare kleine Höhle, von Einheimischen „der Else ihr Keller" genannt. Sie galt als Wohnort einer mythischen Frauengestalt, der Else, die in manchen Zügen der Frau Holle ähnelt. In der Höhle befand sich ihr Bett aus Laub und Moos. Wenn sie kochte, zogen die Nebel um den Berg; ihre auf den Hängen des Bilsteins zum Bleichen ausgebreitete Wäsche verschwand wie von Geisterhand, wenn jemand den Berg hinaufstieg, und hinterließ nasse Spuren im Gras – eine Deutung meteorologischer Phänomene.

Die Else selbst begegnet den Menschen in verschiedenen Erscheinungsformen: in Gestalt einer hübschen jungen Frau oder als altes, häßliches Weiblein. Ein Ritter, der ausgerechnet in den Rauhnächten, der klassischen Spukzeit zwischen Weihnacht und Dreikönig, über den Bilstein ritt, bekam dies am eigenen Leib zu spüren: Er sah ein altes Weib mit einem Stock auf

einem Stein am Kreuzweg sitzen, das ihn bat, es hinter sich aufs Pferd zu nehmen, damit es noch nach Hause käme. Der Ritter aber preschte an der Alten vorbei. Plötzlich spürte er, wie sich ihre klapperdürren Arme um ihn legten. Sie war hinter ihm aufs Pferd gesprungen und trieb das Tier nun auf den höchsten Gipfel des Bilsteins. Dort stürzte Else Roß und Reiter den Berg hinunter und verschwand wieder im Inneren des Berges.
Eine Beziehung zum Bilstein und den auf ihm heimischen „Göttinen“ will der *Busenborner* Maibrauch herstellen: ein sexualmagisches Ritual, das manche in der Tradition eines keltischen Frühlingsfestes (Beltane) sehen und durch welches man Kontakt zur Göttin der Fruchtbarkeit aufzunehmen sucht, indem man einen Baum als Phallussymbol in den ihr heiligen Berg rammt. Am Pfingstsonntag stellen noch heute die unverheirateten Jungmänner des Dorfes Busenborn allein mit der Kraft ihrer Muskeln einen Maibaum in einen Felsen auf dem Bilstein, der dann schräg über den Gipfel hinausragt. Dieser Brauch – ursprünglich unter Ausschluß von Frauen – wird heute von den Ausführenden als alter Wetterzauber verstanden, mit dem heranziehende Unwetter von den umliegenden Dörfern ferngehalten werden sollen, um die Saat zu schützen. Der Brauch erinnert an Fruchtbarkeitszauber zu Frühlingsbeginn, wie sie von anderen Orten in der Mainacht überliefert sind. Tatsächlich findet der Frühling im hohen Vogelsberg mit einiger Verspätung statt, was den späten Termin an Pfingsten erklären könnte.

Seligenstadt (Kreis Offenbach)

Seligenstadt am Main blickt auf eine über tausendjährige Geschichte zurück. Erste Erwähnung fand der Ort, zu jener Zeit noch „Obermulinheim“ (Obermühlheim) genannt, in der Schenkungsurkunde von 815, mit der Kaiser Ludwig der Fromme (814–840) Einhard, den Kanzler und späteren Biographen seines Vaters Karl des Großen, mit Ländereien im Odenwald-Untermaingebiet für seine Dienste belohnte. In der fränkischen Siedlung, die sich zwischen den Resten eines Römerkastells (ca. 100–260 n. Chr.) gebildet hatte, gründete Einhard 828 ein Kloster nach dem Vorbild des hl. Benedikt. Dessen Basilika ist bis heute Wahrzeichen der Stadt; bis zur Säkularisation im Jahr 1803 lebten in der Abtei Mönche. Unter den

Staufern erhielt die Ortschaft um 1175 Stadtrechte und durfte sich bis 1309 „Freie Reichsstadt“ nennen. Nach dem Untergang des Stauferreichs schloß sich eine lange Herrschaft des Erzbistums Mainz an, die bis zum Jahr 1803 dauerte; danach fiel Seligenstadt an Hessen-Darmstadt.

Stadtwappen
In Anlehnung an das Mainzer Wappen trägt Seligenstadt in der rechten Hälfte auf rotem Grund ein halbes sechsspeichiges silbernes Rad. Die Sage bringt es – historisch unzutreffend – mit Willegis, einem Mainzer Erzbischof des 10./11. Jh. in Verbindung und erzählt, dieser sei wegen seiner niederen Abkunft (Sohn eines Wagners) beim Mainzer Adel allgemein verhaßt gewesen. Um ihn dem allgemeinen Spott preiszugeben,

malte man mit Kreide weiße Räder an die Wände und Türen seines Schlosses. Willegis reagierte überraschend: Er ließ durch einen Maler sämtliche Räumlichkeiten mit weißen Rädern in rotem Feld ausmalen und dazu den Reim setzen: „Willegis, Willegis, denk, woher du kommen sis.“ Seitdem führten alle Mainzer Bischöfe ein Rad im Wappen.
→ Heppenheim

Einhardhaus
Unweit vom Rathaus am Marktplatz steht das bekannteste der Seligenstädter Fachhäuser, das „Einhardhaus“ von 1596, in dem heute das Fremdenverkehrsamt untergebracht ist. Am reichverzierten Erker ist das Gesicht eines Mannes zu sehen, der unter dem Dach hervorlugt, dazu liest man folgende Worte: „Selig sei die Stadt genannt, da ich meine Tochter wiederfand.“ Hier hat der reiche Bauherr Ende des 16. Jh. eine Sage sichtbar verewigt, welche die Umbenennung von Obermühlheim in Seligenstadt erklären möchte.

Es heißt, Einhard, einer der wichtigsten Hofbeamten Karls des Großen, habe mit dessen Tochter Imma ein Liebesverhältnis unterhalten. Der Kaiser entdeckte diese heimliche Liebschaft, als er eines Nachts beobachtete, wie seine Tochter ihren Liebhaber huckepack aus ihren Gemächern durch den Schnee trug, um keine Spuren zu hinterlassen. Karl der Große war über diese unstandesgemäße Verbindung so erzürnt, daß er die Liebenden von seinem Aachener Hof verbannte; sie ließen sich in Mulinheim nieder. Als sich der Kaiser bei einer Jagd in seinem Wildbann *Dreieich* verirrte, fand er ausgerechnet bei seiner Tochter Unterkunft. Einhard versteckte sich unter dem Dach, wo er noch heute schüchtern hervorsieht, Imma verkleidete sich und bereitete die Lieblingsspeise ihres Vaters zu, Eierpfannkuchen. An ihnen erkannte Karl seine Wirtin und rief die am Erker des Hauses angebrachten Worte. Eine Liebschaft oder gar eine Vermählung, von der in einer Variante der Sage erzählt wird, mit einer Tochter Karls des Großen ist dem vielseitigen Staatsmann nicht nachzuweisen. Einhard ehelichte in der Tat eine Frau namens Imma († 836), die Tochter des Kaisers aber hieß Emma; diese sehr populäre Sage beruht also auf einer Verwechslung. Schön, aber nicht minder unzutreffend ist auch die volksetymologische Erklärung des Stadtnamens Seligenstadt: „Saligunstat“, die ‚glücks- und heilbringende Stätte‘, wurde das frühere Obermühlheim genannt, nachdem Einhard 828 die Reliquien der frühchristlichen Märtyrer Marcellinus und Petrus aus *Michelstadt* hierher hatte überführen lassen.

Einhard-Basilika

Inmitten des Stadtkernes von Seligenstadt liegt die ehemalige Benediktinerabtei St. Marcellinus und Petrus. Die große Wallfahrtskirche mit den drei Türmen blickt als weithin sichtbares Wahrzeichen der Stadt über die vom Main durchzogene Senke zwischen Spessart, Odenwald und Taunus. Die Basilika trägt den Namen des Klostergründers Einhard, der am Hof Karls des Großen als Schreiber, Ratgeber, Verwalter und Kunstsachverständiger tätig war und hier seine Grablege hat.

Wohl zwei Jahre nach der Gründung des Seligenstädter Benediktinerklosters im Jahr 828 begann Einhard mit dem Bau einer Wallfahrtskirche, welche die aus *Michelstadt* überführten Gebeine der Heiligen Marcellinus und Petrus aufnehmen sollte. Von der karolingischen Pfeilerbasilika hat sich nur das ursprüngliche

Einhard und seine Gemahlin Emma gründen die Abtei Seligenstadt. Kupferstich, um 1810

Mittelschiff bis heute erhalten; nach *Hersfeld* ist sie die größte karolingische Basilika nördlich der Alpen, die heute noch besteht, wenngleich in stark veränderter Form. Zwischen 831 und 834 wurde mit dem Bau begonnen, 840 Einhard in der Kirche beigesetzt. Im 13. Jh. wurde ein neuer Chor errichtet, ein Vierungsturm gebaut und zwei Flankentürme am Chor angefügt. Am auffälligsten ist die schon von weitem sichtbare barocke Haube des Vierungsturmes, die im Jahr 1722 aufgesetzt wurde. Der romanisierende Westbau mit der Doppelturmfassade entstand in der zweiten Hälfte des vorigen Jh. Nach den Schäden des 30jährigen Krieges begann man mit großangelegten Renovierungen im Stil des Barock; in den Jahren um 1700 entstand das heutige Erscheinungsbild der Klosteranlage, die als eine der besterhaltenen barocken Klosteranlagen in Deutschland gilt.

Skulpturengruppe und Einhard-Sarkophag

Neben dem Namen der Basilika erinnern eine Skulpturengruppe im Konventgarten und ein Sarkophag im Kircheninneren an den Stifter Einhard. Die barocke Skulpturengruppe zeigt Einhard in Verbindung mit den allegorischen Figuren Pietas (Frömmigkeit) und Constantia (Beharrlichkeit). Sie wurde 1867 aufgestellt und schmückte zuvor den Giebel des 1722 neu errichteten Portalbaus. Aus dem selben Jahr stammt der barocke Sarkophag, der die Gebeine Einhards und seiner Gattin Imma birgt. 1827 wurde er aus dem Vorchor entfernt und in den niedrigen Gewölbeanbau des 11. Jh. im nördlichen Querschiff verbracht, in den man durch ein erhaltenes karolingisches Türgewände gelangt. Einhard wurde um 770 als Adliger im Maingau geboren, erhielt seine erste intellektuelle Erziehung im Kloster Fulda und kam dann im Jahre 794 an den Hof Karls des Großen nach Aachen, an dem der Frankenherrscher Wissenschaftler verschiedener Nationalitäten versammelt hatte. Als sich der Kaiser vor seinem Tod Gedanken über das Weiterbestehen seines großen Reiches, über sein Testament machte, setzte sich Einhard für eine baldige Mitregentschaft dessen Sohnes Ludwig des Frommen ein. Kaum ein Jahr nach dem Tod des Vaters im Jahr 814 übertrug ihm Ludwig zum Dank mit einer Schenkungsurkunde die Güter Michelstadt im Odenwald und Seligenstadt im Maingau, das damals noch den Namen Mülheim trug. Der Name Seligenstadt ist seit etwa 840 verbürgt und wurde der Stadt verliehen, nachdem Einhard die Reliquien der hl. Märtyrer Marcellinus und Petrus von *Steinbach* bei *Michelstadt* hierher überführt hatte und sich der Ort rasch zu einer berühmten Wallfahrtsstätte des Frankenreichs entwickelt hatte.

Skulpturen von St. Marcellinus und Petrus

Den breiten Treppenaufgang zum Westportal der Basilika flankieren zu beiden Seiten die barocken Statuen der Kloster- und Kirchenpatrone Marcellinus und Petrus. Die Statuen wurden 1725, dem Jahr der 900-Jahrfeier, in der Werkstatt des Kurmainzer Hofbildhauers Burkhard Zamels angefertigt. Die beiden Heiligen hatten schon früh eine große Bedeutung für die Gläubigen. Schon Kaiser Konstantin (306–337), mit dem das Christentum zur Staatsreligion wurde, hatte in Rom eine Basilika und die Grabrotunde seiner frommen Mutter Helena neben der Katakombe der Märtyrer bauen lassen. Seit etwa 500 war die Anrufung der beiden Märtyrer fester Bestandteil der römischen Meßliturgie. Ihre Gebeine hatte Einhard 827 von seinem Diener Ratleic in Rom aus der Krypta der Kirche St. Tiberius entwenden und in die eigens für diesen Zweck errichtete Basilika in *Steinbach* bringen lassen – die Heiligen selbst taten aber in zahlreichen Visionen und Traumerscheinungen kund, daß sie nach Seligenstadt (Mühlheim) verbracht zu werden wünschten. Einhard berichtet über diese Begebenheiten ausführlich in seiner Schrift „Übertragung und Wunder der heiligen Märtyrer Marcellinus und Petrus“. Etwa zwei Monate nach der Ankunft der Reli-

quien ließ er sie am 16. und 17. Januar des Jahres 828 nach Mühlheim (Seligenstadt) übertragen, wo sie zunächst in der nach 815 entstandenen Eigenkirche Einhards, die bis zu ihrem Abriß 1812 als Pfarrkirche von Seligenstadt diente, untergebracht wurden. Der rasch zunehmende Andrang Heilungssuchender und die Notwendigkeit, für die heiligen Gebeine eine würdige Ruhe- und Verehrungsstätte zu schaffen, führten zwischen 830 und 836 zum Bau der großen Abteikirche. Seit etwa 830 ist die Existenz einer klösterlichen Gemeinschaft belegt, die sich um die Pflege des Heiligenkultes kümmerte. Einhard selbst war im Begriff, sich mehr und mehr vom kaiserlichen Hof zurückzuziehen und sich dieser Gemeinschaft anzuschließen. Er starb vermutlich 840 als Abt in der Stille der klösterlichen Gemeinschaft.
→ Michelstadt

„Hänsellöffel" im Landschaftsmuseum
In den Beständen des in der alten Prälatur des ehemaligen Benediktinerklosters untergebrachten Museums befindet sich ein 78 cm langer, aus Lindenholz geschnitzter Trinklöffel mit Kette – ein Produkt des barocken Kunsthandwerks des späten 17. Jh.. Sein mit Akanthusranken geschmückter Stiel beginnt mit einer silbernen Spruchplatte, die von einem geflügelten Engelskopf gekrönt wird, und endet vor der flachen, glatten Trinkschale mit einem von Ranken umschlossenen Herz. Ein geometrisches Bandornament säumt die Trinkschale und setzt sich an den Stielenden fort. Die Schalenrückseite ziert ein aus Akanthusranken gebildetes Herz, die Stielunterseite eine ausdrucksvolle Blattmaske.
Auf die silberne Platte ist folgender Spruch eingraviert:

„Willkomm in dieser Stadt
Hier fleget man einzuschenken
Und dabei zu gedenken
Was Rechtens der Löffel hat
Drauf wird man glücklich reisen
Und die Compagnie preisen."

Drei weitere solcher in ihrem Erscheinungsbild sehr ähnliche Löffel befinden sich heute in den Staatlichen Kunstsammlungen Kassel, im Historischen Museum Frankfurt sowie in Privatbesitz.
Diese bemerkenswerten Löffel, „Geleits-" oder „Hänsellöffel" genannt, hatten früher eine wichtige Funktion im örtlichen Brauchtum.

Seit 1180 in *Frankfurt* jährlich eine Warenmesse abgehalten wurde, die schnell internationale Bedeutung erlangte, zogen auch Kaufleute aus Augsburg und Nürnberg in die freie Reichsstadt Frankfurt, um dort ihre Waren zum Verkauf anzubieten. Für Diebe und Räuber waren die vollgepackten Wagenkolonnen natürlich eine willkommene Beute. Zum Schutz der Kaufleute erließ der Stauferkaiser Friedrich II. im Jahr 1240 das Privileg, die Kaufmannszüge von kaiserlichen Schutztruppen sicher zur Messe nach Frankfurt zu geleiten. Gegen eine Gebühr konnte jeder den Schutz des bewaffneten Geleits in Anspruch nehmen, welches von dem jeweiligen Landesherrn – im Falle Seligenstadts von Kurmainz – gestellt wurde.
In dem nur noch eine Tagesreise von Frankfurt entfernten Seligenstadt, wo der Zug letzte Rast hielt, entwickelte sich ein Brauch, um neue Mitreisende in die Gemeinschaft der Kaufleute aufzunehmen. Dabei mußte der ein Liter Wein fassende Holzlöffel in einem Zug geleert werden; hierbei wurde dem Neuling die hölzerne Kette des Löffels um den Hals gelegt und mit einem Haken an deren Ende zu einem „Kragen" geschlossen. Auch Damen waren von dieser Zeremonie zur Aufnahme in die „löbliche Compagnie", der Hanse, nicht ausgenommen; daher auch der Name: wer in die Gilde der reisenden Kaufleute eintreten wollte, wurde zuvor „gehänselt". Die Neuaufgenommenen hielten das Ereignis in eigens dafür angelegten „Hänselbüchern" protokollarisch fest, mit genauer Ortsangabe, Datum und Unterschrift mit vollem Namen und Angabe des Heimatortes; Zeugen bestätigten die Richtigkeit mit ihrer Unterschrift. Dies zeigt, daß der Hänselbrauch nicht als willkürlicher Scherz, sondern als verbindlicher Rechtsbrauch ausgeübt und empfunden wurde.
Im 17. und 18. Jh. verlor das Geleit allmählich an Berechtigung, in der Zeit der Französischen Revolution begann auch der Hänselbrauch abzusterben. Die Napoleonischen Kriege bedeuteten das Ende: Mit der Aufhebung des Kurstaates Mainz im Jahr 1803 wurde das Geleit endgültig eingestellt. Die Hänselbücher führte man als Fremdenbücher fort.
Der Hänsellöffel spielt heute eine wichtige Rolle im Fremdenverkehr: In Erinnerung an das Seligenstädter Geleit feiert die Stadt alle fünf Jahre in der ersten Juliwoche das „Geleitsfest", dessen Höhepunkt ein kostümierter Umzug mit Soldaten, Ratsherren, Kaufleuten, Gauklern und Musikanten bildet und bei dem Anwärter für den „Ritter zum steyfen Löffel" auf die Probe gestellt werden.

Gasthäuser „Frankfurter Hof“, „Zur Krone“ und „Zum Riesen“

An das Seligenstädter Geleitswesen und den mit ihm verbundenen Hänselbrauch des Löffeltrunks erinnern auch mehrere historische Gebäude.

An der Ecke Marktplatz / Wolfstraße steht das Restaurant „Frankfurter Hof“. Das Haus, welches seit seiner Erbauung im Jahr 1499 als Gasthaus dient, trug früher den Namen „Zum Wolffen“. Nach dem Dreißigjährigen Krieg war es für mehrere Jahrzehnte Schauplatz des oben geschilderten Brauches, mit dem neue Mitreisende in den von Kurmainzer Soldaten geschützten Kaufmannszug nach und von Frankfurt aufgenommen wurden. Aus dem alten Gasthaus „Zum Wolffen“ stammt auch der älteste der in diesem Rechtsbrauch verwendeten Löffel, der heute in den Staatlichen Kunstsammlungen Kassel aufbewahrt wird. Er entstand um 1620 und wurde laut Inschrift am Löffelstiel von Adolph Meyer, dem damaligen Gastwirt des „Wolffen“, in Auftrag gegeben. Um die Bedeutung des mit ihm geübten Brauchs zu betonen, bringt eine Sage diesen Löffel – historisch unzutreffend – mit Karl dem Großen (747–814) in Verbindung: Der Kaiser soll ihn von einem Hirten, der ihn selbst geschnitzt hatte, als Geschenk erhalten und ihn später bei einem Besuch im Gasthaus „Wulffen“ dem dortigen Wirt überlassen haben.

Weitere Gasthäuser, in denen früher der Hänselbrauch geübt wurde, waren der „Ochsen“ im Haus Marktplatz 10 (wo sich heute ein Friseursalon befindet), das ebenfalls am Markt gelegene Restaurant „Zum Riesen“ sowie die 1720 erbaute „Krone“ am Freihof, ehemals „Zu den drei goldenen Kronen“ genannt. Hier hielten die Augsburger Kaufherren ihre Hänselbräuche ab; ihr um 1690 gefertigter Löffel, den sie aus dem früheren Domizil „Ochsen“ mitgebracht hatten, ist dem im Seligenstädter Landschaftsmuseum ausgestellten auffallend ähnlich. Als im Jahr 1825, 25 Jahre nach Ende des Geleitswesens, die „Krone“ verkauft wurde, gelangten Löffel und Hänselbücher in den Besitz der Verwandtschaft der Kronenwirtsfamilie.

Die Kaufleute aus Nürnberg blieben lange im „Wolffen“, bis sie 1721 in den „Riesen“ am Marktplatz umzogen. Das Haus war von dem seinerzeitigen Wolfswirt gebaut worden und blieb bis zum Ende des Geleits Treffpunkt der Nürnberger Kompagnie. 1821 brannte es ab; an seiner Stelle wurde das heutige Gebäude errichtet, das auch heute noch den selben Namen trägt und als Gastronomiebetrieb genutzt wird.

Im „Riesen“ gebrauchten auch die Nürnberger ein neues Hänselbuch und einen neuen, eigenen Trinklöffel. Er stammt aus der Zeit des deutschen Hochbarock (zwischen 1700 und 1730) und ist wie sein Augsburger Gegenstück aus einem Stück Nußbaumholz geschnitzt. Ende des 19. Jh. wurde er an das Historische Museum der Stadt Frankfurt verkauft.

SINNTAL (Main-Kinzig-Kreis)

Steinkreuz

Zwischen *Weichersbach* und *Gundhelm* steht an der Weinstraße im Forstort Tiegel bei der Wüstung Rommersbrunn ein armloses Steinkreuz aus Sandstein, daneben der dazugehörige Sockelstein. Die Phantasie des Volkes interpretierte die beiden zusammengehörigen Stücke und entwickelte daraus zwei verschiedene Sagen.

Der Steinstumpf zeigt auf den gegenüberliegenden Seiten je ein eingeritztes Beil, deren Stiele heute nicht mehr zu sehen sind. Man deutete den Stumpf als „Mordstein“: Hier soll ein betrügerischer Müller erschlagen und unter dem Stein begraben worden sein. Der ausgehöhlte Sockelstein, der vormals zur besseren Standfestigkeit das Kreuz getragen hatte, wurde als „Tiegel“ interpretiert: Ein eiserner Tiegel diente einer geizigen Müllerin, die einen um Nahrung bettelnden Handwerksburschen im Jähzorn erschlug, als Mordwaffe; zur Strafe wurde sie an Ort und Stelle in Stein verwandelt.

Hintergrund solcher Sagenbildung ist die Tatsache, daß das Müllergewerbe sozial wenig angesehen war: Müller standen oft im Verdacht, sich am Mahlgut ihrer Kunden unrechtmäßig zu bereichern. Wegen ihrer einsamen Lage galten Mühlen oft als Spukort, ihre Bewohner als Zauberer und Teufelsbündner.

→ Grebenhain, → Wiesbaden-Klarental

STEINAU AN DER STRASSE (Main-Kinzig-Kreis)

Westlich von *Schlüchtern* an der B 40 liegt die kleine, malerische Stadt Steinau an der Kinzig. Ihr Stadtgebiet verläuft in den südlichen Ausläufern des Vogelsberges und denen des nördlichen Spessarts. Wegen seiner Lage an der bedeutenden Handelsstraße zwischen Frankfurt und Leipzig erhielt Steinau den Beinamen „an der Straße“. Im 3. bis 6. Jh. siedelten im Kinzigtal Alemannen; seit 900 gehörte Steinau mit

Wilhelm und Jacob Grimm.
Zeichnung von L. E. Grimm, 1843

Umgebung zum Stift Fulda, welches diesen Besitz an die Herren von Rieneck verlieh. Neben Fulda beanspruchte auch Mainz Lehenshoheit. 1290 wurden Steinau durch König Rudolf von Habsburg Stadtrechte verliehen. Im 13. Jh. wurde eine Burg gegründet; das heutige Schloß ist ein Bau aus dem 16. Jh. und diente den Grafen von Hanau als Residenz.

Für die Brüder Jacob und Wilhelm Grimm, die durch ihre 1812/1815 erschienene Märchensammlung „Kinder- und Hausmärchen“ (KHM) weltberühmt wurden, ist Steinau von besonderer Bedeutung: Im ehemaligen Amtshaus (heute Amtsgericht), einem Renaissancegebäude aus dem Jahr 1562, war von 1791–1796 die Wohnung der Familie Grimm; hier verbrachten sie ihre Kindheits- und frühen Jugendjahre und kehrten auch später gerne hierher zurück. Heute ist im Amtshaus ein Museum eingerichtet, das sich mit Leben, Werk und Wirkung der Grimms beschäftigt.

Jacob Wilhelm Grimm (1785–1863) gilt als der eigentliche Begründer der germanischen Philologie. Der Gymnasialzeit in Kassel (1798–1802) folgte ein Jurastudium in Marburg (1802–1805), beides gemeinsam mit dem um ein Jahr jüngeren Bruder Wilhelm (1786–1859), mit dem er zeitlebens eng verbunden blieb. Nach vorübergehender Tätigkeit als Sekretär beim Kriegskollegium in Kassel wurde er 1808 Privatbibliothekar des Königs Jerôme; in dieser Zeit entschloß er sich für ein eigenständiges „Studium der Ge-

schichte der Poesie und Literatur überhaupt". Nach dem Ende des Königreiches Westfalen nahm Jacob Grimm als hessischer Legationsrat am Wiener Kongreß (1814–15) teil; 1816 erhielt er ebenso wie sein Bruder eine Anstellung an der kurfürstlichen Bibliothek in Kassel. 1830 verließen beide den hessischen Bibliotheksdienst und folgten einem Ruf als Bibliothekare und Professoren nach Göttingen. Ihre Teilnahme am Protest der „Göttinger Sieben" gegen einen Verfassungsbruch König Ernst Augusts II. von Hannover im Jahr 1837 hatte die Amtsenthebung und Ausweisung zur Folge. Sie gingen zunächst zurück nach Kassel und zogen 1841 als Mitglieder der Akademie der Wissenschaften nach Berlin, wo sie an der Universität Vorlesungen hielten.
In den letzten Lebensjahren zogen sie sich von der Lehrtätigkeit zurück, um sich nur noch der Forschung zu widmen. Beide starben in Berlin: Wilhelm am 16. Dezember 1859, Jacob am 20. September 1863. Ihre Grabstätte befindet sich auf dem Friedhof der Matthäigemeinde an der Großgöschenstraße im Bezirk Schöneberg.
Dank jahrzehntelanger bibliothekarischer Tätigkeit haben Jacob und Wilhelm Grimm auf den verschiedensten wissenschaftlichen Fachgebieten reichhaltige Kenntnisse erwerben können. Vor allem Jacob war ein Genie des Sammelns mit vielfältigen Interessen. Sein umfangreiches Werk umfaßt grundlegende Arbeiten zur deutschen Grammatik, Literatur- und Sprachgeschichte, Rechts- und Altertumskunde sowie zur Mythologie. Vor allem die 1835 erschienene „Deutsche Mythologie" hatte eine nachhaltige, aus heutiger Sicht problematische Wirkung auf die junge Wissenschaft der Volkskunde, als deren Gründerväter die Grimms gelten.
→ Hanau

Märchenbrunnen
Auf dem „Kumpen", dem Marktplatz und Mittelpunkt der Stadt, steht der Märchenbrunnen. Er wurde anläßlich der 200-Jahrfeier zu Ehren der Brüder Grimm vom Magistrat der Stadt in Auftrag gegeben und 1985 von dem Bildhauer W. Finger-Rokitnitz aus Würzburg gestaltet. Aus einer kreisrunden Brunnenfassung aus Sandstein ragt eine 4 m hohe Säule, deren weißer Kalkstein durch Sandsteinbänder in drei Trommeln geteilt ist. In den Kalksteintrommeln sind Reliefs mit Szenen aus 17 Märchen der Grimms zu sehen, miteinander durch Pflanzenornamentik verbunden.

Auf der ersten Trommel begegnet „Der Gevatter Tod“ (KHM 44); an die beiden „Goldkinder“ (KHM 85) erinnern zwei Lilien, von denen eine verwelkt ist; in die Fratze des bösen „Geist im Glas“ (KHM 99) blickt der erschrockene Knabe, der diesen aus seinem engen Gefängnis befreit hat; eine Wassernixe (KHM 181) spielt mit dem „grooten Butt“, der im Märchen „Von dem Fischer un syner Fru“ (KHM 19) alle Wünsche erfüllt, bis am Ende zur Strafe für die Maßlosigkeit der Frau beide wieder in ihrem alten „Pißputt“ sitzen.
Auf der zweiten Trommel tanzt „Rumpelstilzchen“ (KHM 55) vor dem Feuer; „Rotkäppchen“ (KHM 26) wird vom bösen Wolf überlistet; inmitten eines Pflanzenwaldes sind die Hexe und ihr Kuchenhaus aus „Hänsel und Gretel“ (KHM 15) zu sehen.
Die dritte Trommel schließlich zeigt die Goldmarie, wie sie unter Aufsicht der „Frau Holle“ (KHM 24) die Federbetten ausschüttelt; das „Sterntaler“-Kind (KHM 153) hebt bittend seine Hände; der Königssohn bringt „Aschenputtel“ (KHM 21) auf dem Pferd in sein Schloß; „Rapunzel“ (KHM 12) läßt ihr Haar von dem Turm, in welchem sie eingeschlossen ist, herunter, damit ihr Prinz daran hochklettern kann.
Den Abschluß der Säule bildet das Schloß aus „Dornröschen“ (KHM 50): es steht auf einem kapitellartig ausgearbeiteten Burgfelsen, von dem aus sich der „Vogel Greif“ (KHM 165) in die Lüfte erhebt.
Auf dem Rand des Wasserbeckens sitzen einer der Krebse aus dem „Meisterdieb“ (KHM 192) sowie der Drache aus „Die zwei Brüder“ (KHM 60); letzterer speist durch sein geöffnetes Maul den Brunnen mit Wasser. Die charakteristischen Figuren des Märchenbrunnens sind die aus Bronze gegossene Prinzessin sowie der Frosch aus dem „Froschkönig“ (KHM 1).

Teufelshöhle
Fährt man von Steinau in nördlicher Richtung auf der L 3179 in Richtung *Freiensteinau*, so erreicht man nach etwa 3 km die Teufelshöhle. Diese einzige Tropfsteinhöhle Hessens hat ein Alter von 2,5 Millionen Jahren. Sie entstand durch Zuflüsse von Wassern, die aufgrund ihrer chemischen Beschaffenheit den Kalk auflösten und so zur Ausbildung von Tropfsteinen führten. Zudem ließ die Strudelbildung von unterirdischen Wasserläufen große Hohlräume entstehen. Wegen ihres relativ großen Karsthohlraumes im unteren Muschelkalk ist die Teufelshöhle ein bedeutendes geologisches Naturdenkmal. Der größte Hohlraum, „Dom“ genannt, ist eine nahezu kreisrunde Höhlung

von etwa 11 m Durchmesser. Abbröckelnde Gesteinsmassen reduzierten die Höhe von ursprünglich 25 m auf 16 m. Der „Dom“ hat eine schlotartige Verbindung zur Außenwelt. Entdeckt wurde der Höhleneinsturztrichter im Jahr 1584, als dem Hirten Jox Mellmann eine weidende Kuh einbrach. Immer wieder verschwanden hier Tiere in der Tiefe. Man fürchtete den Ort, und es sollte 250 Jahre dauern, bis sich der Papiermachergeselle Walter aus Steinau 1830 als erster Mensch an einem Seil in die Höhle hinab ließ. 68 Jahre später folgten drei weitere Steinauer seinem Beispiel, aber erst 1905 wurde die Höhle durch den Bau eines ca. 50 m langen Eingangsstollens erschlossen. 1924 wurde die Teufelshöhle mit Umgebung zum Naturschutzgebiet erklärt, was 1983 erneuert wurde. Zuvor waren in den 70er-Jahren geologische und geophysikalische Untersuchungen sowie Probebohrungen zur Erschließung neuer Hohlräume vorgenommen worden.
Wegen der vermeintlichen Grundlosigkeit des tiefen Loches bildeten sich schon früh Sagen um diesen Ort, den man „Teufelskaute“, in neuhochdeutscher Bedeutung Teufelshöhle, nannte. Aus dem Nachlaß von Ferdinand Philipp Grimm (1788–1845), dem „unbekannten Bruder Grimm“, der sich wie seine bekannten Brüder als Sagensammler versuchte, ist hierzu folgendes überliefert: Ein Mann hatte sich an einem Seil durch das Einsturzloch hinabgelassen und unten einen Raum mit drei eisernen Türen vorgefunden. Mit großem Kraftaufwand gelang es ihm, die mittlere zu öffnen, als ihm plötzlich eine furchterregende Gestalt seine Laterne ausblies, worauf er erschreckt den Rückzug antrat.

ULRICHSTEIN (Vogelsbergkreis)

Burgruine
Das historische Bergstädtchen an der Ohm entstand wahrscheinlich im 11. Jh.; die erste Erwähnung datiert auf das Jahr 1279. Die Herren von Büdingen und von Eisenbach waren Grundherren. Nach der Verleihung der Stadt- und Marktrechte im Jahr 1347 gehörte Ulrichstein seit 1432 den Herren von Riedesel, 1477 Hessen-Marburg und ab 1604 Hessen-Darmstadt.
Wahrzeichen der Stadt ist die Burgruine, die aus 610 m Höhe einen weiten Rundblick bietet. Die Anlage stammt aus dem 13. und 14. Jh. In den kriegerischen Auseinandersetzungen des 17. und 18. Jh. erlitt Ulrichstein schwere Zerstörungen, so daß die Burg

1826 auf Abbruch verkauft wurde. Nur wenige Reste sind erhalten, darunter Teile der Burgkapelle.
Den Namen der Burg, die zuvor Mühlstein (Molestein) geheißen haben soll, erklärt eine volksetymologische Sage folgendermaßen: Ein Graf, der weit entfernt seinen Sitz hatte, wollte hier eine Burg bauen. Das nötige Geld ließ er sich von seiner Mutter geben unter dem Vorwand, eine Kirche zu bauen. Die Mutter schöpfte Verdacht und besuchte heimlich die Baustelle, wo sie neben der Kirche ein beinahe vollendetes Schloß vorfand. Da rief sie voll Verwunderung: „O Ullrich, was Steine!“ und ihr Sohn antwortete: „Moles Stein!“ Seitdem wurde die Burg Molesstein, später Mühlstein, und zugleich Ulrichstein genannt.
Die Sage erzählt weiter, daß die Nachfahren Ulrichs allerlei Räubereien begingen; um ihre Verfolger auf eine falsche Fährte zu bringen, sollen sie die Hufeisen ihrer Pferde verkehrt herum angebracht haben. Schließlich zerstörte der Landgraf von Hessen die Burg, um diesem Treiben ein Ende zu setzen.
Auch Spukgeschichten sind von Ulrichstein überliefert: Früher sah man am hellichten Tag einen großen weißen Mann auf der Burg, der den Leuten einen Schlüsselbund reichte. Noch heute soll es, zumindest nächtens, in der Ruine spuken: Geister gehen dort um und man will das Wimmern eines Kindes gehört haben.
→ Mücke-Merlau, → Ranstadt

Villmar (Lkr. Limburg-Weilburg)

Bodenstein

Folgt man der Lahn stromaufwärts von *Runkel* aus, so gelangt man kurz vor Villmar an den Bodenstein, einen aus der Lahn aufragenden Felsen. Oben steht ein Denkmal König Konrads I. (911–918), der zugleich Graf des Lahngaues war. Um den Felsen rankt sich eine sagenhafte Begebenheit aus den Revolutionskriegen (1793–1805), die ähnlich auch von anderen Orten und historischen Persönlichkeiten erzählt wird: Ein verwundeter französischer Soldat, der hinter seiner Truppe zurückgeblieben war, begegnete bei Runkel feindlichen österreichischen Husaren. Der Verwegene trieb sein Pferd mit einem großen Sprung den Felshang in die Lahn hinunter, tauchte zum Erstaunen der Österreicher mit seinem Pferd unversehrt am gegenüberliegenden Ufer auf, winkte ihnen zu und jagte davon.

Vogelsberg

Geologisch handelt es sich beim Vogelsberg um ein 2500 qkm großes zusammenhängendes Basaltgebiet, das einen Durchmesser von etwa 60 km umfaßt und damit den größten erloschenen Vulkan Europas darstellt. Das Basaltmassiv ist zugleich die Wasserscheide zwischen Rhein und Weser.
Wie der Name „Vogelsberg" entstanden ist, dafür weiß volkstümliche Etymologie folgende Erklärung: Im heutigen *Grebenhainer* Ortsteil *Herchenhain*, der von *Schotten* aus nach Osten auf der Ferienstraße Alpen-Ostsee zu erreichen ist, wohnte der Sage nach ein Schmied, der mit dem Teufel einen Pakt geschlossen hatte. Bei seinem Sturz aus dem Himmel war der einstige Engelsfürst Luzifer auf das Dach der Herchenrainer Schmiede gefallen. Sofort begann er sein Unwesen, versuchte den Schmied und versprach ihm große Reichtümer. Schließlich kam man überein, der Teufel werde dem Schmied drei Jahre lang unentgeltlich als Geselle dienen und dafür dessen Seele erhalten. Doch sollte der Schmied die Chance haben, aus diesem Vertrag freizukommen, wenn er drei Fragen oder Aufgaben richtig beantworten bzw. lösen oder aber seinerseits drei unlösbare Fragen stellen könnte.

Der Schmied. Holzschnitt von Jost Ammann

Kurz vor Ablauf der Frist begegnete der Schmied einer alten Frau, die ihm klugen Rat gab, so daß er seinen Partner übertölpeln konnte. Als es soweit war, stellte der Schmied dem Teufel als allererstes die Aufgabe, einige krause Haare glatt zu schmieden; dann ließ er ihn falsch raten, indem er eine Hacke mit einem einzigen Schlag in eine Hippe umschmiedete und verlangte zum Schluß, einen im Baum neben der Schmiede sitzenden Vogel zu identifizieren. Zuvor hatte er seine Frau angewiesen, sich nackt erst im Backtrog und anschließend im Federbett zu wälzen. Einen solch merkwürdigen Vogel hatte der Teufel natürlich noch nie gesehen, und so fuhr er voller Wut über seine Niederlage mit den Worten „Das ist einmal ein verdammter Vogelsberg!" unter Gestank und Gepolter zurück in die Hölle. Seitdem heißt die Gegend „Vogelsberg".

→ Limburg

W

WALDBRUNN (Lkr. Limburg-Weilburg)

Burgruine Ellar

Etwa 3 km östlich der B 54 liegt im Quellgebiet des Kerkerbachs das Dorf *Ellar*, das heute zur Gemeinde Waldbrunn gehört. Die Burg, zunächst Amts- und

Plünderung eines Dorfes durch Raubritter, um 1480

Herrschaftsmittelpunkt der Grafen von Diez, dann von Nassau-Hadamar, stammt aus dem 13./14. Jh. Erhalten sind ein Mauerrechteck sowie Reste eines Tores an der Westseite.
Eine Sage weiß, daß hier früher der Raubritter Ruprecht, der auch an der Verwüstung *Dornburgs* maßgeblich beteiligt war, gewohnt hat und macht für die Zerstörung seiner Burg die *Limburger* Zünfte verantwortlich, die einst zur Faschingszeit Dorf und Burg eingenommen hatten. Die Limburger waren siegessicher mit Narrenkappen auf den Köpfen gen Ellar gezogen und feierten nun ein ausgelassenes Siegesfest, bei dem sie sich über die armen Ellarer Bauern lustig machten: Ein Limburger Narr machte allerhand Grimassen, tierische Bewegungen und Stimmen vor und alle Bauern mußten es ihm nachtun. Die Bauern von Ellar waren noch lange das Gespött der ganzen Gegend und es hieß „Zu Ellar sind die Narren!“

WEILBURG (Lkr. Limburg-Weilburg)

Schloß Weilburg
Nach Weilburg gelangt man über die B 49 (E 44), von der man etwa in der Mitte zwischen Limburg und Wetzlar nach Süd-Osten auf die B 456 abbiegen muß. Die Altstadt liegt auf einem Felsen inmitten einer großen Lahnschleife als natürlicher Befestigung. Ein besonderes technisches Denkmal ist der etwa 300 m

Schloß Weilburg. Kupferstich, um 1630

lange Lahntunnel, mit dem man 1847 im Rahmen der Schiffbarmachung der Lahn die Lahnschleife abschnitt. Das Weilburger Schloß ist heute das bedeutendste Renaissance-Schloß in Hessen. Schon in merowingischer Zeit (7./8. Jh.) gab es hier einen befestigten Königshof. 1124 kamen die Grafen von Nassau als Vögte der Bischöfe von Worms hierher,

1295 erhoben sie Weilburg zur Stadt. Bis 1816 diente das Schloß den Nassauern als Residenz; 1935 wurde es vom Land Preußen erworben, befindet sich also heute in hessischem Landesbesitz und steht zur Besichtigung offen. Im Laufe des 16. Jh. wurde das Schloß in mehreren Bauabschnitten als Vierflügelanlage erbaut; eine barocke Erneuerung in der 2. Hälfte des 17. Jh. beschränkte sich im wesentlichen auf die Raumausstattung. Anfang des 18. Jh. entstanden die Obere Orangerie und die Hofkirche; letztere dient heute als Konzertsaal, u. a. für die „Weilburger Schloßkonzerte“, die alljährlich in den Sommermonaten Juni und Juli hier stattfinden. Sowohl das eigentliche Schloßmuseum als auch das Heimat- und Bergbaumuseum am Schloßplatz bieten Einblick in die Geschichte Weilburgs und des Herzogtums Nassau.
An einem Fenstergesims an der zur Lahnseite gelegenen Ostseite, am Erker des „Salons der Herzogin“, befindet sich das steinerne Abbild eines kleinen Hundes. Es ist das Bildnis eines treuen Tieres, das einem im Schloß residierenden Fürsten von Nassau-Weilburg gehörte. Der Fürst liebte sein Hündchen sehr und es wich ihm nie von der Seite. Einmal jedoch war er ohne es ausgeritten und hatte das Tier oben im Schloß vergessen, eingeschlossen in einem Zimmer. Das Hündchen sah seinen Herrn durch das offene Fenster im Tal auf der anderen Seite der Lahn entlangreiten, sprang bellend aus dem Fenster hinab und schwamm durch den Fluß. Als es seinen Herrn erreichte, sank es entkräftet zu Boden und starb. Zur Erinnerung an sein treues Tier ließ der Fürst das Bildnis an der Stelle anbringen, an der das Hündchen vom Fenster herabgesprungen war.
Mit dieser Sage in Verbindung gebracht wird auch ein kleinformatiges Bildnis eines Zwergpinschers, welches im Salon der Herzogin hängt. Im oberen linken Eck ist es bezeichet und datiert: „Bijoux / gemalt in natürlicher Größe / 1789“.

Wiesbaden

Schon seit der Steinzeit war die Wiesbadener Gegend besiedelt; um 40–50 n. Chr. gab es hier ein römisches Erdkastell, um 83 n. Chr. ein Steinkastell. Erste Erwähnung fand Wiesbaden auf einem Meilenstein in Kastel unter dem amtlichen römischen Namen Aquae Mattiacorum; zu dieser Zeit war es bereits ein römisches Bad. Um 250–60 wurde die römische Siedlung von den Alemannen zerstört, es folgt eine wechselvolle Geschichte, in der die Alemannen den Römern immer wieder die Herrschaft streitig machten. Seit um 500 folgten ihnen die Franken und Wiesbaden wurde als Fronhof des königlichen Fiskalbesitzes im Sunderngau (zwischen Walluf und Kriftel) dessen Mittelpunkt. Anfang des 13. Jh. entwickelte sich die Siedlung zur Stadt. Nach 1270 war Wiesbaden im Besitz der Grafen von Nassau und ab 1744 Regierungssitz von Nassau-Usingen. Nachdem 1806 das Herzogtum Nassau gebildet worden war, war Wiesbaden von 1816 bis 1866 dessen Hauptstadt; danach fiel die Stadt an Preußen, wurde Hauptstadt des Regierungsbezirkes Wiesbaden und 1946 Landeshauptstadt von Hessen.

Quellen

Die heißen Quellen waren schon immer ein wichtiger wirtschaftlicher Faktor für die Stadt. Bereits unter den Römern gab es Badeanlagen, und auch im Mittelalter wurden die Bäder gerne besucht. Der wirtschaftliche Aufschwung Wiesbadens im 19. Jh. erfolgte vor allem wegen der Bedeutung der Stadt als Heil-, Luxus- und Vergnügungsbad.

Der Sage nach verdanken die Wiesbadener Thermalquellen ihre Entstehung dem Riesen Ekko, der vor langer Zeit hier lebte. Er war auf der Jagd nach einem wilden Drachen, der in den Taunuswäldern sein Unwesen trieb, konnte aber weder ihn noch seine Höhle finden. Als er mit seiner Lanze tief in den Boden hineinstieß, glaubte er das spöttische Lachen des Drachen zu

Der klassische Drache (aus Gesners Tierbuch)

hören. Jedesmal, wenn er die Lanze wieder herauszog, spritzte kochendes Wasser aus der Tiefe. Als ihn der siedende Wasserstrahl im Gesicht traf, stürzte der Riese – beim Abstützen hinterließen Unterarm und linke Hand, an welcher der kleine Finger fehlte, tiefe Abdrücke: Das Salzbachtal entstand aus dem Abdruck des Unterarms, der Abdruck der Mittelhand des Riesen ließ den Wiesbadener Kessel entstehen, in dem heute der Kochbrunnen sprudelt, und seine vier Finger bildeten das Wellritztal, das Walkmühltal, das Nero- und das Rambachtal. Unbeschadet sitzt der Drache noch heute in der Tiefe und sorgt mit seinem heißen Atem für das warme Wasser der Thermalquellen.

Kochbrunnen

In einer kleinen Grünanlage am Kranzplatz an der Taunusstraße steht neben einem Trinkbrunnen der Kochbrunnen, 1961 gefaßt und mit einer Brunnenschale von E. Heydoch. Die bekannteste und ergiebigste der Wiesbadener Thermalquellen, deren Wasser nachweislich bereits von den Römern zu Kurzwecken verwendet wurde, sprudelt in einer Minute 346 Liter salzigen Wassers mit einer Temperatur von 66° Celsius aus der Erde.

Ein Teufelsschwank erzählt von der abführenden Wirkung des Gesundheitswassers: Als der Teufel wieder einmal in Verkleidung unterwegs war, um eine arme Seele zu fangen, hörte er in Mainz von dem „weißen Glühwein“, welcher die Menschen in der Gegend so gesund erhalte. Der Teufel machte sich auf zu dem Wiesbadener Kochbrunnen, dem das Wundergetränk entsprudelte, und nahm dort beim Kochbrunnenwirt Quartier. Der Wirt erkannte den Teufel trotz der Verkleidung und bot ihm einen Pakt an: Sieben Tage hintereinander solle er zwischen 12 und 1 Uhr am Mittag 50 Gläser von dem Heilwasser trinken; dafür versprach ihm der Wirt nicht nur seine Seele, sondern auch Heilung von sämtlichen Gebrechen. Wenn der Teufel aber die Kur unterbräche, hätte er den Anspruch auf die Seele des Wirtes verspielt. Der Teufel hielt vier Tage durch – am vierten Tag war er schon mächtig abgemagert, und in der fünften Nacht hörten die anderen Gäste, wie jemand fluchend auf den „Wiesbadener Höllentrank“ das Weite suchte.

Faulbrunnen

Auf einem kleinen Platz an der Ecke Schwalbacher und Faulbrunnenstraße sprudelt der Faulbrunnen, dessen Wasser wegen seines Schwefelgehalts an den Geschmack von faulen Eiern erinnert.

Origineller ist eine Erklärung, die den Namen des Brunnens mit dem Fürsten Georg August Samuel von Nassau-Idstein / Wiesbaden (1684–1721), dem Bauherrn des Biebricher Schlosses, in Verbindung bringt.

Auf dem Weg zur Jagd kam er stets an dem Brunnen, der damals noch außerhalb der Stadt lag, vorbei und ärgerte sich über die Frauen, die beim Wasserholen am Brunnen ihre Zeit mit Plaudern und Schwatzen vertrödelten. Um sie an ihre häuslichen Pflichten zu erinnern, ließ er bei Nacht heimlich eine große Tafel mit der Aufschrift „Born der faulen Weiber" aufstellen. Dies erregte allgemeinen Spott, und die Frauen unterließen seitdem das Schwatzen. Doch auch nachdem die Tafel wieder entfernt worden war, behielt der Wiesenbrunnen seinen neuen Namen „Faulweiberborn"; dieser soll im Lauf der Zeit auf den heute gebräuchlichen verkürzt worden sein.

Neroberg
Der nördlich vom Stadtzentrum gelegene 245 m hohe Neroberg ist ein beliebter Aussichtspunkt. Die Griechische Kapelle – heute Pfarrkirche der Russisch-Orthodoxen Gemeinde – wurde Mitte des 19. Jh. als Mausoleum für die 1845 jung verstorbene Herzogin Elisabeth, Gattin Herzog Adolph V. von Nassau, eine geborene russische Großfürstin, erbaut.
Auf dem Neroberg will man der Überlieferung zufolge Trümmer alten Mauerwerks gefunden haben, die mit der sog. „Heidemauer", Resten der von etwa 370 bis 430 bestehenden römischen Stadtbefestigung (von der Fußgängerzone aus erreichbar), in Verbindung stehen sollen. Die Sage meint, auf dem Neroberg habe einst ein Schloß der Neronen gestanden und ein Nero in goldener Rüstung sei hier begraben: das nahegelegene Nerotal und der es durchfließende Neres- oder Nerosbach sollen nach ihm benannt sein.
Mit dem römischen Kaiser Nero (54–68 n. Chr.) hat der Neroberg in Wirklichkeit nichts zu tun. In den ältesten Aufzeichnungen heißt er „Mersberg", „Ehrsberg", „Örs"- oder „Arsberg", erst seit dem 16. Jh. „Nersberg", woraus dann „Neroberg" wurde.

Biebrich

Ruine der Moosburg im Biebricher Schloßpark
4 km entfernt vom Zentrum liegt unmittelbar am Rhein die ehemalige Residenz der Grafen von Nassau-Usingen. Das Schloß, zwischen 1700 und 1744 in mehreren Abschnitten erbaut, ist im wesentlichen das Werk von Maximilian von Welsch. Dieser entwarf auch den barocken Park, der 1811 durch den Gartenarchitekten Friedrich Ludwig von Sckell im englischen Stil umgestaltet wurde.

Im nördlichen Teil des Biebricher Schloßparkes steht die künstliche Ruine der Moosburg. Sie wurde von 1805–1816 nach Plänen von Carl Florian Goetz mit einem Festsaal erbaut und erinnert, ähnlich der Löwenburg in Kassel-Wilhelmshöhe, in typisch romantischer Art mit gotisierenden Formen an die mittelalterliche Burgenzeit. Die Moosburg steht auf den Grundmauern eines Königshofs aus dem 9. Jh., der im 13. Jh. nach totalem Umbau als befestigter Herrensitz diente. An diese Zeit erinnert die Sage.

In dem gräflichen Burghaus soll es gespukt haben: Jede Nacht ritt ein in Flammen gehüllter Ritter auf den Umfassungsmauern der Burg hin und her und erschreckte die Mosbacher und Biebricher so sehr, daß niemand wagte, nachts an der Burg vorüberzugehen. Der Ritter soll Dudo von Bieburg gewesen sein, welcher als Stadtbaumeister von Mainz in den Kämpfen zwischen dem Erzbischof und Adolf von Nassau die Stadt an die Nassauer verraten hatte. Sein schlechtes Gewissen trieb Dudo zum Selbstmord – zur Strafe mußte er ruhelos umgehen und für seine Untreue büßen.

Die Streitigkeiten, auf welche die Sage Bezug nimmt, sind historisch belegt: 1459 war der Domkustos Graf Diether von Isenburg vom Mainzer Domkapitel zum Erzbischof gewählt, bereits zwei Jahre später jedoch von Papst Pius II. wegen seiner feindlichen Haltung ihm und Kaiser Friedrich III. gegenüber abgesetzt worden; an seiner Statt wurde Adolf II. von Nassau (1422/23–1475) zum neuen Erzbischof ernannt. Diether wehrte sich mit Waffengewalt, aber am 28. Oktober 1462 konnte Adolf nach heftigem Kampf die Stadt Mainz erobern; von einem Verrat durch den Stadtbaumeister erwähnen die historischen Quellen aber nichts.

Frauenstein

Burgruine Frauenstein und Blutlinde

1221 werden die Ritter von Frauenstein zum ersten Mal erwähnt; im 13. Jh. sind Mitglieder der Familie in Mainz als Marschälle des Erzbischofs nachweisbar; im 14. Jh. verlor die Familie jedoch an Bedeutung und 1421 erhielt Fürst Adolf II. von Nassau ihre Burg zum Lehen. Die von ihnen erbaute Burg verfiel im Lauf des 18. Jh.; erhalten ist nur der fünfeckige Hauptturm.

Gleich rechts neben der Frauensteiner Pfarrkirche steht eine alte Linde – der Sage nach Schauplatz eines blutigen Geschehens: Die Tochter des Burgherrn von

Frauenstein traf sich hier allabendlich mit ihrem Geliebten. Weil dieser aber von geringer Abkunft und daher nicht standesgemäß war, wurde er von dem Frauensteiner erstochen. Das weinende Mädchen brach einen jungen Lindenzweig und steckte diesen in den blutgetränkten Boden, bevor es in ein Kloster ging. Aus dem Lindenzweig wuchs ein großer, starker Baum, der blutige Tränen vergossen haben soll, weswegen er „Blutlinde" genannt wurde.
Möglicherweise ist dieser Beiname ein Hinweis auf rechtshistorische Zusammenhänge: unter Linden wurde früher Gericht gehalten.
→ Wiesbaden-Schierstein

„Monstranzenbaum"
Fährt man von Frauenstein auf der L 3441 nach Nordwesten auf *Georgenborn* zu, steht nach gut einem Kilometer links der Straße, mit einem eigenen Parkplatz versehen, eine tausendjährige Linde, „Monstranzenbaum" genannt.
Die Sage erzählt über den Ursprung dieses Namens folgendes: Als während des Dreißigjährigen Krieges (1618–48) das im Tal der Walluf gelegene Frauenkloster Tiefenthal von marodierenden Soldaten bedroht wurde und die Bewohnerinnen dieses verlassen mußten, nahm die Äbtissin eine goldene Monstranz, das kostbarste Stück des Kirchenschatzes, an sich und gelobte, sie niemals aus den Augen zu lassen. Während sie als Bäuerin verkleidet in Frauenstein bei einem Bauern lebte, erschien ihr die Monstranz im Schrank nicht sicher genug versteckt und sie beschloß, diese unter der großen Gerichtslinde einzugraben. Nach Kriegsende kehrten die Nonnen wieder nach Tiefenthal zurück, aber die Äbtissin konnte die vergrabene Monstranz nicht mehr finden und tat zur Buße für den Bruch ihres Versprechens von nun an als dienende Schwester niedere Arbeit, bis sie vor Erschöpfung starb.

Klarental

Mühle des Klosters Klarental im Wellritztal
Das Kloster Klarental wurde von dem deutschen König Adolf von Nassau (1229–1298) gegründet, 1296 wurde durch Ludwig von Sonnenberg der Grundstein gelegt und um 1304 konnte das Kloster von Klarissen bezogen werden. Schon 1318, als König Ludwig der Bayer Wiesbaden während sechs Wochen erfolglos belagerte, erlitt das Kloster schweren Schaden. Im

Der Müller. Holzschnitt aus dem Ständebuch von Jost Ammann

15. Jh. begann der wirtschaftliche Niedergang, es folgten Kriegszüge und eine Pestepidemie. 1559 wurde das Kloster durch Graf Philipp von Idstein, genannt der Jungherr (1516–1566), aufgelöst und ein Großteil des Klosterbesitzes ging in den seinen über. In den Jahren von 1608–1635 war in den Klostergebäuden ein Landeshospital untergebracht, 1706 war hier eine Glashütte, die allerdings 1723 abbrannte, seit 1724 diente das alte Kloster als Papiermühle, welche 1840 ebenfalls abbrannte. Heute sind nur noch Reste des einstigen Kreuzganges in der Außenwand der 1730 errichteten Kirche zu sehen.
Etwas weiter südöstlich, am Zusammenfluß zweier Quellbäche des Wellritzbaches, an der Lahnstraße, liegt die ehemalige Klostermühle, von Goethe 1815 „Nonnenmühle“ genannt; sie beherbergt heute ein Ausflugslokal. Die Mühle wurde vermutlich 1304, zusammen mit den anderen Klostergebäuden, vollendet und ist 1317 zuerst urkundlich erwähnt.

Wegen ihrer einsamen Lage und dem geringen Sozialprestige des Müllerberufes als nicht zunftfähigem Gewerbe standen Mühlen oft im Ruf, daß es in ihnen nicht geheuer sei. In der Klarentaler Klostermühle ist eine Wandersage lokalisiert, die zuerst in einer Verserzählung des 13. Jh. auftaucht: Sie erzählt von einem ländlichen Anwesen, das von einem Dämon heimgesucht wird: er belästigt die Bewohner und vertreibt sie schließlich, so daß das Haus verödet.
In den meisten Sagen dieses Typus treten Wassergeister (Nixe, Wassermann) auf, da (Wasser)mühlen Schauplatz des Geschehens sind. In Klarental erschien ein Kobold, der Prototyp des Hausgeistes, der allerlei boshafte Streiche verübte. Er trieb hier sein Unwesen; er machte Unfug mit Mehl und Korn, ließ das Wasser ablaufen, so daß sich das Mühlrad nicht mehr drehen konnte und erschreckte Menschen und Tiere so sehr, daß die Bauern der Gegend nicht mehr gerne zur Mühle kamen. Als eines Tages ein umherziehender Bärenführer mit seinem Tier an der Mühle um Quartier für die Nacht bat, legte sich der Poltergeist mit dem Tanzbären an und wurde von diesem unter gehörigem Lärm vertrieben. Der Kobold ließ sich erst nach einem Jahr wieder zögerlich bei der Mühle blicken, um anzufragen, ob denn die große, schwarze Katze des Müllers

Der unheimliche Wassergeist

noch lebe. Der Müller antwortete ihm geistesgegenwärtig, die Katze sei wohlauf und habe sieben Junge. Entsetzt schlug der Kobold die Türe zu und wurde seitdem nie wieder bei der Mühle gesehen.
→ Grebenhain, → Sinntal

Schierstein

Rhein bei Schierstein / Gelände der Sektkellerei Söhnlein
Wo heute die Sektkellerei ist, lag früher nahe am Rhein der Schiersteiner Friedhof. Auf ihm befand sich die Grablege der Herren von Frauenstein, deren dortige Burg heute Ruine ist.
Eine Sage will wissen, daß jede Nacht vom Rhein her ein Irrlicht heraufstieg und durch die Weinberge bis zur Gruft der Frauensteiner Ritter schwebte. Dort angekommen, scheuchte die unheimliche Erscheinung Ulrich, den um 1472 verstorbenen letzten Frauensteiner, aus dem Grab und trieb ihn hinab ans Ufer des Flusses, wo er stehen mußte, bis die Glocke eins schlug. Das war die Strafe dafür, daß er zu Lebzeiten die Tochter eines Schiersteiner Fischers verführt hatte, indem er ihr die Ehe versprach, ohne dieses Versprechen jedoch jemals einzulösen. Das Mädchen, vom eigenen Vater verstoßen, suchte im Rhein den Tod, während der Vater wenig später aus Gram starb. Der Frauensteiner blieb unbeweibt und starb ohne Nachkommen.
Das Irrlicht, ein natürlich zu erklärendes Phänomen (Sumpfgas, Johanniswürmchen) verbindet sich im Volksglauben mit Vorstellungen von ruhelosen Toten, insbesondere der christlich-theologisch geprägten Auffassung, daß Arme Seelen in dieser Gestalt umgehen müssen, bis sie erlöst sind.
→ Wiesbaden-Frauenstein, → Dillenburg-Oberscheld

ZWINGENBERG (Lkr. Bergstraße)

Malchen (Melibokus)
Im Osten Zwingenbergs erhebt sich mit 517 m der Malchen oder Melibokus, mit seinem formschönen Kegel das unverkennbare Wahrzeichen des nördlichen Odenwaldes. Er ist über verschiedene Wanderwege von Zwingenberg oder von *Reichenbach* über das Felsenmeer auf dem Europawanderweg 8, Markierung gelbes Quadrat, zu erreichen. Zur Belohnung für den Anstieg wartet auf dem Gipfel ein Aussichtsturm mit

Turmschänke und Sonnenterrasse. Der Melibokus, der wegen seiner zur Rheinebene vorgeschobenen Position irrtümlicherweise oft für die höchste Erhebung des Odenwaldes gehalten wird, ist bereits in einer Urkunde von 1012 als „mons malscus" erwähnt. 1772 ließ der hessische Landgraf Ludwig IX. einen hölzernen Aussichtsturm errichten, der 1945 durch Sprengung verloren ging. Der heutige Turm, der unbestritten beste Aussichtspunkt längs der Bergstraße, trat 1966 an die Stelle des alten.

Auf dem Malchen soll früher ein Riese gewohnt haben. Als dieser einst vom Gipfel aus einen Felsen in den Rhein werfen wollte, entglitt ihm der Stein und fiel an der alten Bergstraße, die von Zwingenberg nach *Darmstadt* führt, nieder, wo er noch lange zu sehen war.

→ Erbach-Ebersberg, → Lautertal-Reichenbach

Literaturverzeichnis

Zahlreiche Literaturhinweise, insbesondere auch zu Aufsätzen in lokalen Periodika und Zeitungsbeilagen, finden sich in der **Hessischen Bibliographie**. Neuere Bände hg. von der Stadt- und Universitätsbibliothek Frankfurt/Main in Zusammenarbeit mit den wissenschaftlichen Bibliotheken des Landes Hessen. Jüngster Band = Band 20, Berichtsjahr 1996; München 1998.

Sagensammlungen:

Becker, Adolf: Aus Nassaus Sagenschatz. Sagensammlung aus dem Regierungsbezirk Wiesbaden. Idstein 1910, ^{2}1922

Bindewald, Theodor: Oberhessisches Sagenbuch. Frankfurt/M. 1873. Nachdruck Atzbach 1980 unter dem Titel: Sagen und Märchen aus Oberhessen

Bode, Helmut: Taunus-Sagenschatz. 190 Sagen. Frankfurt/M. 1986

Bräuer, Elisabeth/Metzendorf, Wilhelm: Sagen, Erzählungen und Spukgeschichten aus Heppenheim und Umgebung. Heppenheim ^{2}1976 (Geschichtsblätter für den Kreis Bergstraße Sonderband 2)

Braunroth, Helge: Sagen um Laubach neu erzählt mit Illustrationen von Otto Ubbelohde. Laubach ^{2}1998

Brodhäcker, Karl: Das Skelett in der Mauer. Oberhessische Gespenster- und Spukgeschichten. Gießen 1990

Diederichs, Ulf / Hinze, Christa: Hessische Sagen. Köln 1978 und Hamburg ^{5}1995

Glenz, Wilhelm: Heimat-Sagen aus dem Kreise Erbach. Darmstadt 1929

Grimm, Ferdinand Philipp: Der unbekannte Bruder Grimm. Deutsche Sagen von F. Ph. Grimm. Aus dem Nachlaß hrsg. v. Gerd Hoffmann und Heinz Rölleke. Düsseldorf/Köln 1979

Grimm, Jacob und Wilhelm: Deutsche Sagen. ^{3}1891 (Nachdruck Zürich 1974)

Henninger, Alois: Nassau in seinen Sagen, Geschichten und Liedern fremder und eigener Dichtung. 3 Bde. Wiesbaden 1845

Lichtenberger, Sigrid: Hundert hessische Hexensagen. Kassel 1989

Lyncker, Karl: Deutsche Sagen und Sitten in hessischen Gauen. Kassel 1854 (Nachdruck Hildesheim 1994)

Matthes, Richard: Sagen aus dem Kreis Bergstraße. Bensheim 1952

Petzoldt, Leander: Sagen von Zauberinnen, Kaisern und weltlichen Herren. Historische Sagen. Mit Kommentar und Anmerkungen. München 1992

Pöschl, Erika: Odenwälder Sagenschatz: Sagen von Odenwald, Bergstraße und Ried, ausgesucht und im Zusammenhang erläutert. Ober-Ramstadt/ Rohrbach 31992

Reiß, Thorsten: Rund um Wiesbaden: Sagen und Erzählungen. Wiesbaden 1994

Schüling, Hermann: Sagen des Kreises Gießen. Gießen 1983

Verleger, August: Frankfurter Sagen. Überarbeitet von Harald Wieck. Frankfurt/M. 1967

Verleger, August: Taunussagen. Überarbeitet von Harald Wieck. Frankfurt/M. 31978

Wolf, Johann W.: Hessische Sagen. Leipzig 1853 (Nachdruck 1984)

Zabel, Günter: Der Axthirsch und andere Sagen aus dem Odenwald. Michelstadt 1981

Sekundärliteratur:

Allgöwer, Albert: Heppenheim an der Bergstraße mit seiner Starkenburg. Tübingen o. J.

Bauer, Gerd: Geheimnisvolles Hessen. Fakten, Sagen und Magie. Ein Handbuch des Denk- und Merkwürdigen. Marburg 31996

Berndt, Helmut: Unterwegs zu deutschen Sagen. Ein phantastisches Reise- und Lesebuch. Düsseldorf-Wien 1985

Berndt, Helmut: Die Nibelungen. Auf den Spuren eines sagenhaften Volkes. Bergisch Gladbach 21987

Bode, Helmut: Königstein im Taunus. Frankfurt/M. 21985

Die Burg auf dem Schnellerts im Odenwald. Führungsblatt zu der Burgruine bei Brensbach-Affhöllerbach oberhalb Stierbach im Odenwaldkreis, hrsg. von der Abteilung Archäologische und Paläontologische Denkmalpflege im Landesamt für Denkmalpflege Hessen und der Archäologischen Gesellschaft in Hessen e.V., bearbeitet von Georg Dascher, Norbert Harre und Christof Krauskopf, Wiesbaden 1998 (Archäologische Denkmäler in Hessen 142)

Einhard: Die Übertragung und Wunder der Heiligen Marcellinus und Petrus; verdeutscht von Karl Esselborn, Darmstadt 1925 (Neuausgabe Darmstadt 1977)

Einhardweg. Broschüre, zusammengestellt von der Arbeitsgemeinschaft „Einhardweg" der Städte Michelstadt und Seligenstadt, Michelstadt und Seligenstadt 1996

Fleckenstein, Josef: Einhard, seine Gründung und sein Vermächtnis in Seligenstadt, in: Das Einhardkreuz. Vorträge und Studien der Münsteraner Diskussion zum arcus Einhardi, hrsg. v. Karl Hauck. Göttingen 1974, S. 96–121

Flothmann, Gilla/Müller, Hilke/Schollmeyer, Ilse/Stoltefaut, Maria: Den Hexen auf der Spur ... Über Hexenprozesse am Beispiel Idstein 1676. Idstein 1986

Burg Frankenstein. Zwischen Mythos und Wirklichkeit. O. O., o. J.

Franz, Friedemann: Die Margarethenkirche in Ewersbach, in: Ewersbach. Ein Rückblick in Wort und Bild. Ewersbach 1987, S. 31–35

Gerig, Uwe: Taunus – sagenhaft. Königstein 1992.

Gerteis, Walter: Das unbekannte Frankfurt. Frankfurt/M. ^{3}1961

Hellriegel, Karl: Der Kreuzberg, in: 1200 Jahre Ober-Laudenbach. Heppenheim 1995

Henschke, Werner: Die Schelme von Bergen in Sage, Geschichte und Dichtung. Frankfurt/M. 1979

Hinze, Kurt: Burg der vielen Tore. Wie mächtig und prächtig der Greifenstein einst war, in: Heimat an Lahn und Dill 17, Januar 1970, S. 174

Hüttel, Hermann: Der Hexenkönig von Greifenstein. Ein dunkles Kapitel aus der Geschichte des 17. Jahrhunderts. O. O., o. J.

Kleipa, Dietrich: Kelkheimer Sagen und Geschichten I und II, in: Kelkheimer Anzeiger Nr. 13 und 14 vom 31. März und 7. April 1979

Kleipa, Dietrich: Zur Sage vom Minnesänger Heinrich von Ofterdingen, in: Kelkheimer Anzeiger Nr. 9 vom 4. März 1978

Knöpp, Friedrich: Einhards Cella Michelstadt; in: Die Einhards-Basilika in Steinbach bei Michelstadt im Odenwald, hrsg. vom Landesamt für Denkmalpflege Hessen unter Mitwirkung der Einhard-Arbeitsgemeinschaft e.V. Thomas Ludwig u. a., Mainz 1996

Löber, Karl: Wildleute-Orte an der Lahn und im Westerwald; in: Hessische Blätter für Volkskunde 55 (1964), S. 141–164

Löber, Karl: Haigerer Hefte. Beiträge zur Geschichte und zum Leben der Stadt Haiger und ihres Raumes. Heft II: Sagen/Vorgeschichte. Haiger 1972

Mößinger, Friedrich: Wildweibchen, Holle und Christkind; in: Hessische Blätter für Volkskunde 38 (1940), S. 73–100

Müller, P. und U. (Hg.): Münzenberg – Heimat im Schatten der Burg. Münzenberg 1995

Neeb, Reinhold: Hexen, Folter, Scheiterhaufen. Hexenverfolgungen und Hexenglauben im alten Oberhessen. Gießen 1991

1025 Jahre Nidda – die Geschichte einer alten, liebenswerten Stadt. Nidda 1976

Pagenstecher, Karl: Jugenderinnerungen des Mediziners Karl Alexander Pagenstecher [Herborn], in: Nassauische Annalen. Jahrbuch des Vereins für Nassauische Altertumskunde und Geschichtsforschung 55 (1935), S. 113–138 (Festschrift zur 350jährigen Wiederkehr der Gründung der Hohen Schule zu Herborn)

Reeh, K.: Streit-Eiche im Schwarzbachtal, in: Frauenkreuze sind Friedenskreuze, hrsg. von der Heimatkundlichen Arbeitsgemeinschaft Lahntal e.V. Lahnau 1986, S. 159–172

Riebeling, Heinrich: Historische Rechtsmale in Hessen. Ein topographisches Handbuch zur Rechtsgeschichte. Dossenheim/Heidelberg 1988

Die Rodensteiner – Geschichte und Sagen, hrsg. von der Interessengemeinschaft Heimatmuseum Rodenstein e.V. Fränkisch-Crumbach 1982

Röhrich, Lutz: Erzählungen des späten Mittelalters und ihr Weiterleben in Literatur und Volksdichtung bis zur Gegenwart. Sagen, Märchen, Exempel und Schwänke mit einem Kommentar. 2 Bde. Bern und München 1962 und 1967

Röhrich, Lutz: Sage und Märchen, Erzählforschung heute. Freiburg i. Br. 1976

Ronner, Wolfgang: Die von Kronberg und ihre Frauen. Neustadt/Aisch 1992

Scheele, Walter: Burg Frankenstein. Mythen, Märchen und das Monster. Frankfurt/M. u. a. 1999

Schneider, Alfred: Auf den Spuren des Lauterbacher Baumeisters Hans Muth. Von Teufelsschänke, Teufelsmühle, Edelhof und anderen Vogelsberger Fachwerkhäusern. Lauterbach 1994

Schneider, Alfred: Geschichten, Märchen, Sagen rund um Lautertal. Hrsg. vom Fotoclub Lautertal e.V. und Verkehrsverein Lautertal e.V.; Aufnahmen von Wolfgang Wiehl. Lauterbach 1986

Schopp, Joseph: Seligenstädter Geleitswesen. Seligenstadt 1979

Schwarz, Friedrich: Schloß Eisenbach. Hrsg. vom Fotoclub Lauterbach e.V. Lauterbach 1990

Weber, Hans H.: Die Überführung der Reliquien der Heiligen Marzellinus und Petrus von Michelstadt-Steinbach nach Seligenstadt im Jahre 828. Ein Beitrag zur Altstraßenforschung im nordöstlichen Odenwald; in: Archiv für hessische Geschichte und Altertumskunde N. F. 32 (1974), S. 55–80 (Historischer Verein für Hessen in Verbindung mit der Technischen Hochschule Darmstadt, Festschrift für Friedrich Köpp)

Wolf, Dieter: Zur Kirchengeschichte Butzbachs in vorreformatorischer Zeit; in: Katholisches Leben in Butzbach in Mittelalter und Neuzeit. Festschrift zur 100-Jahrfeier der Katholischen Pfarrgemeinde Butzbach, hrsg. von P. Fleck und D. Wolf. Butzbach 1994, S.11–70

Führer:

Bischof, Heinz: Odenwald, Bergstraße, Neckartal. Reise- und Wanderführer. Pforzheim 1996 (Goldstadt-Reiseführer Bd. 315)

Großmann, G. Ulrich/Hoppe, Katharina: Nördliches Hessen. Zwischen Lahn und Werra, Reinhardswald und Rhön – Rundfahrten im Land des Fachwerkbaus. Köln 1991. (DuMont-Kunst-Reiseführer)

Großmann, G. Ulrich: Mittel- und Südhessen. Lahntal, Taunus, Rheingau, Wetterau, Frankfurt und Maintal, Kinzig, Vogelsberg, Rhön, Bergstraße und Odenwald. (DuMont-Kunst-Reiseführer)

Schäfke, Werner: Der Rhein von Mainz bis Köln. Eine Reise durch das Rheintal – Geschichte, Kunst und Landschaft. Köln 1982. (DuMont-Kunst-Reiseführer)

Schembs, Hans-Otto/Meier-Ude, Klaus: Verborgene Kostbarkeiten in Frankfurter Stadtteilen und Vororten, hrsg. vom Presse- und Informationsamt der Stadt Frankfurt am Main 1991

Schomann, Heinz: Frankfurt am Main und Umgebung. Von der Pfalzsiedlung zum Bankenzentrum. Köln 1996 (DuMont-Kunst-Reiseführer)

Tubbessing, Ulrich: Die schönsten Wanderungen im Odenwald. München 1996 (Bruckmanns Bild-Wanderführer)

Ortsverzeichnis

Die Hauptstichworte sind im Register **halbfett**, die Abbildungen *kursiv* verzeichnet.

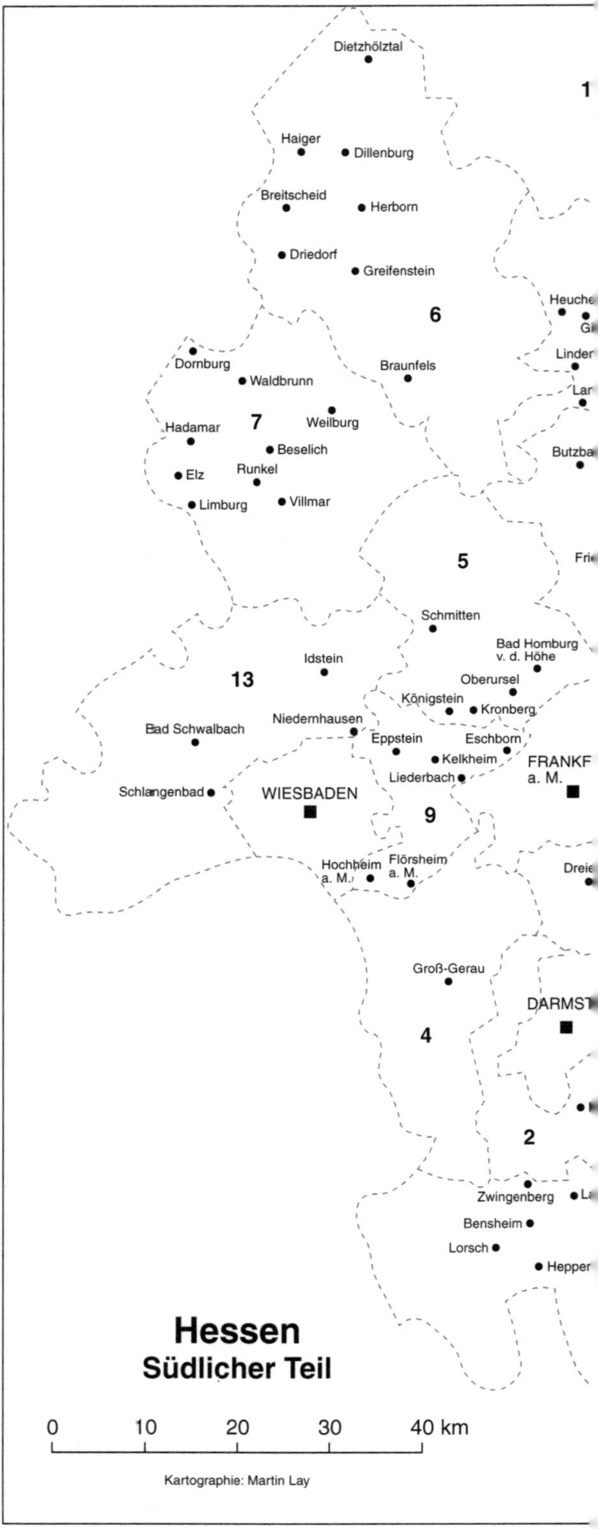
Dietzhölztal
Haiger
Dillenburg
Breitscheid
Herborn
Driedorf
Greifenstein
6
Dornburg
Waldbrunn
Braunfels
7
Hadamar
Weilburg
Beselich
Elz
Runkel
Limburg
Villmar
5
Schmitten
Bad Homburg
v. d. Höhe
Idstein
13
Oberursel
Königstein
Kronberg
Niedernhausen
Bad Schwalbach
Eppstein
Eschborn
Kelkheim
Liederbach
Schlangenbad
WIESBADEN
9
Hochheim
a. M.
Flörsheim
a. M.
Groß-Gerau
4
2
Zwingenberg
Bensheim
Lorsch
Hessen
Südlicher Teil
0
10
20
30
40 km
Kartographie: Martin Lay

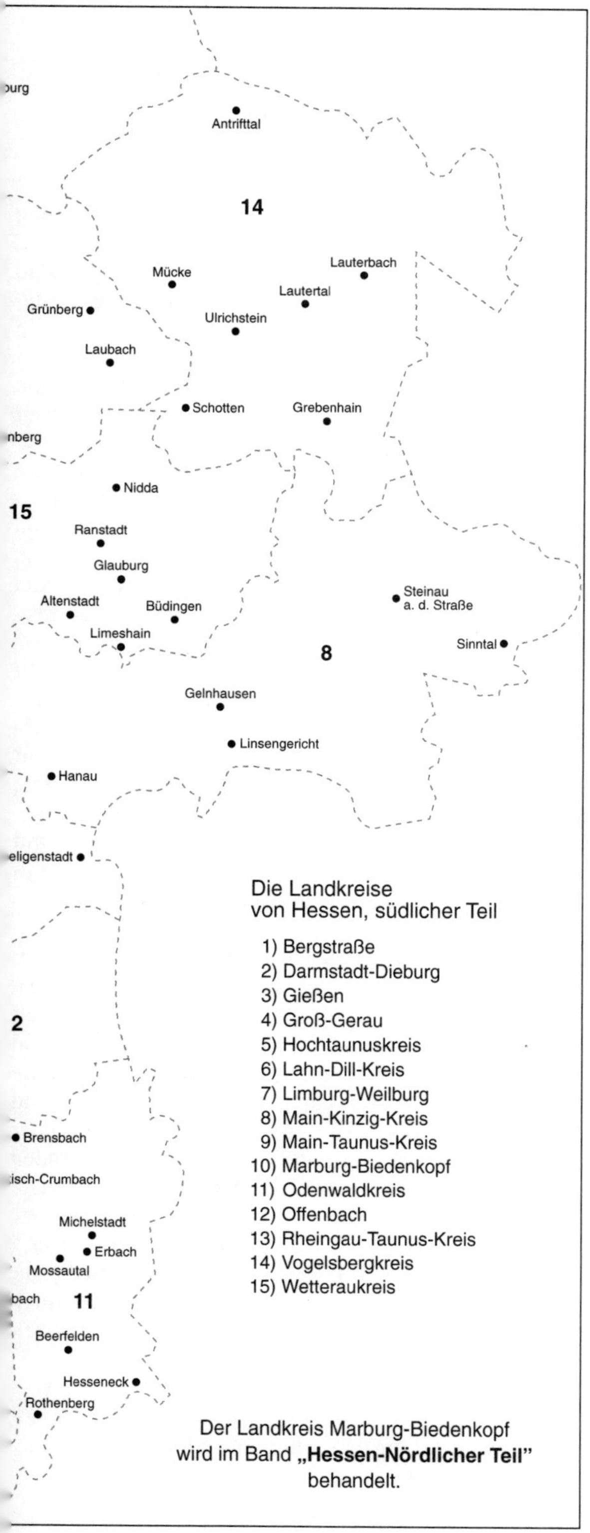

Die Landkreise von Hessen, südlicher Teil

1) Bergstraße
2) Darmstadt-Dieburg
3) Gießen
4) Groß-Gerau
5) Hochtaunuskreis
6) Lahn-Dill-Kreis
7) Limburg-Weilburg
8) Main-Kinzig-Kreis
9) Main-Taunus-Kreis
10) Marburg-Biedenkopf
11) Odenwaldkreis
12) Offenbach
13) Rheingau-Taunus-Kreis
14) Vogelsbergkreis
15) Wetteraukreis

Der Landkreis Marburg-Biedenkopf wird im Band **„Hessen-Nördlicher Teil"** behandelt.

Die Schwarzen Führer

Die Zeit, in der Sagen weithin geglaubte mündliche Überlieferung waren, ist vorbei. Gleichwohl hat die Faszination dieser Erzählgattung auch die Menschen von heute nicht losgelassen. Sagen sind Berichte über rätselhafte und unerklärliche Geschehnisse, Zeugnisse des Aberglaubens wie der Volksfrömmigkeit. Sagen erzählen vom Eingreifen der übernatürlichen Mächte, vom Teufel, von dämonischen Wesen wie Riesen und Zwergen, von Drachen und verborgenen Schätzen. Die Skala der Figuren und Motive ist weit gefächert und regional stark differenziert.
Sagen handeln nicht nur von Erlebnissen mysteriöser Art, sondern auch von bemerkenswerten historischen Ereignissen, von Hungersnöten und Massensterben der Zeit der Pest, vom Schwedenkrieg und von der Franzosenzeit, von Kriegsnöten und Belagerungen, von Raubrittern und Kreuzfahrern, von untergegangenen Städten und Klöstern. Im Unterschied zu Märchen, die überall und nirgends angesiedelt sind, spielen Sagen an festen und real nachweisbaren Orten. Die Zeugnisse des Geschehens sind noch allenthalben sichtbar. Oft bilden sie sogar Anknüpfungspunkte heutigen Fremdenverkehrs.
Der Mensch der Gegenwart, ob Fußwanderer, Radfahrer oder Autotourist, möchte von der Landschaft, durch die er reist, etwas mehr wissen, als dies Ansichtskarten oder Touristenprospekte vermitteln können. Er möchte im wörtlichen Sinne ‚erfahren', was es mit diesem oder jenem Denkmal, Wegkreuz, Bildstock oder Brunnen, mit den noch sichtbaren Resten von Burgruinen oder Klöstern, mit auffallenden Orts- oder Gebäudenamen auf sich hat.

„Schon äußerlich heben sich „Die Schwarzen Führer" von den anderen Reiseführern ab. Ihr Inhalt gibt keine Tips für Mittagessen oder Hotel und bietet keine Hochglanzansichten, sondern vermittelt tiefere Einsichten in Landschaften und Gebäude, in Natur- und andere Denkmäler. Sageninhalte werden auf heute noch sichtbare Plätze und Gegenstände bezogen und können so erfahren und erwandert werden. Geschichten von umherspukenden Toten oder armen Seelen sind hier ebenso zu finden wie Gründungslegenden von Kirchen und Klöstern. Auch in der Überlieferung stets populäre Räuber fehlen nicht." *Heilbronner Stimme*

Die Bearbeiter der Bände sind Volkskundler und Historiker, die aus der jeweiligen Region stammen und sich sowohl wissenschaftlich mit der entsprechenden Literatur beschäftigen wie auch die einzelnen Orte persönlich aufgesucht haben.

Die Reihe wird fortgesetzt u. a. mit folgenden Bänden: Hessen – Nördlicher Teil, Mecklenburg-Vorpommern, Niederbayern, Niederrhein, Niedersachsen, Rheinland-Pfalz, Saarland.

Die Schwarzen Führer

Bergisches Land von Stephan Nuding
180 S. mit 130 geheimnisvollen Stätten in 87 Orten und Ortsteilen, 66 Abb., einer Karte, kartoniert
ISBN 3-89102-421-5

Berlin-Brandenburg von Reinhild Zuckschwerdt
216 S. mit 156 geheimnisvollen Stätten in 75 Orten, 74 Abb., einer Karte, kartoniert
ISBN 3-89102-429-0

Franken von Peter Bräunlein
240 S. mit 250 geheimnisvollen Stätten in 180 Orten, 100 Abb., einer Karte, kartoniert
ISBN 3-89102-123-2

Hamburg – Schleswig-Holstein
von Astrid Paulsen und Ulrike Looft-Gaude
240 S. mit 164 geheimnisvollen Stätten in 122 Orten, 79 Abb., einer Karte, kartoniert
ISBN 3-89102-426-6

Der Harz von Werner Bartens
204 S. mit 189 geheimnisvollen Stätten in 55 Orten, 88 Abb., einer Karte, kartoniert
ISBN 3-89102-420-7

München – Oberbayern von Ingrid Berle, Marie Luise Hoffmann, Renate Könke, Marie-Louise Schmeer-Sturm
312 S. mit 283 geheimnisvollen Stätten in 187 Orten, mehr als 100 Abb., einer Karte
ISBN 3-89102-424-X

Nordwestdeutschland von Claudia Liebers
176 S. mit 150 geheimnisvollen Stätten in 100 Orten, 75 Abb., einer Karte, kartoniert
ISBN 3-89102-122-4

Sachsen von Frank Winkelmann
264 S. mit 261 geheimnisvollen Stätten in 185 Orten, 86 Abb., einer Karte, kartoniert
ISBN 3-89102-423-1

Sachsen-Anhalt von Frank Winkelmann
252 S. mit 207 geheimnisvollen Stätten in 135 Orten, 77 Abb., einer Karte, kartoniert
ISBN 3-89102-427-4

Schwaben-Bodensee von Erich Viehöfer
248 S. mit über 300 geheimnisvollen Stätten in mehr als 200 Orten, 105 Abb., zwei Karten, kartoniert
ISBN 3-89102-121-6

Schwarzwald von Ines Heim
180 S. mit 120 geheimnisvollen Stätten in 90 Orten, 73 Abb., zwei Karten, kartoniert
ISBN 3-89102-120-8

Thüringen von Rainer Hohberg
276 S. mit 283 geheimnisvollen Stätten in 167 Orten, 90 Abb., einer Karte, kartoniert
ISBN 3-89102-425-8

Westfalen von Renate Schmidt-V. und Gustav-Adolf Schmidt
240 S. mit 216 geheimnisvollen Stätten in 122 Orten. 101 Abb., einer Karte, kartoniert
ISBN 3-89102-422-3

Gruselatmosphäre in Wort und Bild – schaurig schöne Bildbände von Simon Marsden

Im Reich der Geister
Eine Reise zu mysteriösen Orten auf den Britischen Inseln

Sonderausgabe, 28,6 × 22,8 cm, 128 Seiten mit 106 Fotografien in Duoton und einer Karte, Pappband lam. ISBN 3-89102-258-1

Geistersuche
Auf den Spuren des Unheimlichen von Irland bis Transsilvanien

Sonderausgabe. 28,6 × 22,8 cm, 128 Seiten mit 100 Fotografien in Duoton, Pappband lam. ISBN 3-89102-265-4

Spuk und Gespenster
Verwunschene Orte auf den Britischen Inseln

28,6 × 22,8 cm, 128 Seiten mit 83 Fotografien im Duoton, geb. mit Schutzumschlag. ISBN 3-89102-269-7

Geheimnisvolles Irland
Ruinen, Abteien, Schlösser, Herrenhäuser

22,6 × 29,4 cm, 128 Seiten mit 75 Fotografien in Duoton, geb. mit Schutzumschlag. ISBN 3-89102-262-X

Zeugen in Stein
Schlösser, Kirchen, Herrenhäuser im Osten Deutschlands

28,2 × 28,2 cm, 128 Seiten mit 88 Fotografien in Duoton, geb. mit Schutzumschlag. ISBN 3-89102-305-7

In gleicher Gestaltung wie DIE SCHWARZEN FÜHRER:

Die Geister Großbritanniens
Ein Führer zu über tausend Spukorten

22,0 × 11,0 cm, 312 Seiten mit über 100 SW-Abbildungen und 20 Landkarten, Auswahlbibliographie und Glossar, kart. ISBN 3-89102-319-7

EULEN VERLAG